WILEY FINANCE

2013年度国家出版基金资助项目

"十二五"国家重点图书出版规划项目
当代财经管理名著译库

威立金融经典译丛 · 风险管理系列

Corporate Value of Enterprise Risk Management

The Next Step in Business Management

Sim Segal

(美) 西姆 · 西格尔 著

裘益政 译

基于价值的企业风险管理

企业管理的下一步

东北财经大学出版社
Dongbei University of Finance & Economics Press

大连

图书在版编目（CIP）数据

基于价值的企业风险管理：企业管理的下一步 /（美）西格尔（Segal，S.）著；裘益政译．—大连：东北财经大学出版社，2013.3
（威立金融经典译丛·风险管理系列）

书名原文：Corporate Value of Enterprise Risk Management：The Next Step in Business Management

ISBN 978-7-5654-1022-2

Ⅰ．基…　Ⅱ．①西…②裘…　Ⅲ．企业管理-风险管理　Ⅳ．F272.3

中国版本图书馆 CIP 数据核字（2012）第 252709 号

辽宁省版权局著作权合同登记号：图字 06-2012-24 号

东北财经大学出版社出版
（大连市黑石礁尖山街 217 号　邮政编码　116025）
教学支持：（0411）84710309
营 销 部：（0411）84710711
总 编 室：（0411）84710523
网　　址：http：//www.dufep.cn
读者信箱：dufep@dufe.edu.cn
大连北方博信印刷包装有限公司印刷　东北财经大学出版社发行

幅面尺寸：170mm×240mm　字数：334 千字　印张：17　插页：1
2013 年 3 月第 1 版　2013 年 3 月第 1 次印刷

责任编辑：刘东威　刘　佳　责任校对：赵　楠　那　欣
封面设计：冀贵收　版式设计：钟福建

ISBN 978-7-5654-1022-2
定价：38.00 元

译者前言

2008 年国际金融危机以来，企业外部经营环境日益严峻，企业经营风险明显增加。宏观经济环境跌宕起伏，石油、有色金属等资源价格暴涨暴跌，汇率波动明显加大，相关企业由于未能有效应对外部环境变动风险，往往导致巨大损失，如中国国航、东方航空 2008 年双双因燃油套保巨额亏损，其中，中国国航油料套期公允价值损失 74.72 亿元，东方航空则对应损失 64.01 亿元。由于对风险防范不足，甚至是最负盛名的国际投行摩根斯坦利也在 2012 年因管理层过度冒险导致了高达 10 亿美元的巨额交易亏损。2012 年政府对房地产的调控也使得不少缺乏风险应对能力的企业资金链断裂，并最终导致企业破产。

为增强企业应对与防范内外部风险的能力，我国政府部门和企业对内部控制及风险管理的重视也达到了前所未有的高度。为了提高企业经营管理水平和风险防范能力，促进企业可持续发展，由财政部、证监会、审计署、银监会、保监会联合制定的《企业内部控制基本规范》于 2008 年 5 月 22 日发布，自 2009 年 7 月 1 日起施行。2010 年 4 月 26 日，财政部、证监会、审计署、银监会、保监会联合发布了《企业内部控制配套指引》。该配套指引连同此前发布的《企业内部控制基本规范》，标志着我国企业内部控制规范体系基本建成。与此同时，高校也成立了企业内部控制研究中心（东北财经大学）和中国民营企业内部控制研究中心（浙江工商大学），加强企业内部控制的理论及其应用研究。尽管如此，我国企业内部控制体系在如何测量与应对风险方面仍然缺乏足够的经验，尤其是对战略风险与经营风险的量化、风险偏好的界定与量化以及如何将企业风险管理信息纳入决策制定过程成为企业风险管理的难点问题。

西姆·西格尔是北美精算师协会（SOA）风险委员会的第一任主席，SimErgy Consulting 的主席和创始人，同时也是哥伦比亚商学院的兼职教授，讲授关于企业风险管理的 MBA/EMBA 课程，具有丰富的企业风险管理理论和实践经验。对比企业通常所运用的风险管理方法，西格尔所创造的基于价值的企业风险管理方法是健全的，而且非常实用，它能够量化战略和经营风险；它揭开了风险偏好的神秘面纱，帮助企业管理层做出更好的决策。

本书可以作为企业风险管理项目的主管人员、内部审计部门的主管人员、高级管理人员、董事会、股东、评级机构等改善风险管理能力的重要专业参考书，不同的角色将从极富创新性的基于价值的企业风险管理方法中获得新的工作思路与方法；本书介绍的企业风险管理方法不仅适用于企业人员，它同样适用于非营利组织的利益相关者、政府机构以及理财规划师；此外，本书也可以作为财务领域中教师和学生的教学参考书。

本书的翻译由浙江工商大学裘益政完成，刘彦、严儒莲、胡静、张雅莎等参与了初稿的翻译与校对工作。尽管我们本着认真负责的态度对本书的翻译及校对工作投入了大量精力，但一定还有不尽如人意的地方，欢迎大家批评指正。

译者
于浙江工商大学
2012 年 12 月

译者简介

裘益政，男，浙江嵊州人，1974 年 8 月生，副教授，硕士生导师，浙江工商大学财务与会计学院副院长，中国会计学会财务成本分会理事。2002 年江西财经大学会计学专业硕士毕业，2006 年中国人民大学会计学博士毕业，现为上海财经大学会计学博士后，多年来一直从事民营企业财务问题的研究。在《会计研究》、《管理世界》、《南开管理评论》等学术刊物上公开发表学术论文近 30 篇，主持国家自然基金“创始家族对上市公司价值的影响机理研究”、浙江省社科基金、浙江省教学规划课题等校级以上科研项目 5 项，担任国内知名期刊《南开管理评论》等杂志的匿名评审专家，主编《高级财务管理》、《财务管理案例》、《财务报告分析》等教材著作多部，翻译了《资本市场导论》等国外著作。

作者简介

西姆·西格尔是 SimErgy Consulting 的主席和创始人，SimErgy Consulting 是一家总部设在曼哈顿的咨询公司，提供企业风险管理的咨询服务以及关于企业风险管理的高管教育研讨会。西格尔有众多行业公司的企业风险管理经验，如制造业、能源行业、娱乐业、技术行业、服务业、电信行业、银行业以及保险业，并且还包括非企业实体，如非营利组织和政府机构。在创立 SimErgy 之前，他先后在德勤、怡安和韬睿惠悦主管企业风险管理咨询业务。

西格尔同时也是哥伦比亚商学院的兼职教授，他讲授关于企业风险管理的 MBA/EMBA 课程。他还主编和与他人合著了《企业风险管理研究报告》。

西格尔的文章经常被行业媒体所引用，如《金融周刊》（*Financial Week*）和《财富与风险》（*Treasury Risk*），以及主流媒体，如《华尔街日报》（*Wall Street Journal*）。他经常撰写关于企业风险管理的文章，并发表在主要的刊物上，如《福布斯》（*Forbes*）、《企业金融评论》（*Corporate Finance Review*），以及《美国银行家》（*American Banker*）。西格尔是企业风险管理方面的专业演讲师，做过关于企业风险管理和其他与风险相关主题的 100 多次演讲。

西格尔是北美精算师协会（SOA）风险委员会的第一任主席，该协会是全球最大的精算师协会，引领企业风险管理方案的设计和执行。他是 SOA 董事会的副主席，并且也是企业风险管理研讨会项目委员会的成员之一。

西格尔拥有数学方面的学士学位，并持有两个有关风险的证书：北美精算师协会的会员（FSA）证书和特许企业风险分析师（CERA）证书。基于他的“思想领袖地位和对推进企业风险管理实践的显著贡献”，西格尔是在全球范围内经挑选被授予 CERA 证书的企业风险管理专家之一。

序 言

在我以前主管标准普尔的企业风险管理评估业务时，我拜访了数百名来自世界各地和各种业务类型公司的高管，并讨论了他们的企业风险管理方案。我看到了这些企业风险管理方案的发展演变，并且见证了它们的成功与失败。通常，公司会为他们的企业风险管理目标不明和日常实施中的问题所困扰。一个清晰的思路和执行企业风险管理所需的对行动的明确阐述是非常必要的。本书所介绍的西格尔所创造的基于价值的风险管理方法首次明确地提供了那些必要的清晰思路和阐述，相比之下，许多其他的企业风险管理的书籍仅仅是概述了一下这个问题，并让读者自己去找出怎样执行一个解决方案。在这里你会发现企业风险管理执行的每一个步骤都有明确的规定，实际工作者必须按步骤来执行。此外，西格尔的企业风险管理方法如下：

■ 是健全的，而且非常实用

■ 能够量化战略和经营风险（仅此一点就使得这本书值得一读）

■ 拨开风险偏好的神秘面纱，这是最难以捉摸的企业风险管理议题之一（三分之二的人认为定义风险偏好对企业风险管理方案至关重要，但企业尚未这样做）

■ 帮助做出更好的决策

这本书对每一个企业领袖也是通俗易懂的。西格尔的写作风格是自然流畅、深入浅出。他有着清晰的见解，从企业风险管理的专家到企业风险管理的新手，他能使每一个对企业风险管理感兴趣的人受益匪浅。

最后，这本书为运用企业风险管理提供了非常可靠的商业案例。

我几乎阅读了关于这个议题的每一本书籍，我由衷地推荐这一本。这也许正是你所需要的一本企业风险管理的书籍。

——戴夫·英格拉姆，特许企业风险分析师
韦莱再保险经纪公司的高级副总裁
标准普尔的保险企业风险管理评估的前任领导人

前　言

本书目的

企业风险管理方案的运用是不断扩大的全球趋势。然而，尽管企业风险管理方案运用有很大的潜力，但传统的企业风险管理方法通常难以从内部利益相关者（如业务决策制定者）那里获得足够的支持，主要的原因是这些传统企业风险管理方法的运用缺乏商业案例。为了应对这一困难，我开发了这个基于价值的企业风险管理方法，这本书是第一次对其进行深入的介绍。

基于价值的企业风险管理方法的目的是为企业风险管理方案运用建立一个内部的企业案例，其核心是企业风险管理和基于价值的管理的一个综合体，这个综合体将风险和收益综合起来考虑。正是这种结合把企业风险管理转变为一种战略管理方法，改善了战略规划和其他业务决策制定过程。因此，基于价值的企业风险管理方法被内部利益相关者（业务部门领导、高层管理人员和董事会）作为一种方法来帮助他们实现利润增长和提升公司价值的目标。

基于价值的企业风险管理方法还有一些其他的优势。它适用于所有的行业。我已经用这种方法帮助各种行业的公司实体执行企业风险管理方案，如制造业、能源行业、娱乐业、技术行业、服务行业、电信行业、银行业和保险业，同时还有一些非公司实体，如专业协会。不论地域或者会计制度，这种基于价值的企业风险管理方法同样适用。此外，基于价值的企业风险管理方法对企业风险管理来说是一种先进的且实用的方法。作为一个企业风险管理顾问，我在工作中专门用这种方法帮助企业迅速地、完全地、成功地执行它们的企业风险管理方案。

最后，这种基于价值的企业风险管理方法也能够应对传统企业风险管理方案所无法充分发挥其潜能的三个核心挑战：

1. 不能量化的战略和经营风险
2. 对风险偏好没有一个清晰的定义
3. 不能融入到业务决策制定

基于价值的方法量化了所有类型的风险：战略风险、经营风险和财务风险。这通常被认为是企业风险管理的“必杀技”。除了这个方法，我不知道还有任何其他什么方法能够完全量化战略和经营风险的。此外，基于价值的企业风险管理方法提供了一个清晰的、定量的风险偏好的定义，这能被用于风险治理过程。最后，由于注重风险和回报之间的结合以及绝对的实用性，基于价值的风险管理方法完全把企业风险管理信息融入到决策制定的各个层次，从战略规划到战术决策制定再到交易。

当我在文章、书籍、研讨会读到所谓新的企业风险管理的介绍，吹捧一种给业务"增加价值"的企业风险管理方法时，我经常感到欢欣鼓舞，只是当我发现同样是一种与价值没有直接联系的、陈旧的企业风险管理方法时，我最后大失所望。形成鲜明对比的是，本书提供了一种重点关注测量、保护和增加公司价值的企业风险管理方法。

目标读者

本书的主要读者是公司的利益相关者，包括：

- 企业风险管理项目的主管人员，如首席风险官及其职员
- 内部审计部门的主管人员
- 合规部门的主管人员
- 高级管理人员，如首席执行官和首席财务官
- 管理层，如业务部门的领导人
- 战略规划部门的主管人员
- 人力资源部门的主管人员
- 董事会，包括审计委员会的主席和风险委员会的主席
- 股东
- 评级机构
- 监管机构

本书的其他读者包括：

- 非营利组织的利益相关者，如慈善机构和专业协会
- 政府机构的领导
- 理财规划师和他们的客户
- 在财务领域中的 MBA/EMBA 课程的教授和他们的学生

企业读者

企业风险管理项目的主管人员，如首席风险官及其职员，将会学习到一种先进而实用的方法，这种方法用于第一次执行一个企业风险管理方案或者为了改善一种现存的企业风险管理方案。他们将会学习到一种企业风险管理方法，这种方法提供了一些优点，如：

- 在业务部门、高层管理人员和董事会之间建立起一种相互支持
- 满足所有的 10 个关键的企业风险管理准则（这也作为企业风险管理方案的

基准）

■ 避免风险识别中的五个常见错误

■ 克服传统企业风险管理方案的三个核心挑战

• 采用与量化财务风险一致的方式来量化战略和经营风险

• 以一种可以用于风险治理过程的方法来清晰地定义风险偏好

• 将企业风险管理融入主要决策制定过程，包括战略规划、战略和战术决策以及交易

■ 满足评级机构企业风险管理的需要

■ 满足监管风险披露的需要

依据对公司价值的直接影响，**内部审计部门的主管人员和合规部门的主管人员**将会学习到怎样量化他们为公司创造的价值。他们也会明白他们的企业风险管理的角色和责任。

高级管理人员，如首席执行官和首席财务官，将会学习到一种企业风险管理方法，这种方法能为他们提供以下优势：

■ 增强公司的抗冲击能力，使其更有可能实现战略规划的目标

■ 由于一套与股票分析师沟通更加有效的工具，潜在地导致了一个更高的股票价格

■ 通过满足企业风险管理评级机构的要求，潜在地将会得到一个更好的评级

管理层，如业务部门的领导人，以及战略规划部门的主管人员和人力资源部门的主管人员，将会学习到一种企业风险管理的方法，这种方法能为他们提供以下优势：

■ 用明确定义的方法论来管理风险敞口，并提供支持关于风险缓解备选方案决策的定量的信息

■ 通过重点关注那些最重要的风险和主要风险场景的最有影响的驱动因素，从而对有限资源更好地优化配置

■ 用一个更加复杂和动态的能力来为基线场景和主要风险场景设计结果，包括上行和下行的结果，从而完善战略规划过程

■ 为选择对各种类型的日常决策有最佳风险回报配置的项目提供决策制定工具，包括战略规划、战略和战术决策以及交易

■ 用反映在过去一段时间对公司价值的整体贡献和纠正平衡计分卡中的严重错误的指标来增强业务绩效分析

■ 通过（a）为断定其不是一个符合新的美国证券交易委员会披露要求的风险补偿方案提供一个坚实的基础；（b）通过优化两个次优的常见补偿方案来更好地调整管理层和股东的利益，完善报酬激励计划

董事会，包括审计委员会的主席和风险委员会的主席，将会了解到以下内容：

■ 关于风险管理的实践，他们应该询问管理层一些什么问题

■ 如何保证组织的主要风险得到了很好的理解和有效的管理

■ 在风险治理方面，他们的角色和责任是什么
■ 怎样满足美国证券交易委员会对风险治理的披露要求

股东将会了解到就保护和增加公司价值的一个健全的企业风险管理方案而言，他们应该期望从他们所投资的公司获取什么。此外，他们将了解怎样识别公司是否有卓越的能力来管理风险，是否能通过一种更强的能力来解释他们的风险披露。

评级机构将会明白在他们的企业风险管理评估标准中应该包括什么。此外，他们将学习到一种企业风险管理方法，这种方法为他们提供了关于一个公司更具前瞻性的信息，包括该公司将会适当地执行其战略规划的可能性。

监管机构将会了解到他们应该要求公司提供什么，从而更好地保护公司免于破产和股东免于亏损。

其他读者

非营利组织的利益相关者，如慈善机构和专业协会，与之前提到的企业相对应的类似的角色，将会学习到类似的经验教训。采用通用的基于价值的企业风险管理方法，这些利益相关者将会明白怎样提高实现他们的（通常是多重的）目标的概率。

政府机构的领导将会知道怎样把基于价值的企业风险管理方法应用于他们的组织中，以及怎样综合利用他们有限的资源，实现他们的战略目标。

理财规划师和他们的客户将会了解到基于价值的企业风险管理的概念怎样应用于帮助个体识别他们的主要风险，全面地定义他们的风险偏好，并在财务产品（如投资和保险）中更好地分配他们的资产，在一个整体的基础上，提升实现他们的个人目标的概率。

在财务领域中 MBA/EMBA 课程的教授和他们的学生将会学习到一个全面的企业风险管理概念和他们怎样实际应用企业风险管理。我任教于哥伦比亚商学院，本书普遍作为 MBA/EMBA 课程的基础。任何希望用这本书作为一个类似课程所需的教材的教授，将被提供补充教材，包括教学大纲、讲义材料、练习、考试试卷以及对应的答案。

内容概要

本书分为三个部分：

第一部分：企业风险管理的基本结构（1~3 章）

第二部分：企业风险管理循环（4~7 章）

第三部分：风险治理与其他议题（8~10 章）

第一部分：企业风险管理的基本架构（1~3 章）

第 1 章，介绍和强调过去 10 年中促进企业风险管理普及的主要事件。这为更好地理解传统的企业风险管理方法和它们的缺点提供了一个背景环境，这些缺点将会在后面的两个章节中讨论。本章最后讨论了对企业风险管理活动的两大挑战。

在进行深入的讨论之前，对企业风险管理进行清晰定义是很重要的。企业风险管理是一个复杂且广泛的议题。此外，关于企业风险管理是什么，在市场上有许多疑惑，也有许多截然不同的定义。最后，甚至是风险本身的概念也经常有不同的理解方式，因为它是如此常见的一个术语以至于被想当然了。因此我们通过整个第 2 章定义企业风险管理，首先来对风险进行定义，然后用四种方式来定义企业风险管理：通过一个基本的定义，依据 10 个关键的企业风险管理准则来定义，通过企业风险管理循环周期中的 4 个步骤来定义，以及通过其根本利益来定义。在本章将介绍 10 个关键的企业风险管理准则的基本要素，这些基本要素在本书中经常重复出现。此外，这 10 个关键的企业风险管理准则可以被用来衡量任何企业风险管理方案，以确定其稳健性水平。

第 3 章，企业风险管理框架，首先讨论传统的企业风险管理方法没能满足 10 个关键的企业风险管理准则和对这些方案的 3 个核心挑战。然后，介绍了基于价值的企业风险管理框架和讨论其怎样满足所有的 10 个关键的企业风险管理准则，以及这些准则是怎样解决传统企业风险管理方案所面临的 3 个核心挑战。基于价值的企业风险管理框架是接下来所有讨论的核心。

第二部分：企业风险管理循环（4~7 章）

第 4 章，风险识别，讨论了在企业风险管理循环中的第一步。风险识别的三个组成部分包括风险分类和定义、定性风险评估和新风险识别。虽然风险识别是企业风险管理循环中的第一步，但是传统方法仍然不是最佳的方法。本章还讨论了成功风险识别的 5 个关键点。其中一个关键点是通过风险源来定义风险，这是大多数组织没能恰当构建的一个关键部分，致使他们的企业风险管理方案出现一些困难。此外，本书还讨论了关于风险分类和定义工具的一些应用。本章最后讨论了两个“致命风险”。

第 5 章，风险量化，讨论了企业风险管理循环中的第二步。本章首先强调了实际建模的重要性，这是基于价值的企业风险管理方法的一个重要特征。接着，本章讨论了怎样计算基线（baseline）公司价值——与战略规划一致的公司价值的内部核算。这是基于价值方法的一个关键要素，它可以根据对基线公司价值的潜在影响来量化风险。然后，本章探讨了怎样量化个别风险，揭开了怎样量化各种类型风险的神秘面纱，包括战略风险、经营风险和财务风险。这是通过一些案例研究来说明的。本章最后讨论了怎样量化企业风险，以及企业层次风险的一个总体测量。

第 6 章，风险决策制定，探讨了企业风险管理循环的第三步。第一个决策是关于定义风险偏好（企业层级的容忍限度）和风险限度（企业层级以下的容忍限度）。这揭示了怎样清晰地和定量地定义风险偏好，以使其能被用于风险治理的过程。本章接着又讨论了怎样把企业风险管理信息融入到决策制定过程。这包括了完善战略规划过程并为所有的决策制定提供一个就是否与风险缓解或者日常业务相关的通用的协议，如战略规划，战略和战术决策或交易。在缓解风险决策的讨论过程中，本章揭示了怎样量化现存风险缓解的价值，这可以用于说明内部审计或者合规部门的价值。

第7章，风险沟通，讨论了企业风险管理循环的第四步，也是最后一步。本章的第一部分提出了内部风险沟通，这包括把企业风险管理融入到业务绩效分析和激励薪酬。在业务绩效分析讨论中一个值得注意的要素是基于价值的企业风险管理方法怎样修正平衡计分卡中的一个基本缺陷。本章的第二部分探讨了外部风险沟通，它是关于把企业风险管理信息用于与外部利益相关者的沟通，包括股东、股票分析师、评级机构和监管机构。

第三部分：风险治理与其他议题（8～10章）

第8章，风险治理，提出了风险治理的三个方面：角色和职责、组织结构以及政策和程序。角色和职责是讨论内部企业风险管理的利益相关者，包括公司企业风险管理、企业风险管理委员会、风险专家、业务部门、董事会和内部审计部门。在公司企业风险管理的角色和职责的讨论中，整个小节都用来列出基于价值的企业风险管理方法帮助实现最具挑战性之一的职责的所有方式，这个职责是为企业风险管理方案获取支持。

第9章，金融危机案例研究，回答了这样一个问题，“由于银行大规模倒闭，导致了2007年从美国开始的全球金融危机，并且它们声称一直在使用企业风险管理方案，那么企业风险管理到底能带来什么好处呢？”本章首先简要地回顾了一下金融危机，然后依据10个关键的企业风险管理准则来评价银行风险管理的做法，以确定银行是否确实运用了企业风险管理。

第10章，非公司实体的企业风险管理，指出了怎样将基于价值的企业风险管理方法推广到非公司实体的运用，包括非营利性组织，如慈善机构和专业协会、政府机构和个体。

本书最后附有企业风险管理方面的术语表。

网　址

以下网页提供了关于本书的其他资源：www. simergy. com/ermbookresources。

以下网址提供了关于企业风险管理的其他资源：www. simergy. com。

致　谢

我想首先要感谢那些审查文稿并提供反馈，以提高本书质量的人。我要特别指出的是，那些对本书付出时间和精力的贡献是不同寻常的慷慨，我非常感谢瑞奇·劳里亚、莱斯利·鲍威尔、亚当·利特克、戴尔·霍尔、米歇尔·罗切特、雨果·罗德里格斯以及大卫·罗莫夫，他们提供了大量的修正意见和见解，丰富了本书的内容，提高了可读性。

此外，我还要感谢巴巴拉·明托，他是明托金字塔原则的创始人和《金字塔原理：思考，写作和解决问题的逻辑方法》的作者。由于明托技术使得本书易于在读者之间流传，这有助于作者理清他们的思想脉络，有逻辑且流畅地表达概念。

最后，我想要感谢我的出版者——约翰·威立父子公司，还有几位出色的编辑：西克·曹、斯泰西·里维拉、克里斯·盖奇，是他们让我体会到了工作的快乐。我还要感谢雷切尔·拉比诺维茨把我介绍给威立。

目　录

第一部分　企业风险管理的基本结构

第二部分　企业风险管理循环

第三部分 风险治理与其他议题

第一部分
企业风险管理的基本结构

第1章 导 言

历史是可以避免的事物的总和。

——康拉德·阿登纳

企业风险管理（Enterprise Risk Mnagement，ERM）通常被定义为企业识别、测量、管理和披露所有关键风险以增加利益相关者价值的过程。

企业风险管理的挑战之一在于理解上述定义的含义。对这短短一句话的定义的解释有许多种，但其中不乏一些误解。在下一章中，我们将全面、合理地对企业风险管理进行定义。现在，让我们只把企业风险管理当作全面应对组织中的风险的方法。

1.1 企业风险管理的演进

企业风险管理在最近几年中出现了值得关注的发展趋势。我们将讨论下列8个推动这种趋势的最重要的因素，分别是：

1. 《巴塞尔协议》
2. “9·11”事件
3. 企业会计造假
4. “卡特里娜”飓风
5. 评级机构监督
6. 金融危机
7. 偶发事件
8. 长期趋势

前七个因素是一些互不关联的重要事件，我们将它们按时间顺序排列。最后一个因素包括了随着时间推移不断发展的趋势。上述的一些分立事件源于金融服务行业，或主要与金融服务业有关。但是各行业的人了解这些事件都是有帮助的，因为它们在企业风险管理循环中是常见的事件，而且各行业都能感受到这些事件对企业风险管理所产生的影响。此外，了解这些事件的时间顺序也很有裨益，因为这些时间的顺序在企业风险管理的发展过程中扮演了重要角色。这些事件的累积影响，以及监管机构和企业对事件的回应造就了如今企业风险管理的环境。

1.2 《巴塞尔协议》

《巴塞尔协议 II》,[1] 是一项国际性的风险管理准则，它影响了企业风险管理在金融服务业应用的发展。《巴塞尔协议》是由全球银行监管人员制定的准则，旨在完善风险管理的应用。《巴塞尔协议 II》，即巴塞尔银行监管委员会制定的两项协议中的第二项，于2001年发布。

《巴塞尔协议 II》有三大支柱：

■ 支柱1：最低资本要求

■ 支柱2：监管部门的监督检查

■ 支柱3：市场约束

支柱1 明确了计算资本要求的方法，提供了基于行业平均值的标准选项，为业务更复杂的银行提供了基于其自身内部模型的高级选项，为具体的企业、业务和风险提供量身定制的账户，并在很大程度上都是使用管理层自己的估计来估算大部分参数。

支柱2 允许监管者检查银行的风险管理行为和风险敞口，并且在必要的时候，应用一个乘数来增加在支柱1中计算出来的最低要求资本量。

支柱3 提出了恰当的风险披露。

自《巴塞尔协议 I》以来最重要的进步就是包括了经营风险范围的扩大，推动银行走向全面应对风险的方向（尽管很多其他风险，包括所有的战略风险，仍然没有被包括在内）。

回顾过去，我们很容易就能批判巴塞尔委员会没有达成他们的目标，2007年始于美国的全球金融危机就是例证。然而，这些协议被广泛采用的确代表了较之前行为的进步。即使《巴塞尔协议》没能达成它们为主要风险管理行为制定一个标准的目标，但是它们的确提高了对银行业风险的关注，而且其他行业将银行业当做风险管理的典型。欧盟保险偿付能力监管标准 II，是为欧盟保险公司制定的一套风险管理标准，计划于2012年11月开始生效，这个标准显著受到了《巴塞尔协议 II》的影响，而且与《巴塞尔协议 II》非常类似。

1.3 "9·11"事件

2001年9月11日美国发生了恐怖袭击事件，通过提高对以下四方面风险的意识，引发了我们在企业风险管理领域的思考，它们是：

1. 恐怖主义风险
2. 集中性风险
3. 风险复杂程度
4. 对综合方案的需求

1.3.1 恐怖主义风险

自从“9·11”事件以来，几乎所有的组织都更加提高了对恐怖主义袭击的警惕。其中许多组织，尤其是那些在主要城市中或其周边或者是在潜在的恐怖主义目标城市经营的组织，都考虑过各种恐怖袭击的情境。它们已经测试过恐怖袭击对它们的实物资产、雇员、客户、利益相关者、供应商以及它们经营所在地经济情况可能产生的影响。这些测试行为带来了预防性的缓解措施（比如分散办公场所）并且增强了持续经营的计划。另一项好处是对之前从未考虑过的可能发生的事件的警惕性的普遍提高。企业风险管理要求管理层对更加全面的未来场景保持开阔的思维，所以这是很有帮助的。

1.3.2 集中性风险

在“9·11”事件之前，企业就已经对集中性风险的危险性产生了警惕。比如，企业试图避免过于依赖单一的大客户或供应商；避免投资太多资产于一个产业；或者避免有太多知识、权利或者渠道集中于一个雇员。但是，“9·11”事件显著地转变了企业、政府思考集中性风险的方式。

这种转变体现在企业和政府重新思考风险暴露问题：哪里的资源，以及资源是怎样或者哪些资源可能会变得集中地暴露在恐怖主义或其他类型的风险之下。我们最重要的雇员在哪里？我们将我们最重要的雇员集中在哪儿？我们投资的大部分资产的地理位置在哪里？我们主要的顾客、供应商或者其他信用伙伴是否面临重要的集中性风险？这种重新思考后的结果的一种表现形式就是很多老板将他们的所在地分散在主要标志性建筑之外且分散在主要城市之外。

1.3.3 风险复杂程度

“9·11”事件提高了人们对风险复杂程度的警惕性。一套复杂的相互关系，在一个重要的破坏性事件将其揭露之前，它都是隐藏在表面之下的，而在袭击之后变得显而易见。有很多意料之外的二次影响，在袭击发生之前未被检测到。

尽管现在已经很明显了，但还是很少有人可以预测航空业受到的影响会有多严重。毕竟从统计上看，即使恐怖主义有适度的增长，航空出行还是比其他出行方式更为安全。根据西维克和弗兰尼根发表于 1 月—2 月刊的《美国科学家》（*American Scientist*）上的研究，即使每个月都发生与“9·11”事件同等程度的恐怖主义事件，航空出行还是比开车出行来得安全。[2] 然而，人的因素是风险复杂程度中的重要组成部分。很难解释清楚害怕和人类其他非理性倾向，这些倾向常常直接导致与集体最佳利益相悖的行为。康奈尔大学的一项研究发现在“9·11”事件发生后的 3 个月，由于从航空出行转变为开车出行使得死亡人数增加了 725 人。[3]

作为“9·11”事件后果的另一种类型的风险复杂程度是尽管恐怖事件有很多不利影响，但也常常会出现有利的影响。比如，证券业的从业人员会告诉你在恐怖袭击后增加了多少机会。此外，提供电话会议的企业也从中受益，因为出公差的数量锐减。尽管这不是一个新的理念，“9·11”事件的巨大规模增加了这样的意识，即当考虑一个风险场景的时候，将可能产生的有利影响也考虑在内是很重要的。

1.3.4 对综合方案的需求

“9·11”事件提出了对风险管理的综合方案的需求。它使得美国政府朝着与企业风险管理原则更一致的风险管理方向迈进。应对“9·11”事件的政府重组就类似于企业风险管理方案的初期。美国政府成立了国土安全部，后归属于国家情报主任办公室，集中了处理国家面对的大部分风险的力量。主要特征之一就是政府拥有可以防止袭击的情报。但由于缺少合作，分享和分清轻重缓急的信息，灾难产生了。在企业内部也是一样。很多企业掌握着优质的信息资源，但是由于缺少不同业务部门之间的互动，无法发挥这些信息在防止灾难和利用机会的潜能。

1.4 企业会计造假

在2001年和2002年，一波会计丑闻震惊了商界。安然、泰科和世通只是其中最突出的三个例子。这些企业经历了剧烈的财务崩塌，它们的高管被判刑入狱。在10年后的今天，这些高管的名字，杰夫·斯基林、肯莱、安德鲁·法斯多、丹尼斯·科兹勒乌斯奇、伯尼·埃伯斯，仍然使世界各地的高管们不寒而栗。此外，为安然和世通提供服务的审计公司安达信公司在这些丑闻曝光后倒闭了。这些会计丑闻的后果包括了两件使所有企业完善风险管理过程的重要事件。

第一个件事涉及法律诉讼，增加了在未被发现的企业财务舞弊事件中的董事会成员的会计责任，更重要的是，增加了他们个人的财务责任。在世通公司的一项诉讼案中，一份处理报告称有10名外部董事以其大约20%的个人净资产支付损失，这些损失不允许使用董事及高级管理者责任保险来偿还。安然的一项诉讼案的解决方法也有类似的董事个人支付方法。

这些解决方案的重要性表现在它们带来了两种主要的趋势。第一是由于责任的增加使得在董事会任职的吸引力降低了。很多企业的董事退休了，但却很难再聘入新的董事。第二种也是更重要的一种，企业风险管理的趋势是留下的董事对风险更为谨慎，并且会开始询问管理者采取了什么措施来应对主要风险以保护企业。很多企业采用企业风险管理方案，是由于管理层感受到了来自董事会成员的压力。

第二件事涉及立法、促进企业的风险管理行为以及企业的审计人员保证对外财务报告的准确性。在2002年，美国国会通过了《萨班斯—奥克斯利法案》，通常被称为SOX法案。此后，相似的立法在其他地方被采用，包括日本（J-SOX）、法国、意大利和其他国家。这些立法要求企业建立高度细化的，花费高昂的识别风险的过程，以及建立、记录和检测为财务报告过程进行的风险控制的有效性，同时让企业高管对财务报告的准确性给出正式的声明。为了遵守SOX法案，很多企业采用了20世纪90年代早期制定的COSO内部控制框架的修订版本。[4]

尽管SOX法案被很多人批判为繁杂并且无效，但确实引起了企业对财务报告准确性风险以及更为一般的风险的警惕性。很多企业曾经使用流程图来识别报告过程中易受风险侵蚀的部分（如关于数据的交接与访问部分）。也有些企业将流程图的使用范围扩大到识别其他公司经营过程中的风险和无效性。SOX法案也授权员工识别和解决一些新的风险。

1.5 “卡特里娜”飓风

2005年8月那场毁了新奥尔良市的飓风给我们带来了很多风险管理方面的教训。其中有两项在帮助推动企业风险管理行为方面的作用尤为突出，它们影响深远且意义重大。这两项教训涉及以下方面：

- 最坏情境
- 自然灾害

1.5.1 最坏情境

正如“9·11”事件一样，“卡特里娜”飓风开启了人们对最糟糕情境的想象，尽管这些最糟糕的情境发生的可能性很小。根据美国陆军工程兵团的说法，“卡特里娜”飓风是396年一遇的事件。它带来的教训是要更重视风险情境的影响，而不是重视风险情境发生的概率。风险情境发生的可能性可能非常小，但是更重要的是千万不能让自己曝露于任何可能彻底毁灭你的事情中。

1.5.2 自然灾害

直到近代，人们很大程度上曝露于大自然中。例如，在1747年本杰明·富兰克林发明了避雷针之前，每座城市都面临着整座城市被闪电击毁的可能性。每一项科技进步都带来了控制环境的力量，也让人类越来越认为自己是无懈可击的。

“卡特里娜”飓风提醒我们，人类在自然灾害面前是多么的脆弱以及我们试图阻止或缓解自然灾害是多么荒谬。威力强大的飓风和接踵而至的洪水灾害更是强调了这一点。即使是世界上最强大的国家，也无法阻止大自然给其主要城市带来的实际损失。“卡特里娜”飓风之后，很多企业都在它们的企业风险管理项目中包含了更多的自然灾害情境，这种做法延续至今。

1.6 评级机构监督

2005年10月，评级机构对企业风险管理项目的监督向前迈了一大步。标准普尔将企业风险管理作为一项对全球保险公司的额外信用评级项目。尽管其他主要评级机构并没有采取同样的措施，但作为对标准普尔此举所提出的问题的回应，它们也开始强调它们是如何重视企业风险管理的。标准普尔对企业风险管理的审查在以下四个方面推动了全球企业风险管理的做法：

1. 迅速推进
2. 不断发展
3. 超越标准增长要求
4. 向各行业的扩张

1.6.1 迅速推进

保险公司快速地开始执行企业风险管理方案或强化其现有的企业风险管理方案。标准普尔的措施从营销的角度来看是辉煌的。作为总评级的一个独立部分，一个企业获得的企业风险管理的评级是公布于众的。因此，企业都很积极地想得到一个好的评级。标准普尔详细地制定了它们的企业风险管理评级标准，企业将其作为提升其风险管理方案的指南。企业需要及时为它们与标准普尔的下一次会面做好准备。由于实施企业风险管理有一段很长的前置时间，很多企业努力地为标准普尔的企业风险管理审查做准备。

1.6.2 不断发展

保险公司开始每年完善其企业风险管理方案。标准普尔作出了战略决策，提高维持保险公司风险管理评级水平所需的标准，并且自从引入最初的企业风险管理审查标准后，每年都这么做。一旦公司获得了它们想要的企业风险管理评级，它们会很快变得更加关心失去这项评级的可能性，以及这将给债权人和股东传递了什么样的信号。因此，标准普尔公司鼓励企业风险管理项目在这些企业的持续发展。

1.6.3 超越标准增长要求

保险公司开始执行超越了标准普尔要求的风险管理方案。一旦企业开始制定健全的风险管理方案，其中一些企业就开始极力宣扬它们的企业风险管理方案如何为它们带来了竞争优势。受一定程度竞争的刺激，其他的企业也开始调查它们怎样运用企业风险管理方法，从而达到提高其竞争力的目的。

1.6.4 向各行业的扩张

其他行业已经且意识到完善风险管理方案的重要性。标准普尔公司通过它们的保险业企业风险管理的审查，不论是在推动行业在企业风险管理方面的成熟，还是在提高其注意力方面，都取得了很大的成功。由于其创新性的做法，标准一普尔公司获得了广泛的媒体关注。这使得标准普尔在 2008 年 5 月宣布将会加强企业风险管理审查，将其作为对非金融企业信用评级的一部分。这是一项重要且非常必要的进步，因为很多非金融行业在风险管理实践方面较金融服务业落后。尽管非金融行业的企业风险管理审查并没有像其在保险业那样被视为一项独立的评级类别，但就算在其被正式纳入评级过程之前，这些企业就已经意识到标准—普尔的企业风险管理准则，也承认了改进其风险管理实践活动的必要性。

1.7 金融危机

2007年始于美国的全球金融危机动摇了全世界风险管理的现状，且为所有的企业开启了一扇门，让它们重新审视如何改进其风险管理方案。首先，这场危机清楚地证明了一个错误的言论，那就是银行业拥有最佳的风险管理实践。这很重要，因为在金融服务业的其他企业沉迷于银行的做法而且认为它们必须效仿银行的做法。在第9章中，我们将会介绍银行在企业风险管理实践方面做了些什么，没做什么。

除了见证了银行业力量的衰退，企业如果在危机中存活下来（许多企业可能不会），那么其在这场危机中会得到它们自己的直接经验，它被当作是警世钟。当处在危机的旋涡中心时，企业风险管理的发展有一段暂时的平息期，因为个人和企业都为生存而挣扎。然而，当最糟糕的时期似乎过去的时候，所有行业的企业开始对它们的企业风险管理方案进行评估来决定需要优先进行改进的部分。如之前一样，金融服务行业很积极地参与其中。非金融服务行业也在向前发展，一些企业要比另一些企业发展的要更快。史蒂夫·德雷尔，他领导了标准普尔将企业风险管理融入到其对非金融行业企业的信用评级中。他指出从金融危机中复苏，很多消费品行业的企业改进了企业风险管理方案，有部分原因是由于金融危机的经历以及金融危机对供应链的影响。类似的是，能源企业遭到由于经济不景气导致的天然气低价，会比以往更加集中关注积极主动管理商品价格的变动。

金融危机的另一项重要后果是对那些已经进入企业风险管理过程的企业来说，管理层考虑最坏情境不再那么困难。活“在尾部”，指的是经历之前认为完全不可能发生的事件，这种事件发生的可能性在可能性分布曲线末端的尾部，这打开了管理者对还有什么可以变得糟糕，以及可能变得多糟的想象空间。

此外，人们也预期金融危机带来的在立法、监管和诉讼方面的后果会对全球企业风险管理的发展有显著的正面影响。在本书写作时期，要决定这些影响还为时过早。然而，有两项值得一提的后果对加速企业风险管理方案的采用有潜在的影响：

1. 美国证券交易委员会（SEC）对披露的监管
2. 《多德—弗兰克法案》

1.7.1 美国证券交易委员会（SEC）对披露的监管

2010年2月，美国证券交易委员会通过了一项要求披露风险治理和风险补偿方案的条例。在第7章，我们也会讨论到。采用企业风险管理方案会帮助企业遵从这些条例。条例会揭露企业是否拥有或者是否缺乏好的风险治理。此外，该条例要求企业有能力决定报酬激励计划是否有风险。而没有合适的企业风险管理方案的话，企业是做不到这点的。

1.7.2 《多德—弗兰克法案》

2010年7月，《多德—弗兰克法案》生效。法案中的很多条例是为了授权监管者设计和执行新的风险管理要求而制定的，这些新要求的产生需要一段时间。然而，法案具有改进企业风险管理行为的潜力。法案创造了一种新的实体，即金融稳定监管委员会，而且授权其推荐对于金融机构的新的风险管理要求。

1.8 偶发事件

2009年，两件关于风险事件的威胁再次浮出水面，这两项风险在现代是如此罕见以至于人们并没有认真对待它们。尽管这些威胁并没有带来显著的影响，但它们在帮助管理者对偶发事件保持清醒头脑方面扮演了重要角色，这对企业风险管理来说是重要的。这两项威胁是：

1. H1N1 流感的爆发
2. 海盗

1.8.1 H1N1 流感的爆发

科学家近年来总是在说迟早有一天我们会经历像1918—1919年时的流感，即西班牙流感那样的流感大爆发。根据疾控中心的统计，当时超过全球人口2.5%的人死于流感。尽管很多企业在它们的企业风险管理方案中纳入了类似的情境，但很多企业在这样做的时候是心存疑虑的。但现在已经不再如此了。当2009年流感季来临时，人们非常害怕即将发生的H1N1流感的致命性会像1918年的流感一样。尽管最终其致命性只是同一般的季节性流感一样，但它改变了人们的态度。在H1N1流感之前，流感致命的数据仅停留在1918年，让人们觉得致命的流感离我们很远，甚至不可能发生。

1.8.2 海 盗

尽管海盗不是一个特别重要的因素，但它的确值得一提。因为这是有一个以前被认为是不可能在现代世界发生的例子。然而，在2009年，海盗对索马里海岸的袭击引起了媒体的广泛关注，也为航运业和航游线路所担心。在此之前，如果你提出了这样的潜在风险，你得到的回应会是："海盗？你在开玩笑吧？"海盗唤起了人们对木船和大炮的遥远记忆。自从最后一次海盗袭击了一艘美国船只至今，已经过去100年了。然而，遥远的风险事件变成现实对企业风险管理方案来说更重要，包括了识别即将发生的风险，这些风险显然不会显示在风险列表上，但是将来可能会是很重要的。类似的事件让我们更加意识到我们的态度在遥远的事件发生前后的转变，以及我们的思维方式和我们生活的现实世界变化得有多快。

1.9 长期趋势

除了这章前面部分按时间顺序提及的事件外，还有两项经过长时间发展而来的推动企业风险管理采用的因素值得一提。其一是技术进步。企业风险管理要求大量的计算能力。直到最近，计算的运行速度还是很慢。然而，程序运行速度的持续提高使得企业风险管理变得可行，企业也开始利用这一优势。

其二是在商界中乃至在更广泛的人群中培养一批精通风险的人。直到最近，拥有信息的消费者都满足于接受"最佳估计"的预测，无论是他们的收入预测还是天气预测。然而，在最近几年中，消费者更多地接受了波动的概念（最佳估计值并不一定总会出现），并且也更习惯于接受并处理多种情境（高于或低于最佳估计的各种可能出现的结果）。因此，预测发生更为复杂的变化且通常提供了一系列可能出现的情况。比如，电视台的天气预报在播报飓风时常常提供一系列飓风的可能走向，用不同颜色标出通过复杂的气象模型计算出来的概率。另一个例子是媒体对选举的报道，如今分析家向人们列出各种可能影响到不同结果的细节性的情境。

1.10 企业风险管理面临的挑战

由于所有的因素都驱使人们关注和采用企业风险管理方案，企业风险管理最近几年成为热门话题，如今也是。多数企业开始采用企业风险管理，或者在考虑采用企业风险管理，或是对企业风险管理很感兴趣，想了解一些更多关于企业风险管理的知识。董事会开始询问关于企业风险管理的信息，管理层也在积极搜集相关信息。即使是非营利组织和政府机构也对企业风险管理感兴趣，想知道企业风险管理怎样为其所用。在正在执行企业风险管理的企业中，很多企业设置了一个首席风险官（CRO）的正式职位来领导企业风险管理方案的制订、实行、维护和改进。

作为对这些需求的回应，产品和服务的提供者越来越多地投资于不断成长的企业风险管理市场。一些会议将企业风险管理加入其日程，或是提供整个事件来专门讨论企业风险管理。大学在为企业高管和学生们开发企业风险管理的课程，也在搜寻满意和合格的教授来教授该课程。咨询公司、审计公司以及技术提供商在不断努力开发和传播其企业风险管理产品和服务。这些企业也在竞相从有限的合格人选中雇用企业风险管理从业者。

有了这些契机，企业风险管理在企业界乃至更广泛的领域成为一项大型且持续的运动似乎是不可避免的。然而，如今有两项主要的挑战会威胁到企业风险管理的正常发展：

1. 对企业风险管理提供者的混淆
2. 企业风险管理方案无法达到人们的预期

1.10.1 对企业风险管理提供者的混淆

第一个挑战是对什么是企业风险管理和谁来提供有效的企业风险管理服务的混淆。企业风险管理产品和服务的提供者的迅速扩散，导致许多企业风险管理的提供者通过利用它们有限的一组产品和服务的方式来定义企业风险管理，这些产品和服务通常是早期的企业风险管理所提供的。虽然正确的企业风险管理的基本概念有一个新的名字，但是对于什么是企业风险管理的混淆也会导致损害企业风险管理的名声，并最终放弃企业风险管理。第 2 章通过对企业风险管理提供一个完善的定义解决了这个问题，这可以被用来评估一个公司的风险管理方案是否确实是一个企业风险管理方案。这种对企业风险管理产品和服务的混淆的另一个结果是其可能使得一些公司放弃采用企业风险管理。

1.10.2 企业风险管理方案无法达到人们的预期

第二个挑战是大部分企业风险管理方案不能达到人们的预期。没有一个关于企业风险管理一致的最佳实践方法，有各种各样的方法被利用。大部分企业正在使用的企业风险管理框架和方法，虽然产生了一些有价值的利益，但导致了次优的企业风险管理方案。第 3 章定义了一个基于先进而实用的方法的企业风险管理框架，帮助企业避免这些问题，并成功地实施一个完善的企业风险管理方案。本书的大部分内容详细地描述了该框架和方法。

1.11 本章小结

由于过去 10 年的重要风险相关事件的汇集，以及一个长期支持的趋势，运用企业风险管理的时期似乎就要到来。一些人为的和自然的灾难性事件，提高了管理层对风险的具体来源，最坏情况的可能性，以及对管理风险的一个综合方法的需求的意识。外部利益相关者（评级机构和政府机构）所采取的主动的和被动的行为，改善了风险管理的实践和披露，同时提高了对一个企业风险管理方案所带来的利益的意识。尽管企业风险管理准备继续成长为一个企业管理途径，但其面临着市场上的一些困惑和缺少先行的实践。下一章，我们将开始通过完全清晰地定义企业风险管理，澄清一些这样的误解。本书的剩余部分将继续描绘出企业风险管理的先行实践。

1.12 注 释

1.《巴塞尔协议Ⅱ》替代了最初的《巴塞尔协议》。虽然现在出现了《巴塞尔协议Ⅲ》，从我们讨论的观点来看，它没有什么实质上的不同。主要的区别是更高的资本要求。

2. www. fearofflying. com/about/research. shtml#driving。可查看“比较开车与乘飞机的权威的统计数据”。研究表明，恐怖主义使得乘飞机和农村洲际驾驶有同样程度的风险，农村州际驾驶是驾驶中风险程度最小的一种类型。因此，总的来说，驾驶仍然是很危险的。

3. http：//thestatsblog. wordpress. com/2008/01/16/fear-of-flying-after-911-led-to-increase-in-auto-deaths。可查看“我们怎么样计算风险：对乘飞机的恐惧，‘9·11’事件之后导致的汽车交通死亡率的增加”。

4. COSO 内部控制框架试图作为一个流程来帮助企业获取经营的效果和效率、财务报告的可靠性以及合规性。

第2章 企业风险管理的定义

安全从大体上来看是一种迷信。它不存在于自然界中，人类也几乎没有经历过。避开危险从长期来看并不比直接暴露在危险中安全。人生只能是一种大胆的冒险。

——海伦·凯勒

在开始定义企业风险管理之前，我们必须定义风险。虽然风险是一个非常常见的术语，但它有一些内在的含义。就在企业风险管理的背景下我们将怎样运用风险的定义而言，我们需要对风险本身有一个非常明确和具体的理解。

2.1 风险的定义

我们将讨论以下有关风险的三个基本方面：

1. 风险是一种不确定性
2. 风险包括上行波动
3. 风险是与预期的偏差

2.1.1 风险是一种不确定性

有一个好的方法来思考风险，那就是任何时候一个事件准确地按照预期一样发生的可能性肯定是小于100%的。如果我们按照上述方法来定义风险，那么还有什么事情不涉及风险的呢？这使我想起了富兰克林·本杰明有句关于不确定性的名言：“生活中唯一确定的事情只有死亡和税收。”

除了上述两种情况外，在你生命中还有什么事情是不涉及风险的呢？有趣的是，即使死亡和税收也涉及了不确定性，前者是关乎时间长短的风险而后者则是金额大小的风险。因此，或许任何事情都包含着不确定性。

2.1.2 风险包括上行波动

当你在考虑生活中的风险时，你可能只是考虑了一些负面事件，如失去工作或是失去健康。在日常生活中，风险可能是像因为交通或是天气条件的缘故使你无法及时到达目的地的可能性一样简单。然而，在企业风险管理的环境下，我们将风险定义为任何偏离预期的可能性。按照这种定义，风险包括下行和上行波动。[1] 例如，你会考虑你的奖金低于预期的可能性，并把这种可能性作为一个风险；但是你并不会把奖金高于预期的可能性看作一个风险。事实上风险的定义要求我们严格做到——将风险视为一种可能性，这种可能性表现为结果并不与预期完全一致，而是低于或高于预期。“上行波动”就是指各种可能的上行风险事件，而“下行波动”是指各种可能的下行风险事件。

在企业风险管理中，将上行波动纳入风险的概念是至关重要的，因为我们需要适当地体现出风险的三个特征：

■ 其他业务部门的抵消

■ 其他事件的抵消

■ 波动的成本

1. 其他业务部门的抵消

一个单一事件对一个业务部门来说是下行风险事件，而对另一个业务部门来说可能是上行风险事件。例如，在美国的一家旅游公司，它在市场上推出针对美国公民的国内旅游和中国旅游。假设发生了美元对人民币（RMB）贬值的风险，此时这家旅游公司将会更希望减少去中国旅游的业务，而可能期望增加国内旅游的业务。在这种情况下，管理者必须了解该单一事项对整个企业的净影响。

更有趣的是，一个看似是下行风险事件可能最终会被证明为一个上行风险事件。例如，一个来自竞争对手温和的外部攻击，它加强了企业的防御能力，使它能够抵御后续更为强大的竞争对手致命攻击，从而得以生存。这类似于弗里德里希·尼采的一句名言：“那些不能毁灭我们的，会使我们更坚强”，相关案例见“因祸得福”的内容。

因祸得福

2007 年 10 月，一名叫迈克尔·菲尔普斯的游泳运动员为参加 2008 年北京奥运会训练时摔断了手腕。[2] 菲尔普斯在 2004 年雅典奥运会获得六枚金牌，他希望能够打破马克·斯皮茨在 1972 年获得七枚奥运金牌的世界纪录。尽管他当时公开否认这一点，但在后来的一次采访中，菲尔普斯承认当他意识到自己摔断了手腕后，他知道赢得八枚奥运金牌的梦想可能难以实现。在手腕康复治疗时期，菲尔普斯只能在水中进行踢腿练习。当他的伤完全康复后，当初的损伤竟然让他因祸得福。大量的腿部训练给他带来了竞争优势，使得他实现赢得八枚北京奥运金牌的目标。更强壮有力的双腿让他更快，使他能够转弯时更为有力地推离墙壁，在游泳时完成有力的蹬踢姿势。[3]

2. 其他事件的抵消

多个风险事件有可能会同时发生，这些风险事件包括下行风险事件和上行风险事件。在这种情况下，管理者需要测量所有风险事件组合的净影响。例如，在一段时期内，一切都准确无误地按照计划进行，除了以下两件事情：

（1）一个下行风险事件的发生，如成本节省方案没有按照预期执行，造成固定成本比预期高出 1 000 万美元。

（2）一个上行风险事件的发生，如生产过程中原材料使用的一个意料之外的成本减少，使得可变动成本比预期低1 000万美元。

这些上行和下行风险事件的净影响为0。在企业风险管理中，我们应用一种方法时可能仅仅抓住了那些下行风险事件，而忽视了会产生抵消作用的上行风险事件。

3. 波动的成本

即使在上行风险大于下行风险的情况下，过大的波动也会由于增加了资金成本而降低了价值。换句话说，并不是所有的上行波动都一定是好消息，因为它同时也伴随着更多的下行波动。现在考虑一个简单的例子，有两家公司即Stable公司和Wild公司，这两家公司均有发行在外的股票100万股。两家公司处于相同的行业领域，由同一个股票分析师进行估价。分析师预测出每一家公司未来10年期的现金流，如表2—1所示。

表2—1　**预计现金流量：**Stable **公司和** Wild **公司**　单位：百万美元

现金流量	**第1年**	**2年**	**3年**	**4年**	**5年**	**6年**	**7年**	**8年**	**9年**	**10年**	**总计**
Stable公司	10	10	10	11	11	11	12	11	12	12	110
Wild公司	10	5	25	–2	18	10	28	2	24	6	126

假定股票分析师通过公司预测的10年现金流量的现值来对公司进行估价（见“现值”）。如果在Stable公司和Wild公司估价中所使用的贴现率均为6%，则Stable公司每股价值为80.10美元，Wild公司每股价值将为91.22美元，或者说Wild公司每股价值将比Stable公司高出11.12美元。但是实际上两家公司估价中所使用的贴现率通常是不可能相同的。

现　值

现值是指通过对资金的时间价值进行调整，将一系列未来产生的现金流量换算成当前时点的一个对等价值的计算。例如，我们假定，与你有业务往来的当地银行提供的资金的利率是6%。换句话说，银行一年后给你106美元和现在给你100美元对你来说是一样的。现在假定银行从现在起一年后给你100美元，两年后给你150美元。那么现值是多少或者你在未来所接受现金流在今天的价值是多少？现值的计算如下：

$$现值=\frac{100\text{ 美元}}{1.06}+\frac{150\text{ 美元}}{1.06^2}=227.84\text{ 美元}$$

未来现金流贴现到当前时点。

Wild公司在10年期中预测的总现金流量更高。Wild公司上行波动产生更多的现金流量，超过了随之而来的下行波动带来的损失。然而，相比Stable公司而言，Wild公司的整体波动性也高于Stable公司。这可以直观地从图2—1看到，图中的价值数据来源于表2—1。当存在更高的波动或不确定性时，投资者必然要求有一个更高的回报率。高风险必然要求高报酬率。

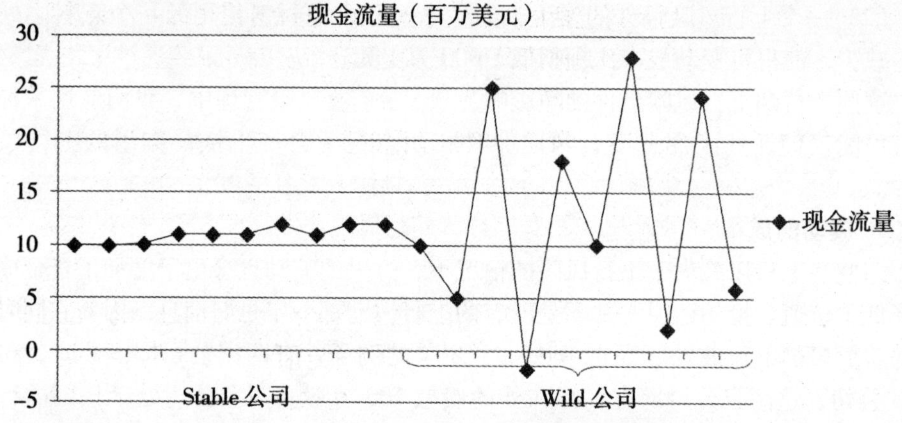

图 2—1 Wild 公司比 Stable 公司有更大的波动

资料来源：Copyright © 2011 SimErgy. All rights reserved. 有改动。

假定股票分析师将 Wild 公司额外的波动转换为增加 300 个基点的贴现率，则股票分析师在对 Wild 公司进行估价时将使用 9%（6%+3%）的贴现率，反映了更高的股票风险水平。计算出 Wild 公司的估价为每股 78.84 美元，比 Stable 公司的价值低 1.27 美元。在这种情况下，Wild 公司额外的波动（反映了所有的包括上行和下行的波动）超过了增加的现金流，造成价值比波动较小（总现金流量较低）的 Stable 公司更低。

2.1.3 风险是与预期的偏差

风险一般被认为是损失的可能性。这是最常见的解释，甚至有很多从事企业风险管理的人员经常这样认为。然而，损失并不是一个完整的概念，因为如前面所讨论的，风险包括上行波动，即获得一项意外收益的可能性，且将风险视为损失有更为隐含的缺点。它往往使人们在无意中高估风险的严重程度。这是因为在考虑负面（下行）风险事件或情境时，很容易直观地将总现金流出当作损失。然而，这样会导致重复计算某些预期损失，重复计算的预期损失应当予以扣除。

考虑下面的例子。一个《财富》500 强公司正在考虑诉讼风险。列出几种风险情境，其中最坏的情况下公司将会有一项 1 亿美元的税后诉讼成本。在这个例子中，该风险事件的损失很可能被认为是 1 亿美元。但这是不正确的。这个大公司每年都会有诉讼成本，且一定的诉讼金额是在正常和预期范围内的。由于我们将风险定义为预期的偏差，因此风险的严重性或影响应该仅仅是包括超过预期的金额。每年度的预期诉讼费用可能被包括在公司的战略规划基线财务预测中。假定情况确实是这样，并且每年在基线预测中预期的诉讼费用估计为 3 500 万美元。在最坏的诉讼风险情境中风险的严重程度为：

最坏情境的诉讼成本-基线情境的诉讼成本=10 000 万美元-3 500 万美元=6 500 万美元

虽然这可能看起来是一个简单的区别，但它经常被忽视。我们很容易忘记扣除预期金额。这是由于在某些情况下，参与设计风险场景的人员可能不熟悉公司的战略规划基线财务预测计划及其包括的项目。另外，战略规划基线财务预测计划可能忽视本应该考虑的项目。在后一种情况下，进行风险情境设计训练提供了加强基线预测的机会。

战略规划预测通常通过优先考虑价值驱动因素及其所包含的影响与影响的会计核算来进行设计。在企业风险管理的过程中，具体来说在风险情境的设计过程中，引入了另一个视角——风险驱动因素。这就使得风险和回报两方面内容均纳入了战略规划过程，从而使其更加健全。

现在我们已经明确了风险定义中的三个基本方面，我们将回到企业风险管理的定义上。我们将在第4章中的“风险分类和定义”部分中进一步扩展风险的定义。

2.2　企业风险管理的定义

企业风险管理是一个复杂的过程。为了帮助大家对企业风险管理及其关键细微差别有更为充分的了解，我们将在本章剩下的部分从以下几个方面定义企业风险管理：

- 基本定义
- 关键标准
- ERM 循环
- 根本利益

2.2.1　基本定义

在第1章中，我们提供了一个简短的企业风险管理的定义：

企业识别、测量、管理并披露所有重大风险以增加利益相关者价值的过程。

在下一节中，我们在描述关键准则时隐含了这个基本定义，包括了一个 ERM 方案定义的特征。

2.2.2　关键准则

10个准则是至关重要的 ERM 方案要素，这些准则能够作为一个有用的基准来评估公司是否真正拥有健全的风险管理方案。目前，大多数的公司风险管理方案相对来说比较不成熟，而通过这些准则的衡量能够慢慢地发展成为健全的方案。这些准则是：

1. 整个企业范围
2. 包括所有的风险类别
3. 关注关键风险
4. 跨风险类型进行整合
5. 汇总指标
6. 包括决策制定

7. 平衡风险和回报管理

8. 恰当的风险披露

9. 衡量价值影响

10. 关注主要利益相关者

1. 准则1：整个企业范围

ERM的首个字母所表示的就是企业。这意味着企业风险管理必须应用到企业的各个部门。谁也不知道重大的风险事件会发生在哪个部门。事实上，它经常发生在管理者疏忽的地方。然而，大多数ERM方案并没有综合地涵盖整个企业范围。在此类公司中，存在着一个或多个以下的情况：

- "金童"部门
- 微不足道的部门
- 一个有限的方法
- 不同的文化
- 不完全执行

(1)"金童"部门 最值得注意的一个令人不安的情况是"金童"部门的存在。这是一个享有特殊规则的业 务部门，因为它可以为公司带来大量的收入增长或利润。这些特殊规则通常采取的形式包括免除业务单位的审查甚至免除日常的监督过程，如企业的报告标准、风险管理活动或内部审计。这可能是错位激励的结果(例如为收入或利润的增长支付管理成本以及不必为增加的企业风险敞口负责)。不管怎么样，都会造成要么缺乏对业务涉及的风险的理解，或者更为糟糕的是故意装作一无所知。

这方面的一个例子是美国国际集团金融产品部（AIGFP)。在2007年从美国开始的金融危机时期，金融产品部门造成美国国际集团（AIG）的崩塌，暴露出美国国际集团在信用违约掉期（CDSs）中巨大的风险敞口。在这些风险敞口造成损失之前，金融产品部一直是为美国国际集团贡献巨额利润的来源，这使得该部门免于ERM的监督。

(2) 微不足道的部门 另一种情况是，将一个业务部门视为足够小从而在企业风险管理循环中忽略不计，这通常是由于在ERM的执行阶段，按照业务分部的规模确定ERM执行的优先顺序。在考虑是否进一步扩大应用ERM方案时，管理层经常忽略小的业务部门。这存在着潜在的危险。因为巨大的损失往往是由公司小的或模糊部门的微小风险所引起的。然而，风险敞口并不总是与可见的部门规模成正比，因此对风险可能产生的任何地方进行全面考虑是至关重要的。

纳西姆·塔勒布，《黑天鹅：根本不可能事件的影响》的作者，和其他介绍巨大损失事件的书籍一样，都指出巨大的损失最终将会出现在那些产生常规收入，收入规模相对较小，产生收入期限很长的业务部门。[4] 公司如果忽视这个警告，并认为这些明显微小业务部门相对整个公司来说太微不足道而没有纳入ERM方案，可能会在全然不知的情况下通过不知长度的导火索引发风险敞口这个定时炸弹。

(3) **一个有限的方法**　许多企业无法对其所有的运营部门推出ERM方案的一个常见原因是，它们只将该方案应用到公司主要的业务部门。尤其是那些有一个控股公司结构，并包含许多不同类型业务的金融服务公司。在这类公司中，企业风险管理法通常用于以资本需求为基础的银行或保险业务，而未应用于没有资本要求的其他业务部门。[5]

(4) **不同的文化**　在一些组织中，两种（或更多）文化的存在，将会导致某些业务流程无法得到一致的实施。在这种情况下，ERM可能被企业中的部分部门或分部采用与执行，而企业中在不同文化下运营的另一些部门或分部仍对ERM不感兴趣或者对其不甚了解。相对于那些公司部门更加集中的上市公司来说，业务部门较为独立的公司更有可能发生这种情况。那些把各部门隔开的各种差异将会导致一种相互冲突的文化，这些差异包括但不限于以下方面：

■ 办公地点

■ 时区

■ 当地文化

■ 语言

■ 业务类型

■ 企业由来（例如两家公司的合并）

(5) **不完全执行**　在许多情况下，ERM还处于早期发展阶段，尚未完全扩展到公司所有业务部门。但最终，ERM方案会真正覆盖整个企业。目前大多数ERM方案就是这样一种状况。直到ERM方案涵盖公司所有领域之前，公司仍然是脆弱的。ERM方案没有充分扩展到整个公司就好比声名狼藉的泰坦尼克号没有将水密舱壁（墙）延至水线以上，导致其在1912年4月15日迅速下沉，使许多人失去了生命。

2. 准则2：包括所有的风险类别

在企业风险管理基本定义中的“所有”一词意味着所有的风险类别必须包括在内。在第4章，我们将使用改进后的风险类别标准行业术语，但现在，我们仍使用一般的行业术语。对于大多数企业来说，风险类别包括财务风险、战略风险和经营风险。这些风险类别的定义如下：

■ 财务风险：外部市场、价格、利率和供求流动性的不确定性变化。包括市场风险、信用风险和流动性风险。

■ 战略风险：战略制定和执行中关键要素的不确定性变化。

■ 经营风险：与经营相关的要素的不确定性变化，如人力资源、技术、过程和灾害。

还有一个风险类别即保险风险，它通常仅适用于保险公司。保险风险涉及业绩不佳时保险产品的定价、承保、保留，或者对保险产品所需资本金的设置。

包括所有的风险类别对ERM方案的有效性是至关重要的。关键的风险能够存在于任何一个风险类别中。忽视一个风险类别，或者没有平衡关注所有的风险类别，会使公司暴露在过度风险之中，并且导致公司没有将有限的风险缓解资源用在刀刃上。

令人惊讶的是，绝大部分的 ERM 方案全部或者大部分只注重财务风险。造成这种失衡主要是由于缺乏足够健全的方法量化战略和经营风险。造成这种忽视有三个主要原因：

- 无法量化战略和经营风险
- 虚构的财务风险重要性
- 金融分析师的偏见

(1) 无法量化战略和经营风险 造成不平衡的一个基本原因是无法量化战略和经营风险。对财务风险来说，在设计风险情境时有大量的目标市场数据包括对财务结果的量化影响数据可以使用。然而，对于战略和经营风险来说，它们很大程度上取决于对具体组织结构的影响，而这是缺乏可利用数据的。另外，主流的量化方法并不能充分地衡量战略和经营风险。量化方法不但不能提供任何相关的量化，更糟糕的是，它们显著低估了这类风险的严重性。在第 3 章，我们将更加详细地探讨这个问题，并描述一种新方法来解决这一类问题。

(2) 虚构的财务风险重要性 第二个使公司不成比例地过分关注财务风险的原因是财务风险是公司面临的最重要的风险这种观念造成的。财务风险被认为是威胁企业组织最大的风险，这在经验上是站不住脚的，事实上，真实的情况恰恰是相反的。研究一致表明，战略和经营风险涵盖了公司绝大多数的关键风险，并构成公司最大的威胁。

2009 年 12 月发表了一项由笔者主持的研究，该研究按照风险类别审查了风险的分布。[6] 以 2006 年出现在《华尔街日报》(*Wall Street Journal*) 头版关于上市公司的负面事件为基础进行分析。结果表明只有 1% 的这类头版新闻是财务风险，而大约有 2/3（64%）的是战略风险，约 1/3（35%）的是经营风险。

其他行业的研究也有类似的结果，明确指出公司重大的风险事件，按降序依次来源于：战略风险、经营风险、财务风险。在图 2—2 中，Corporate Executive Board Co.（CEB）的一个 18 年的研究，探索了《财富》1 000 强中前 20% 的企业一年市值下跌 50% 以上的根本原因。研究表明大约 2/3（65%）是战略风险问题，20% 是经营风险问题（这类经营风险包括法律及合规风险），只有 15% 是财务风险问题。然而，这 15% 可能被高估了，因为其中某些财务风险似乎更应该归入经营风险中，特别是归入人力资源相关的风险（如绩效风险，这是管理层或工作人员没有按照预期履行其职能的结果）。[7]

图 2—3 显示了一个由美世管理咨询公司做的一个 6 年的研究，该研究是关于 1993 年至 1998 年间《财富》1 000 强企业中一个月的价值下降最多的 100 家企业，检查引起价值下降的事件。结果表明这些事件绝大多数是战略风险（61%），1/3（33%）是经营风险，只有 6% 是财务风险。

另一个研究表明，大多数的董事会成员认为组织面临的最大威胁是战略风险而

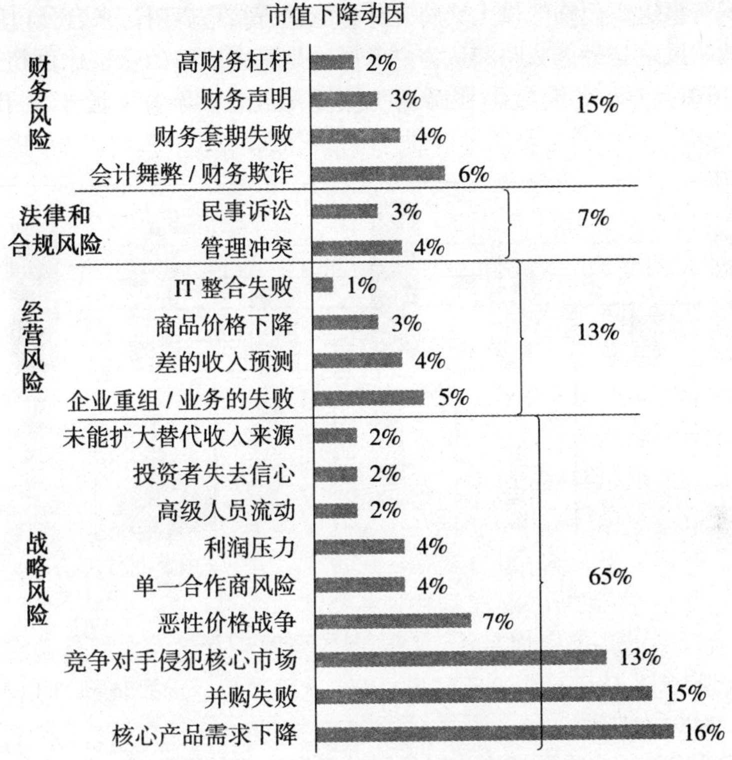

图 2—2　引起价值下降 50% 的风险

资料来源：Copyright © 2009，Audit Director Roundtable，Corporate Excutive Board. 有改动。

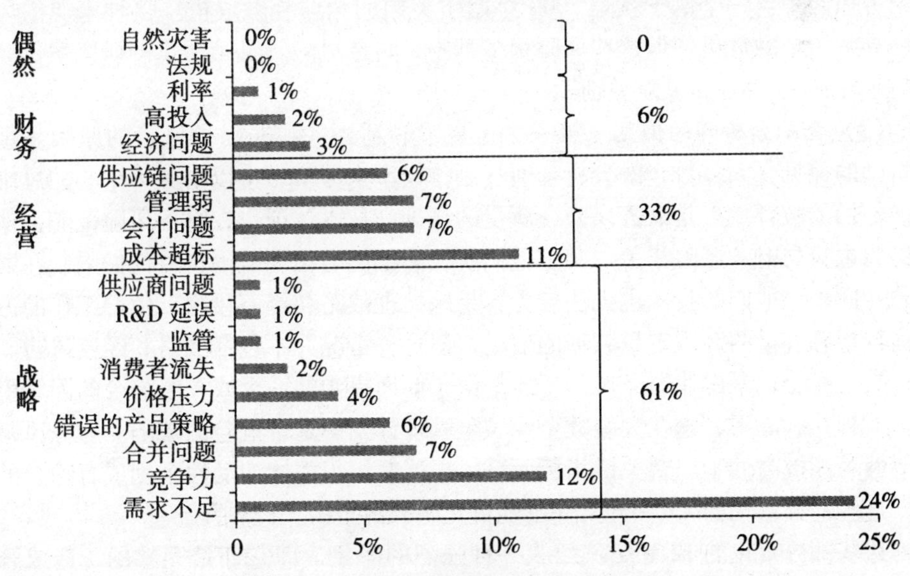

图 2—3　价值下降最多的 100 家企业

资料来源：Copyright © 2000 by Oliver Wyman. 有改动。

不是财务风险。图 2—4 显示了一个 2006 年由世界大企业联合会组织调查的结果，该调查询问董事组织面临的最大威胁是什么。调查结果表明，来自公司所有部门的董事认为战略风险是最大威胁和认为财务风险是最大威胁的董事比例超过了3比1（53%比16%）。即使是金融服务部门中，该比例仍然接近于2比1（48%比26%）。

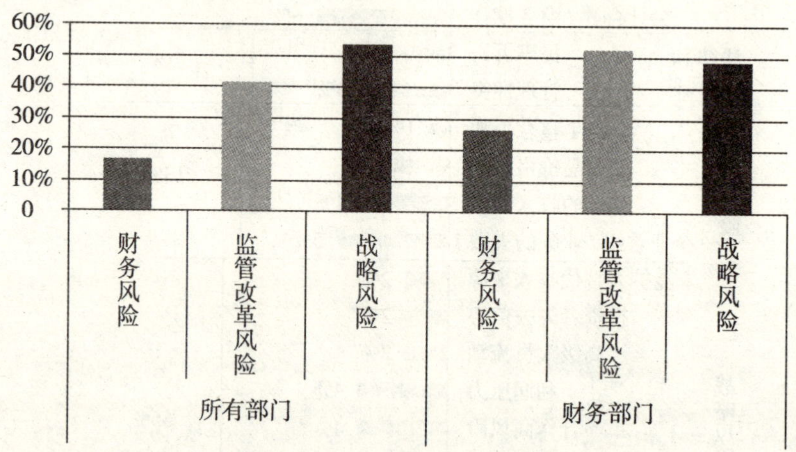

图2—4 董事对最大威胁的排序

资料来源：The Conference Board，The Role of U.S. Corporate Boards in Enterprise Risk Management，2006. 有改动。

重要的神话另一个重要原因是对风险分类和定义的不正确；以及由于对风险来源和风险结果的混淆，往往将部分或全部属于战略和经营的风险不正确地归入专门的财务风险中。一个例子就是2007年始于美国的全球金融危机。多种来源的风险最终导致了金融危机，但这些风险很多都不是财务风险。见第9章的研究案例分析"准则2：包括所有的风险类别"。

（3）金融分析师的偏见 第三个造成没有适当关注非财务风险的原因是金融分析师的偏见。大多数金融分析师通过制作模型来分享一个以财务为中心的思维定式。他们的教育重点是财务风险，所受的培训和技术认证也在财务风险范畴，他们的经验也只与财务风险相关。甚至他们所在的部门名称和范围也将他们限制在财务风险。此外，他们的技术也无法较为容易地处理战略和经营风险；他们工作的方法最适合于有大量的客观定量数据的情况，但这种情况并不包括战略和经营风险。

缺乏充分地考虑非财务风险可能是由于前面提到的一个或一组综合的因素引起的。不管什么原因，这在大多数企业风险管理计划中是个危险的缺陷。财务风险的重要性不能被高估了。就关键指标而言，根据对组织整体波动性个别或者综合的影响，这些部分量化的ERM方案并不能量化绝大部分的关键风险。

这些部分量化的ERM方案给人一种强烈的印象，即它们是完整的，造成管理层错误地依赖和误解所得到的信息。这种错误的印象是数据暗含的精确水平造成的，这些数据是由这些有缺陷的ERM方案的金融建模师（也称为金融分析师或简称建模师）交给管理层的。模型设计者通常从他们表明关键指标的波动性的模型中提供输出结果，以一种暗含高度准确性的方式呈现出来，一个例子就是试图表明其数字是大量的有效数字。

这个问题在金融服务业中更为严重，不平衡的量化关键风险更常见于这些金融服务业。例如，银行部门的在险价值（VaR）指标。在险价值通常被定义为在一定的置信水平下，资本一天内最大可能的损失金额。另一个例子是在保险公司中对于“经济资本”的度量，它是描述在一定的置信水平，一定时间内，为了限制破产可能性，所需要预备的资本量。在这两个例子中，提供给管理层的数字通常都是以包括大量有效数据，暗含高精度水平（例如，一个数字是35 455 809美元，而不是35 000 000美元）的方式。此外，这些数据的提供往往没有附上关于整个企业波动的不完整性的适当声明。这给管理层传达了错误的信息，即提供的这些（财务方面）波动数据代表了管理层需要关注的大部分甚至是全部的公司风险敞口，尽管这并非本意。

这是需要提高警惕的，不仅是因为忽视大多数关键风险的衡量指标所具有的危险性质，更是因为它时常在ERM方案的伪装下发生……而企业却似乎忽视了它。但是，最让人震惊的是精通数学的建模师，违反我们在小学就学过的基本数学概念——有效数字规则。见“有效数字”。

有效数字

有效数字的规则可以很好地通过一个简单的例子说明。假设我们有两个数据。第一个数据是2。我们要如何知道这个数据的精确水平呢？这个数字可能是在1.5以上波动，或者是在2.49以下波动。现在，我们又有另一个数据，是2.04。这个数据保留到小数点后两位。从中我们可以知道什么呢？我们知道它暗含的精确度远高于第一个数据。然而，第二个数据同样是在2.0350以上波动或是2.0449以下波动。有效数字规则表明，对于两个数字有不同程度的有效性，我们必须先按照两个数据中精度较小的数据修正另一个数据，使两个数有相同程度的有效性，然后报告修正后的两个数之和。在这种情况下，我们必须报告这两个数之和，且不带有小数位。

$$2+2.04=4$$

另外，作为一个商业问题，由于其中一个数据有更多的有效数字，如果我们不想失去更多的信息的话，我们可以仅仅分别报告每个数据，而不对它们进行加总，并显示出每个数据的不同精度水平。这将保留信息的完整性而避免产生误导。

但有效数字规则也指出，我们不能按如下规则报告这两个数据之和：

$$2+2.04=4.04$$

这将会产生误导，给出了虚假印象，使我们误认为这两数之和含有2位小数，但这并不符合实际。声称总和为4.04将会掩盖这个总和准确性较差的置信水平。这个和的真实值应该保留两位小数，在3.54和4.53之间波动，表达式如下：

（最小值，最大值）=（1.50+2.04，2.49+2.04）=（3.54，4.53）

在部分定量的ERM方案中，模型设计者违反了有效数字的规则。他们忽略了来自企业风险管理指标的战略风险和经营风险的影响，这些指标表面上是全面或者完整的，但实际上只是包括财务方面的风险，然后给出一个高精度的有效数字。从现有的研究数据来看，很明显，财务风险并不一定包括全部的关键风险敞口，甚至没有包含大部分。研究表明，平均而言，财务风险可能只占企业总波动的很小一部分（最多15%），而战略和经营风险占总波动的大部分。因此，如果模型设计者提供给管理层的企业风险管理指标本应包括公司总的风险敞口，但却只包括财务风险敞口，这就好像他们把两个数据之和提供给管理层。

企业总的风险敞口=来自财务风险的风险敞口+非财务风险的风险敞口

其中：

a）来自财务风险的风险敞口是由有多个有效数字的数据计算得出的

b）非财务风险的风险敞口估计为0（更糟的是，即使显示为零，也没有在报告中说明）

例如：

企业总的风险敞口=来自财务风险的风险敞口+非财务风险的风险敞口

=35 455 809 美元 + 0 = 35 455 809 美元

如果我们假设，财务风险占公司总风险敞口的15%，那么企业总风险敞口不是35 455 809 美元，实际上更接近于250 000 000 美元（有效位数减少）。这为忽略战略和经营风险的量化而造成多大的损害提供了一些证据。

在一些金融服务公司中，它们在估计非财务风险敞口时并不使用0，而是将其估计为财务风险敞口的一个任意比例（例如，15%）。这同样是一种糟糕的做法，也违反了有效数字的规则，因为财务风险敞口数据有着多位有效数字，它被伪装成值得我们信赖和关注的高度精确数字。事实上，它并不是一个有效的数据，我们应该拒绝信赖它。

模型设计者反驳为什么他们没有试图量化战略和经营风险，理由是前面所说的无法对它们进行量化处理。然而，他们表达的论点有点不同，“你无法准确地量化战略和经营风险。”他们表达的意思是，不可能以像量化财务风险一样的精度水平来量化这两类风险。这可能是事实，但是，如前面所示，考虑到它们代表了大部分的风险因素，他们并没有对完全忽略估计这两类风险作出合理的解释，这是一个异乎寻常的选择，违反了在讨论中企业风险管理指标的商业目的。

3. 准则3：关注关键风险

在企业风险管理基本定义中“关键”一词表明企业风险管理应当只包括影响公司价值的主要风险。企业风险管理并不包括所有的潜在风险，因为所有的风险可能涉及数百上千个。企业风险管理具有战略的性质，它重点关注对企业产生重大的潜在影响的风险，这些风险相对较少。在公司制定的企业风险管理循环的第一阶段，合理的关键风险数量可能是10~30个。如果管理层想要在正式执行之前获取支持，那么大约10个关键风险来做一个示范性应用是适当的。然而，为了进行决策制定，需要依靠20~30个风险来产生一组全面的结果集。适用于企业的具体关键风险数量取决于风险的一个恰当的分类和定义以及在定性风险评估过程中找到一个合适的分界点。

关键风险的数量并不取决于组织的规模。换句话说，如果一个公司的规模是另外一个的10倍，并不意味着它有10倍多的关键风险数量。如果两家公司都是相同的，它们将有大约相同数量的关键风险（一些关键风险可能不会完全一样，因为例如规模较大的公司可能有更多与声誉问题相关的关键风险）。这是因为关键风险数量仅仅是高级管理人员在特定的时间内可以优先关注的合理数量的风险。而高级管理人员只有一个首席执行官、一个董事会和一个高级管理层团队。关键风险影响的大小因公司规模不同而显著不同，但关键风险数量却与此关系不大。

许多公司以截然不同的方式来利用企业风险管理。它们误认为企业风险管理仅仅是《萨班斯—奥克斯利法案》（SOX）的延伸。SOX是为应对一系列财务报告丑闻而作出的。大多数公司为了遵循SOX，建立了包含每一个影响财务报告准确性的风险清单。对于大公司来说，这个清单上的风险量往往可达数百甚至是上千。按照关于风险缓解的信息，包括对风险责任归属的分配，对每一个风险进行跟踪掌握。SOX的合规检查成为每个季度的例行检查，该合规风险能得到足够的缓解。当企业风险管理出现时，许多公司错误地认为类似于它们所熟悉的SOX，唯一的区别是企业风险管理适用于所有的风险，而不仅仅是不准确的财务报告。除了这个问题，一些技术供应商通过利用维护公司过程中每一个潜在风险的一个详尽的清单强化对软件的需求，这加强了这种错误的概念，技术供应商测算出公司处理一个详尽的潜在风险清单所需要的资金量。同样，一些审计公司通过重新标明SOX的延伸版本作为企业风险管理，并且声称它是治理、风险和合规（GRC）程序的一部分，进一步加深这种误解。

4. 准则4：跨风险类型进行整合

由于风险管理已盛行一段时间，因此几乎所有的公司都已经开始管理风险。然而，公司只是以传统的方式孤立地管理每一种类型的风险，而不是基于一个统一的基础：信息技术（IT）部门处理与技术相关的风险；人力资源（HR）部门管理与人相关的风险；而投资部管理市场和信用风险等等。然而，这种孤立的风险管理模式方法有三个缺点。孤立的风险管理模式方法是：

- 不完整的
- 低效率的
- 内部不一致

（1）不完整的 孤立的风险管理模式最危险的缺点是它提供了不完整的风险预测的陈述。孤立的风险管理模式的确捕捉到了风险事件最基本的类型——一次只发生一个风险情境。孤立的风险管理模式提供了一个给定的风险的最基本的描述，以及该风险如何影响企业。然而，现实中测量在同一时间发生的多种风险的影响是至关重要的。有三个原因来说明为什么把风险测量限于孤立的风险情境是不完整的：

①忽视真实世界的复杂性。每次只有一个风险事件发生，这是不切实际的。在一个 ERM 方案中许多风险发生的概率是中性的。一次有一个单一的中性风险情境发生，就好比除了一件事情外，你从事的业务完全按照你所期待的方式发生。例如，除了技术更新计划的进度有点落后外，你的产品策略、分销策略、营销策略、人力资源计划等一切事情完美地进行……但现实中涉及的不确定性远比上述的多。

②遗漏是最大威胁。多种风险事件的同时发生可能会导致一些影响公司生存的巨大威胁。第一个事件发生后，企业处于虚弱状态，这会增加第二个风险事件发生的可能性。此外，风险能够相互作用加剧彼此的威胁性。由德勤研究所进行的一项研究，标题为"消灭价值杀手：一项风险管理的研究"，揭示了在股东价值损失最大的 100 家企业中超过 80%（跨越 10 年期的研究，1994—2003 年）是由两个或更多风险相互作用导致的。

我们也可以从直觉上感受。考虑在重量级拳击竞赛中，他们经常说"吃我一拳"，字面上的含义是一个比赛选手用坚实的拳头打在另一个人的下巴，但不会把他打倒。那么怎样才能够打倒他们获胜呢？通常可以采用组合拳。它是密集的快速交替的多个打击。再如生活中你可能知道或是听说过某人的生活突然陷入恶性循环。它常常不是一个不幸的事件导致他们陷入困境，而是两个或更多的打击使他们步履蹒跚。这道理同样适用于组织。因此，如果你不关注多个同时发生的风险事件，那么你可能会忽视那些潜在导致公司毁灭的因素。

③忽略风险的抵消作用。多种风险事件是可以相互抵消的。我们定义的风险包括下行和上行事件，所以一个事件能够抵消另一个事件的财务影响。例如，假定一个下行事件使销售增长率有所下降，但同时有另一个上行事件使销售增长率增加相同的值，并且这两个金额可以抵消。这看起来非常简单。可令人惊讶的是，即使是两个下行风险事件也能在一定程度上相互抵消。例如，见"下行风险事件可以部分地相互抵消。"

下行风险事件可以部分地相互抵消

为了说明两个下行风险事件是如何部分地相互抵消，我们以一个假想的全球制造业公司"Global 公司"为例。表 2—2 列示了 Global 公司下一年的战略规划基线情境的财务预测。为了能够更加清楚地加以说明，在这个例子中我们提出以下假设：

- Global 公司只有一年的业务。
- 费用占收入的 90%。
- 所得税税率为零。

表 2—2 Global 公司：基线情境 单位：百万美元

基线情境	年份 1
收入	1 000
费用	900
净利润（收入-费用）	100
基线的变化	N/A

与我们把风险定义为预期的偏差一致，风险是衡量在战略计划基线情境财务预测中所受到的冲击或改变。在这个例子中，我们使用净利润指标来代表基线情境，并将风险定义为净利润的偏差。考虑两种不同的风险场景，每一个情境都有不同的风险来源：

风险情境A：一项新的法规的通过使得Global公司的费用率从占收入90%增加到95%。

风险情境B：一个新的竞争者进入Global公司的市场，使得Global公司的市场份额从5%减少至4%。

首先，我们考虑每一个风险情境的发生对财务的单独影响。如果风险情境A单独发生，净利润的变化减少5 000万美元（影响后的净利润5 000万美元–基线情境的净利润10 000万美元），如表2—3所示。

表2—3　**Global公司：风险情境A**　单位：百万美元

风险情境A	**年份1**
收入	1 000
费用	950
净利润（收入–费用）	50
基线的变化	–50

如果风险情境B单独发生，净利润的变化是减少2 000万美元（影响后的净利润为8 000万美元–基线情境的净利润为10 000万美元），如表2—4所示。

表2—4　**Global公司：风险情境B**　单位：百万美元

风险情境B	**年份1**
收入	800
费用	720
净利润（收入–费用）	80
基线的变化	–20

现在，我们来考虑风险场景同时发生对财务的影响。如果风险情境A和风险情境B同时发生，净利润的变化是减少了6 000万美元（影响后的净利润为4 000万美元–基线情境净利润10 000万美元），如表2—5所示。

表2—5　**Global公司：风险情境A和风险情境B**　单位：百万美元

风险情境A和风险情境B	**年份1**
收入	800
费用	760
净利润（收入–费用）	40
基线的变化	–60

两个风险事件的联合作用下净利润减少了6 000万美元，比两个风险单独发生的损失之和7 000万美元（5 000+2 000）低。因此可以看出，在这种情况下，风险发生造成的财务影响并不是简单的加总。例子中产生了一个互动的收益1 000万美元（7 000–6 000），这个差额是风险相互抵消的结果。它是由于增加5%的费用（来自风险情境A）按照降低20 000万美元（来自风险情境B）的收入计算节省出来的，结果抵消了1 000万美元（20 000×5%）。

第3章中，我们详细描述了一个健全的企业风险管理框架如何通过关注多个风险事件及其之间的相互作用（包括财务影响的加重或抵消作用）来解决这个问题的。

（2）**低效率的**　孤立的风险管理模式导致了各种低效。几种最重要的低效表现形式如下：

- **费用过高。**在孤立的风险管理模式下往往缺乏统一的认识和协调，这会导致一个公司的多个部门单独购买对冲工具，来应对相关的风险敞口。与通过集中大量购买获得相比，这就会增加公司整体的风险缓解成本。
- **缺乏沟通。**缺乏统一的方法和适当的风险治理结构将会阻碍信息共享，也抑制了风险管理中最佳实践的发展。更大的代价是，无法有效地使从代价昂贵的错误中学到的经验得以分享，可能会使其他部门犯同样的错误。

相反，一个健全的ERM方案是完整的，能消除这些低效率，并且会适当地大量购买对冲工具以及实现整个企业的信息共享。

（3）**内部不一致**　孤立的风险管理模式的第三个缺点是组织内部产生不一致的市场预测。不同的业务部门由于独立地设想明确或较隐含的风险情境，可能会作出不同的假设，例如关于经济或行业增长的方向。因此，不同的部门可能不知不觉中作出相互矛盾的投注。与此相反，一个综合的方法将有助于一套内部一致的市场预测机制的形成，并协调整个公司投注在同一个市场方向上。

5. 准则5：汇总指标

在企业风险管理中“企业”这个词的另一个含义是将汇总敞口指标和风险决策至企业层次的能力。企业风险管理信息在企业层次有两个主要的汇总量：一个是汇总风险敞口的计算指标，另一个是管理层决策中定义的汇总风险敞口的目标水平。

首先是指标计算，或者是指标集，代表着企业层次的汇总风险敞口。这就是所谓的企业风险敞口。假设公司价值是一个企业风险管理指标，公司价值的定义会在本章的稍后部分介绍（见“公司价值”），但是现在只是把它当作管理层执行的内部评估，用来计算对于其主要利益相关者的公司价值。企业风险敞口就能够表示出来，例如，“我们目前损失15%（或以上）的公司价值的可能性为10%。”这仅仅是个例子。企业风险敞口通常有多个指标，有多个临界值和相应的可能性。它是一定时间点计算的指标，或是数据集。

其次是汇总元素，是与企业风险敞口相对应的一个定量的定义，由管理层设定的可以接受的企业风险敞口的数额。这就是所谓的风险偏好。另一个相同的术语是风险承受能力，标准普尔经常使用该术语。风险偏好是企业风险敞口的目标水平。风险偏好同时也是管理层最多能让企业风险敞口达到的限额。继续我们刚才所讲的公司价值指标的例子，管理层可能将风险偏好定义为“我们希望公司价值损失15%（或以上）的可能性不超过7%。”这个例子虽然只包括一个数据点，但它反映了企业风险敞口，风险偏好是为一套指标定义的目标值。

在这个例子中，管理层定义的风险偏好低于目前的企业风险敞口水平，表明他们希望能够降低风险水平。对于风险来说，可能性和严重程度是连在一起的，甚至是风险偏好的单一的数据点的定义也可以用两个方式来表示。在上述的例子中，管理层表示希望能将公司价值损失15%（或以上）的可能性从10%降低到7%。他们更关注一个具体的严重性水平，即损失15%或更多，并希望降低该事件发生的可能性。这是最常见的选择，因为相对于事件发生的可能性来说，管理层更加关注事件产生的严重性。管理层清楚事件产生的结果，并希望能够尽量避免。然而，管理层也可以通过在固定的可能性下设定更低的严重程度来表达他们希望降低风险的意愿。例如，管理层可以将风险偏好定义为：“我们希望公司价值损失最多12%或更多的可能性是10%。”这同样是有效的。

大多数公司仍然在使用孤立的风险管理模式，并没有使用这些汇总指标。然而，这些汇总指标是作为企业风险管理的基本组成部分，如果没有它们，企业风险管理程序就无法发挥它的主要功能——将企业风险敞口限制在风险偏好内。在上述例子中，管理层表示他们希望降低企业风险敞口，也就是公司价值损失15%（或以上）的可能性由目前的10%降低至7%。

产生企业层级的风险汇总指标，特别是企业风险敞口和风险偏好指标，在时间顺序上应该成为风险决策制定过程的第一步，也是至关重要的一步。风险敞口和风险偏好的信息首先产生于企业层级，并通过组织以分配和预算的形式逐级向下传递。例如，对风险偏好自上而下进行分配或预算以决定风险限额。风险限额设置的类型因组织的不同而不同，包括地理区域、业务部门以及个别风险。

如果第一次按照正确的时间顺序来执行这一过程，那么就将风险管理循环颠倒过来了，或者更准确地说，这才是正确的顺序。传统的风险管理以当地的业务单位或风险水平来评估风险，根据当地业务管理者的判断、本能，或者更糟的是，根据多年前为其他目的建立的武断法则来确定缓解措施。使用传统的风险管理方法可能会造成某些风险缺少缓解措施，如果这些风险事件发生而公司又没有足够的保护措施，那么就可能造成灾难性的后果。然而，传统风险管理自下而上的方法会造成一个更普遍、更直接的后果，就是许多风险处于过度缓解状态。这样的结果是造成浪费，因为资源被不知情地过多用在缓解措施上，而如果能够获得适当的信息，管理层便不会让这种事情发生。

与此相反，ERM介绍了一种更符合逻辑的方法，它是由管理层基于企业整体的波动性和企业所期望的水平或者是抗冲击能力确定的。这种方法更为合理，因为它能够反映股东和其他关键利益相关者是如何认识其波动性的：通过一种在企业层级将波动性表示出来的方式。两个基本的汇总信息——企业风险敞口和风险偏好确定后，业务部门、业务单位可以作出的更低层级的决定或风险水平取决于组织具体的风险文化，以及他们如何选择从组织向下分配企业汇总的“风险预算”。

6. 准则6：包括决策制定

企业风险管理基本定义中“管理”表明了企业风险管理的主要目的：应对风险、管理风险以及作出决策。许多风险管理方案识别和量化风险后，仅仅是报告给管理层或是董事会，很少甚至没有采取行动直接将此纳入到风险管理循环。例如，许多公司进行定量风险评估，以形成一份简单的风险状况报告为主要目标，然后将报告提供给高级管理人员或董事局。

这个报告通常采用“热图”的形式——一个简单的图表，列出关键风险以及按照红绿灯编码规则评分：红色（危险）、黄色（警告）和绿色（可行）。一些颜色编码是指可能性或严重程度的总得分，其他的则是指风险水平与风险限额的对比。下面列示的热图的一个例子如图 2—5 所示。

	阶段		
关键风险	前期	现阶段	后期
货币风险	E	N	W
供应商风险	W	N	W
监管风险	N	E	N
合规风险	W	W	W
并购执行风险	N	W	W
信息技术失败	W	W	W
⋮	⋮	⋮	⋮

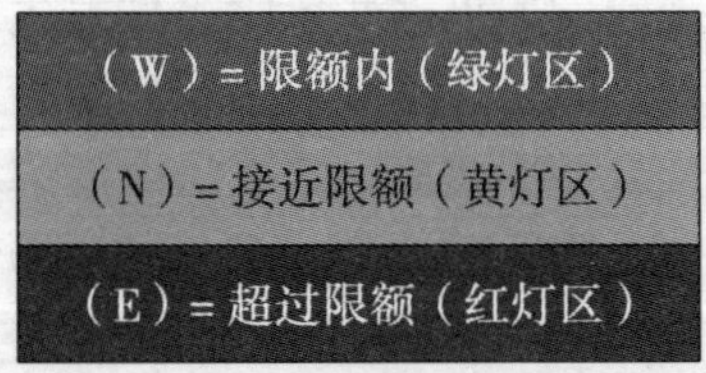

图 2—5　简单的热图

资料来源：Copyright © 2011 SimErgy. 有改动。

风险状况关注报告似乎跳过了重要的一步——对风险敞口的管理。一个健全的风险管理方案，它的主要目的是在公司的风险偏好内决策和处理风险敞口。主要活动集中在企业风险管理循环中，并且在每一个循环过程中是重复进行的（见本章稍后部分的“ERM 循环”）。

7. 准则7：平衡风险和回报管理

企业风险管理基本定义中“管理”隐含着企业风险管理并不只是风险缓解。在引入企业风险管理之前，风险管理只是考虑下行风险，采取缓解措施降低风险，完全避免一些风险的发生。风险管理的功能往往体现在风险管理者否决项目，阻止业务部门从事那些有更多下行风险敞口的业务。这有时会错过商业机会，并使业务决策者感到沮丧，因为项目的上升潜力和下行风险敞口的权衡并不是很清楚的。因此，业务部门的决策者经常会指望尽量减少风险管理部门的参与。

然而，企业风险管理现在有了一个质的飞跃，上行和下行波动均被考虑进去。这意味着整个范围的业务均被认识和解决。在传统的风险管理中，认为公司不能从风险敞口中获得利益，从而考虑减轻风险——风险敞口的减少。而在新兴的企业风险管理中，认为公司可以从风险敞口中得到回报，从而考虑加以利用——风险敞口的增加。这一方法能够全面考虑商业决策：对一个全面的风险与回报的评估来说，带来机会的上行风险得以与下行风险敞口进行权衡。上行波动是有范围的，并纳入企业风险敞口的计算。因此，在适当的风险与回报的权衡下，企业风险管理能够识别额外风险在何处发生以及发生的严重程度。这涉及风险和回报之间的一个重要联系，在传统风险管理方案甚至是传统商业管理方法中，这点往往被忽视了。

对于风险管理人员来说这一点的重要性是不言而喻的。业务决策者现在不再将风险管理人员作为带来坏消息的人避而远之，而是采取欢迎的态度。他们被邀请参加业务部门或公司层面的决策会议。风险专业人士现在有了一个能够将风险和回报联系起来的框架，并能增加重要决策过程（包括战略规划）的价值。

8. 准则8：恰当的风险披露

首次实施 ERM 方案时，常常出现这样的问题，即一个新的风险能否识别出来。通常的答案是公司已经知道它的关键风险，并且揭示了一个管理层尚未考虑的全新的风险类型。然而，有一个风险却是最容易经常被忽视的，即不当的风险披露。

企业风险管理基本定义中“披露”一词意味着需要向外部利益相关者提供公司风险和 ERM 方案的真实情况。然而，风险披露通常是大同小异的（每家公司的披露看上去非常相似），其风险清单往往是面面俱到，列出它们想象可能出现在所在行业的每一个重大风险。然而，在不同公司的某个特定的部门，有大量不同的企业风险管理复杂性——有些在企业风险管理流程中领先一步，而有些根本还没有开始进行企业风险管理。对外部利益相关者的披露与公司内部对 ERM 方案运用现状的不匹配又是一个重大的风险。

假设第一家公司，其股价因为某个风险事件的发生突然下跌 50%，但这样的风险事件并没有发生在其他竞争对手身上。其管理层目前正接受审查。一些受股东委派的诉讼律师会质问管理层很多问题，包括“关于对股东价值产生潜在影响的这些风险，管理层是否知道以及什么时候知道的”。进一步假定，当事人可以这样说：“这些风险列示在风险披露第35条，而管理层应该清楚对股东价值存在潜在影响的风险应列示在或接近前5条。为什么管理层没有这样列示呢?”

现在，假定第二家公司，其股票价格同样发生暴跌。然而，当股东询问类似问题时，管理层可以应对如下：“我们不能确切知道什么样的风险事件会发生。但是，我们最近实施了一个ERM方案，用来衡量所有关键风险对股东价值产生的潜在影响，并以此来设计风险披露。这使得前一年的风险披露发生了重大的变化。我们改变了风险的顺序，披露文本的长度、重点和信息内容。我们尽最大的努力帮助股东了解现存的风险，让股东能够及时知情。”第二家公司在辩解它们的风险披露的适当性时处于一个较有利的地位。[8]

几乎所有的公司面临的状况与第一家公司类似，它们没有将对股东价值产生潜在影响的关键风险的信息纳入风险披露中。对于每一家这样的公司来说，有两种可能的解释。一种可能是公司无法这样做，因为它们无法衡量风险对股东价值的潜在影响。大多数公司是这样的情况。另一种可能性是，公司不愿意这么做，因为竞争对手尚未披露这类信息。这仅仅是猜测，但是很快这两种答案都将不能被接受。在一定程度上，无论是股东诉讼还是法规，都会要求增加外部风险披露。第7章，将会更加详细地讨论风险披露。

9. 准则9：衡量价值影响

企业风险管理基本定义中“价值”一词表明，在风险量化过程中使用综合指标的重要性，指标能够充分捕捉到对主要利益相关者而言的公司价值。人们经常提到附加价值的重要性，但却很少真正去测量它。管理层需要测量它来指导决策的制定。对于上市公司来说，主要利益相关者是股东。市场衡量的股东价值是市值，即股票价格乘以已发行股份。我们将管理层测算的股东价值定义为公司价值。公司价值是一个关键的指标，它贯穿于整本书。它是管理层的一项内部评估：公司相对于主要利益相关者来说值多少。对上市公司来说其主要利益相关者是股东，而在非上市公司其主要利益相关者则是业主，见“公司价值”。

公司价值

我们将公司价值定义为由管理层进行的一项内部评估，它是以主要利益相关者的视角计算公司的价值。对于上市公司来说，公司价值代表公司可以给股东带来的价值。除非另有说明，这本书中我们一般是指上市公司，虽然某些概念在非上市公司同样适用。此外，我们在本书中以一个特定的方式定义公司价值，但管理层往往会根据内部意见来修改公司价值的定义。

我们将通过界定以下三个条件来定义公司价值：

1. 可供分配的现金流
2. 公司价值
3. 基线公司价值

可供分配的现金流

可供分配的现金流是指可用于分配给股东的那部分现金流。可供分配的现金流计算通常如下：

可供分配的现金流$_{非金融服务业}$=净利润+折旧和摊销-营运资本增加-资本支出

对于金融服务公司，可供分配的现金流的计算多一项因子，即：

可供分配的现金流$_{金融服务业}$=净利润+折旧和摊销-营运资本增加-资本支出-资本需求量的增加

除非另有说明，在本书中我们将使用非金融服务公司的计算公式。

从技术层面上说，可分配的现金流也要包含债务水平的变化，包括偿还债券持有人的本金以及发行新债。本书为了简化讨论和说明，将此忽略不计。

公司价值

公司价值是管理层作出的内部价值评估，是公司相对于股东的价值，是可供分配现金流的现值：

$$公司价值=\sum_{n=1}^{\infty}\frac{可供分配现金流_n}{(1+d)^n}$$

其中：

■ n代表预测年份

■ 可供分配现金流$_n$表示第n年预测期可供分配现金流

■ d表示贴现率，是由管理层根据股东投资要求的回报率估计的；这是权益资本成本的估计值

从技术上来说，公司价值还应包括零时点可供分配的权益资本。这部分资本的计算，不同类型的公司是不同的。对于非金融服务公司，它是指调整的股东权益。对于金融服务公司，它是指可利用的资本（调整的股东权益-资本需求量）。本书为了简化讨论和说明，将此忽略不计。

公司价值的计算有很多替代方法。例如，可供分配的现金流折现模型，可以用预计股东分红现金流来代替可供分配的现金流，本书中将使用这个方法。

基线公司价值

基线公司价值是管理层基于公司的战略规划基线财务预测所对应的可分配现金流计算出来的公司价值。市值是市场对股东价值的估计，而基线公司价值是管理层对股东价值的估计或“预期”。基线公司价值是指如果股东相信管理层能够完全执行战略规划并且公司的各项业务按照预期进行的，那么他们现在需要付出的价值。

令人惊讶的是，很少有公司会为了一般管理的目的进行公司内部评估，甚至更少有在企业风险管理程序中使用这个指标。传统的风险管理方案依据短期指标量化风险。例如，对当前资产负债表的影响或对下一季度的收入的影响。这对于掌握所有类型的风险产生的全部影响是不够的，也不足以指导决策制定。企业风险管理必须包括更为全面的指标。

10. 准则10：关注主要利益相关者

许多传统的风险管理计划侧重于以维护它们的评级为核心主题。除了专注于评

级外，金融服务公司还专注于维持监管资本要求量。当你想到传统的风险管理主要的任务在于下行风险事件和风险缓解，你就能很好地理解这一点了。然而，企业风险管理更具有战略性质，它包括上行波动和下行波动，并开始关注公司的主要指标。所以，虽然评级机构和监管机构很重要，但它们的地位次于公司主要利益相关者——股东。因此，不应最大限度地满足评级机构和监管机构，因为这常常会导致股东价值无法达到最大化。[9] 例如，一家金融服务公司持有过剩的资本，可能会获得评级机构的最大评级，但闲置的资本将会降低未来的增长和收益，从而降低公司价值。

相反，企业风险管理必须着眼于提高股东价值。次要利益相关者满意程度的因素也要考虑其中，但仅限于当它影响管理层估计的股东价值，或公司价值的时候。例如，为了最大限度地提高公司价值而权衡风险和价值时，评级机构的限制必须加以考虑，因为较低的评级可能会对公司价值产生不利影响。但是情况可能并非如此。大多数公司认为追求 AAA 评级相对于实现公司价值最大化的目标来说代价太昂贵且作用不大，因此它们早已经逃离了 AAA 评级，并且市场也验证了这一转变，这是一个有目共睹的事实。此外，如果监管部门不能得到充分满足，它们可能会采取措施，从而降低公司价值。

2.2.3 ERM 循环

企业风险管理也可以从其循环来定义。首先我们明确循环的定义，之后再来确定企业风险管理循环的组成部分。

1. 循环

企业风险管理是一个过程。它不是一个定期验证的活动，不能在一开始就完全地界定，也不是一个孤立的独立功能。相反，它是一个持续、演进和综合的过程。

(1) 持续 企业风险管理不像汽车年检是个定期的验证活动。企业风险管理更像你保护自己的车辆免受风险的持续活动，如汽车例行保养、安全驾驶和汽车保险。

(2) 演进 一开始就完全准确界定 ERM 方案在一个特定组织的最终状况几乎是不可能的。虽然可以制订出一个高层次的实施计划，但企业风险管理是随着事件不断演进的。ERM 方案发展到完全成熟需要几年的时间，期间会发生很多变化。此外，随着方案的不断发展，某些方面可能得以重视和扩大。企业风险管理实施的速度和范围受许多变量的影响，这些变量对于每家公司来说都是唯一的。影响企业风险管理实施最常见的公司特有变量有以下“10C”：

- **催化剂**(Catalyst)。什么或谁发起实施企业风险管理的？
- **承诺**(Commitment)。是董事会专注于推行企业风险管理的实施？还是高级管理层？
- **倡导者**(Champion)。是否存在首席风险官（CRO）不断努力推动企业风险管理发展？

● **文化**(Culture)。它们能否迅速适应转变？

● **集权**(Centralization)。公司统一命令还是各个业务部门独立？

● **风气**(Climate)。是否存在怠慢实施的情况？或者相反，最近的一个风险事件提高了风险意识？

● **环境**(Circumstance)。是否存在一个即将来临的重大威胁或机遇，而企业风险管理计划能够帮助评估该决策方案？

● **传播**(Contagion)。企业风险管理的概念能否通过沟通、培训以及部门间的相互影响迅速扩散至整个企业，分享最佳策略？

● **层级**(Cascade)。企业风险管理的实施，支持的工具和技术从战略层面下降到战术层面和具体交易层面，扩散需要多长时间？

● **确认**(Confirmation)。公司的企业战略管理方案是否经评级机构的认可？以及监管者和股东是否认可？

(3) **综合** 在许多公司，传统的风险管理是作为企业的一个部门起作用的，它独立于其他业务部门。风险管理循环被认为是一个插件，可以独立于公司的其他循环而执行。这通常表明公司在风险管理中遵循一个中心法则，即主要专注于下行风险的缓解。

企业风险管理并非如此，它是一种更为先进的方法，涉及并购风险管理和回报管理。企业风险管理循环必须完全融入到公司的其他关键过程，包括：

■ 治理

■ 决策制定

- 战略规划
- 战略和战术决策
- 交易（例如，并购）

■ 业绩分析

■ 激励薪酬

■ 与股东、评级机构以及监管机构的沟通

一个成熟的ERM方案的最终目标是使企业风险管理成为企业文化的一部分，企业风险管理成为业务最佳的执行方式。

2. 四个步骤

持续的企业风险管理循环有四个步骤（见图2—6）。虽然一个ERM方案的建立涉及许多其他的步骤（第3章介绍的企业风险管理框架以及第8章介绍的风险治理），这里介绍的四个步骤是指一旦ERM方案建立并运行，日常持续执行所需的主要步骤。ERM循环包括的四个步骤如下：

(1) **风险识别** 风险识别是企业风险管理循环的第一步。它包括确定关键风险。关键风险是指那些对企业存在最大潜在威胁的风险。这意味着需要将一个大量的潜在风险清单压缩成少量的关键风险清单。正如本章前面所述，最佳的关键风险量通常是20～30个。关键风险识别主要是基于内部对每个潜在风险的可能性和严

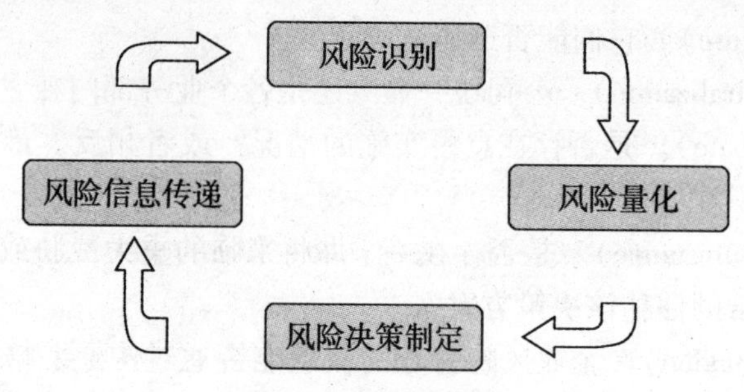

图 2—6 ERM 循环

资料来源：Copyright © 2011 SimErgy. All rights reserved. 有改动。

重程度形成的意见，采用定性风险评估法来确定的。第 4 章将会详细地讨论风险识别。

(2) 风险量化 在企业风险管理循环第二步骤中，关键风险将分别从个体和综合两方面进行量化。这依据其对关键指标的潜在影响，使用企业风险管理模型为每个关键风险量化个别风险情境的影响。完成了这一步，接着量化综合风险情境，即多种风险同时发生的影响，得出企业风险敞口指标。第 5 章将详细讨论风险量化。

(3) 风险决策制定 风险决策制定是企业风险管理循环的第三个步骤，包括两类决策。第一类包括有关风险偏好内管理风险敞口的决策。这类决策的第一步是要确定风险偏好。一旦确定好风险偏好，便能作出减少或增加风险敞口的决策。第二类包括将企业风险管理嵌入到日常决策中，如战略规划、战略和战术决策以及交易。第 6 章将详细讨论风险决策制定。

(4) 风险信息传递 企业风险管理循环的第四个步骤是风险信息传递，包括两类不同的信息传递：内部风险信息传递和外部风险信息传递。内部风险信息传递涉及将企业风险管理纳入到业绩评价分析和薪酬激励。这是内部风险信息传递的主要方式，它向管理层发出了强有力的信号，即风险和收益必须同时考虑。一旦部门开始追踪业务分部或是个体产生的风险敞口，并反映在薪酬激励上，那么很明显如果其使公司暴露在更多的风险中，则其预期的回报就越大。第二类是外部风险信息传递，包括将企业风险管理纳入到与股东、评级机构以及监管机构的沟通中。第 7 章将详细讨论风险信息传递。

2.2.4 根本利益

另一个定义企业风险管理的有效方法就是从它的结果出发。换句话说，“是什么原因促使公司实施企业风险管理计划？该怎么做才能摆脱它？”我们从每一个主要利益相关者的视角来研究企业风险管理的好处：

■ 股东（Shareholders）

■ 董事会（Board of directors）

■ C 型雇员（高级管理层）（C-Suite）

■ 管理层（Management）
■ 评级机构（Rating agencies）
■ 监管机构（Regulators）

1. 股东

股东作为公司主要利益相关者，从企业风险管理得到好处主要通过以下两个方式：增加获利的可能性和加强风险披露

（1）增加获利的可能性　公司实施 ERM 方案，能够按照预期的战略计划执行，从而增加获利的可能性。这是在更为严格的方法下的必然结果，该方法用来识别和应对对公司业绩产生不利影响的最大威胁。

标准普尔（S&P）提供了一些证据来支持这种说法，说明企业风险管理和对抗价值下降的能力之间的关系。标准普尔的保险评级中有独立的部分对企业风险管理进行评级。标准普尔分析表明，北美地区企业风险管理评级分数越高的保险公司往往比同行业分数较低的企业更能抵抗全球金融危机核心阶段的冲击。在极端情况下，那些有着薄弱 ERM 方案的企业遭受的价值损失比那些拥有出色的 ERM 计划的企业超出 2 倍以上。

标准普尔提供了更多的证据表明企业风险管理有助于企业提高业绩，也表明了企业风险管理与稳定结果波动的能力之间存在关系。标准普尔的研究表明，2009 年良好的企业风险管理与较低的股票价格波动率之间存在正相关关系。在极端情况下，那些有着薄弱企业风险管理计划的企业股票价格波动是那些拥有出色的企业风险管理计划的企业的 2 倍以上。

（2）增强风险披露　企业风险管理能够使股东和潜在的投资者更好地理解所持股票的风险和机遇。这是因为企业风险管理加强了风险披露，以股东视角列示出对公司价值产生潜在影响的关键风险排序清单。

2. 董事会

组织的关键风险能得到更好的理解和有效管理，使得董事会成员能获得额外的安全感，减轻他们的负担。这种安全感来自于企业风险管理计划以下三个方面：

（1）以严格的方法来量化所有关键风险产生的企业风险敞口

（2）明确定义企业的风险偏好

（3）通过风险治理结构，形成了在风险偏好内管理风险敞口的一个正式流程

考虑到关于在监管风险中董事会作用的美国证券交易委员会（SEC）披露要求，ERM 把董事会放在一个安全的位置。[10]此外，ERM 为应对美国证券交易委员会（SEC）规定的风险报酬补偿方案披露要求提供了坚实的基础。[11]如果一个补偿方案造成的风险对公司有“合理地可能有重大不利影响”，那么该方案被认为是“危险的”。每一披露要求将进一步地在第 7 章讨论（见“强制性的风险披露”）。

3. C 型雇员（高级管理层）

C 型雇员，主要是指首席执行官（CEO）和首席财务官（CFO），得到了一个能够更加复杂并能提供更好抗冲击能力的风险管理方案。公司将经历较少的下行波

动，制定出更为综合的战略规划，这样的规划具有一个更高的潜在能力来实现战略规划的目标。也许对于首席执行官和首席财务官更为重要的是，企业风险管理提供了一个更先进和方便的工具，便于他们向主要利益相关者传达企业的竞争优势，从而获得一个更高的股价和更好的评级。

（1）高股价 在与股票分析师的沟通中，高素养的首席执行官和首席财务官能够对怀疑他们面对即将发生的危险或风险事件的解决能力作出更好的回应或积极地作出处理。这是因为依据对公司价值的影响（和其他关键指标），企业风险管理模型能以及时方式量化关键风险情境对财务的影响。例如，如果财务分析师夸大不利的市场发展对公司产生的影响，那么首席执行官和首席财务官能够以一个可信的方式来反驳，因为他们所利用的信息是由稳健的风险情境和综合的定量企业风险管理模型来支撑的。首席财务官可以这样回应：

我们已经考虑过当前发生的这个偶然事件。虽然与我们设想的并不完全符合，但是相当接近于我们为这个风险事件所设想的风险情境。你高估了这个风险对我们重要业务部门的影响，这些部门我们之前已经实施了以下的现存缓解措施……我们也有一个详细的应急计划，在未来期间将会有以下管理行动……

这种先进快速的沟通能力和可信的方式能够有效传达管理层优越的风险管理能力。随着时间的推移，类似的沟通能够产生更高的"管理倍数"，从而导致一个更高的股票价格。管理倍数在这里是指分析师在对公司估价时所考虑的乘数，很大程度上反映了他们对管理层品质的评价；较高乘数代表更高水平地信任管理层的一致性和成功执行战略规划的能力。更重要的是，分析师将会降低该公司的权益资本成本。在其他条件相同的情况下，更低的权益资本成本会增加分析师的估计，推动股票价格向上涨，因为分析师在一定程度上能够影响市场。

（2）更好的评级 与评级机构沟通时，首席执行官和首席财务官允许部分评级机构审查公司的企业风险管理。在过去几年，评级机构提高了对企业风险管理的关注。标准普尔是这方面的引领者；正如前面所讨论的，他们在保险业有专门针对企业风险管理评级的独立部门。

虽然评级机构已经对企业风险管理要求提高了难度，这也迫使企业推进它们的方案，它们的要求从有限的视角——保护债券持有人的利益转向了企业风险管理。一个真止健全的ERM方案应该有一个更为广泛的关注点——保护股东的利益，这本身一定程度上融入了所有次要利益相关者的利益。企业风险管理有助于确定满足次要利益相关者的最佳水平，即公司价值最大化。因此，一个完善的ERM方案不仅仅满足评级机构对企业风险管理的审查，更重要的是改善公司管理，提高公司的竞争力以及公司整体的评级，这意味着更低的债务资本成本，从而增加公司价值。评级机构往往将其看到的ERM方案的质量作为业绩和信誉领先的一个指标。

此外，对于金融服务公司来说，首席财务官也许能够说服一些评级机构降低对公司的资本要求。虽然这不是评级机构的官方立场，但它可能会影响，至少暗示着资本需求量的向下调整。这一点，标准普尔表示它们针对保险业会考虑这方面。评级机构对于公司足量的资本水平有自己的见解，主要是基于行业的视角。相反，企业风险管理模型估计关键风险对企业资本状况的影响，作为评价它的一个关键指标。这是企业特有的资本模型，能够更准确预测公司真正的资本需求量。然而，为了使评级机构接受公司的企业风险管理模型测算的资本需求水平，首席财务官必须证明企业风险管理模型计算的可信度。为此，首席执行官必须打消评价机构的疑虑。毕竟，企业风险管理模型以及所使用的数据和假设都是由管理层作出的，这就存在因既得利益而降低资本要求的偏见。

4. 管理层

管理层能够显著提高三个方面的决策能力。首先，他们得到一个在风险偏好内管理风险敞口的明确方法，以及支持决策风险减轻方案的定量信息。另外，管理层获得了按照最佳的风险回报数据来选择项目的决策工具。这个决策工具就是企业风险管理模型，能够用于各种类型的常规决策，包括战略规划、战略和战术决策以及交易决策。最后，管理层能够从优化配置其有限的资源中获益。ERM 方案能够关注大部分重要的风险。

5. 评级机构

评级机构加强其评估公司信誉的能力，为公司提供信用评级。通过企业风险管理这个镜头，它们能看到对公司战略规划财务预测产生威胁的前瞻性信息，包括对流动性的影响。ERM 方案完全改变了传统上只向评级机构提供财务信息的状况，现在几乎是提供全部的信息。有了ERM 方案，评级机构接收了更多前瞻性的信息，包括哪些风险在管理层的控制内，风险如何影响企业，潜在的财务影响以及管理层对每一个风险发生可能性的估计。它们也收到了有关企业风险敞口的数据，这些数据能够反映出公司抵抗风险的能力。另外，随着更多公司实施成熟、健全的 ERM 方案，评级机构将扩大公司之间相对的声誉意识。

6. 监管机构

对金融服务业的公司来说，监管机构的主要任务就是防止它们破产。在美国，金融服务公司的失败会对政府产生财务成本，对监管者产生政治成本。当银行破产时，政府联邦存款保险公司担保赔偿储户的损失（一定限度内）。[12]当证券公司因舞弊蒙受损失时，政府证券投资保护公司担保赔偿投资者的损失（一定限度内）。[13]当保险公司失败时，虽然政府不提供担保，但国家监管机构承担一定的政治责任，因为它们负责保护投保人的利益。在非常时期，像 2007 年始于美国的全球金融危机，政府提供专项资金帮助企业脱困，这成为维护经济的重要基础。

越来越多的公司采用企业风险管理，监管者也能从中得到好处，因为它降低了系统风险。为了达到目的，这里我们将系统风险简单地定义为经济系统中一部分的失败会传递给其他部分，导致一连串的失败，从而威胁到整个系统的稳定。企业风险管理增强了企业抵御冲击的能力，降低公司失败的风险，使它们不受其他公司失败的影响。

2.3 本章小结

即使是最擅长风险的专业人士，在深入讨论企业风险管理之前明确风险和风险管理的定义也是至关重要的。这些概念往往以截然不同的方式定义。风险代表不确定性，其结果可能向上或向下偏离预期结果。企业风险管理可以用下列四个方式定义：用一个基本的句子定义；通过其 10 个关键准则定义；通过它的四步骤过程循环定义；以及通过其所产生的根本利益定义。企业风险管理的 10 个关键准则是最全面的定义，并且能够作为基准来比较不同的 ERM 方案。这些准则将贯穿整本书，成为各章的重点，作为我们评价企业风险管理一个先进而实用的方法：基于价值的方法。

2.4 注 释

1. 波动性在这里是指一般意义上的，而不是具体的标准偏差指标。

2. www. baltimoresun. com/services/newspaper/bal-sp. phelps06nov06，0，3620926. story. 可查看“菲尔普斯证实摔断右手腕”。

3. www. jockbio. com/Bios/Phelps/Phelps_ bio. html.

4. The Black Swan：The Impact of the Highly Improbable，Nassim Nicholas Taleb，Random House，April 17，2007.

5. 资本需求量是指持有一定数量的资金作为现有负债的缓冲，主要是由外部利益相关者要求的，如监管机构或评级机构。

6. 该研究发表在 Watson Wyatt Horizons 出版物的一篇文章中，题为“IMPACT Study：Focusing on Risks that Matter to you…and to the Media”。

7. 资料来源：CFO Executive Board；Audit Director Roundtable Research.

8. 这不是法律规定的。

9. 本书中，我们将股票分析师和评级机构视为利益相关者（前者是主要的，后者是次要的）。理论上来说，股票分析师和评级机构股东和债券持有人的主要代理人，后者才是真正的主要利益相关者。为方便起见，我们使用利益相关者代替真正的主要利益相关者和他们的代理人。

10. Code of Federal Regulations，Title 17（Commodity and Security Exchanges），Chapter Ⅱ（Security and Exchange Commission），Part 229（Regulation S-K），Item 407（h），effective February 28，2010.

11. Code of Federal Regulations，Title 17（Commodity and Security Exchanges），Chapter Ⅱ（Security and Exchange Commission），Part 229（Regulation S-K），Item 402（s），effective February 28，2010.

12. 在编著本书时，联邦存款保险公司为每个个别银行账户担保上限为250 000

美元。

13. 在编著本书时，证券投资保护公司为每个个别投资账户担保上限为500 000美元，为每个个别货币市场账户担保上限为100 000美元。

第3章 企业风险管理框架

你冒着什么样的危险，你就将获得什么样的价值。

——珍妮特·温特森（英国作家和记者）

当引用“框架”这个词时，我对将要听到的内容变得小心谨慎。这个词深受咨询师的喜爱。它通常让人联想到一个视觉效果良好且复杂的图表，这些图表有大量的方框和箭头，或者重叠在一起，挂在办公室的墙上给人一种安心、舒服的感觉。然而，这些图表通常不具备什么执行力，有时候甚至是不可辨别的。在企业风险管理中，我看到过很多这类框架图表。形成鲜明对比的是，在这一章中，我们将从具体的、有意义的、实用的这些角度来定义企业风险管理框架。而图表的使用会便于我们的讨论，同时这些图表对于组织中的企业风险管理讨论，尤其是对高级管理人员和董事会来说也是很有用的。

在第2章，我们将企业风险管理循环分为四个步骤——风险识别、风险量化、风险决策制定和风险沟通，这四个步骤循环往复。在ERM方案中，另外有两个要素也同样重要：企业风险管理框架和风险治理。企业风险管理框架提供职能结构，而风险治理则提供层级结构。企业风险管理框架可以看作“什么（活动），怎么样（相互作用）和为什么（执行）”，而风险治理可以看成“谁（做什么），什么时候（做）和在哪里（活动发生）。”

尽管企业风险管理框架和风险治理都是企业风险管理基本框架的必不可少的要素，我们在本章还是先讨论企业风险管理框架，再讨论企业风险管理循环（第II部分，第4～7章），然后在第8章讨论风险治理。这样安排有三个原因。

1. 相对重要性

好的风险治理是健全的ERM方案的一个必要条件，但不是充分条件。一家公司可能已经设计和执行了一个看起来很健全的风险治理结构，但如果不知道哪些活动会实际发生，仅仅有风险治理结构是不够的。所有的风险治理模块可能在围绕一个空洞的ERM方案运行，这就好像一条设计精良的高速公路上没有车辆在行驶一样。

相比风险治理，职能结构或者企业风险管理框架则更加重要，更加关乎ERM方案的质量。作为咨询师，当我与一家公司初次讨论它们的ERM方案时，我往往会首先询问它们的企业风险管理框架。这实际上会告诉我关于这家公司ERM方案的成熟度，这是我所需要明白的事实。企业风险管理框架可以显示出具体发生了哪些活动，以及在第2章中讨论的10个关键企业风险管理准则呈现在它们的ERM方案中有多少。

2. 执行顺序

我们讨论的顺序更能真实地反映公司首次执行 ERM 方案的经历。最初的时候，在首次执行企业风险管理循环之前只需保证最基本的风险治理结构就可以了。企业风险管理演进并开始纳入公司的关键流程所采用的方式因公司的不同而不同。在清楚地知道企业风险管理活动实际上是什么之前，需要用来支持这些活动的全面风险治理结构是不容易建立的。

3. 理解所需的环境

为了理解风险治理，首先需要理解企业风险管理循环的步骤。在企业风险管理中，关键人员的不同角色和责任只能放在特定的企业风险管理活动的环境中予以讨论。这同样适用于组织结构、政策和程序的制定，这些政策和程序再加上角色和责任形成了风险治理。这些只能在企业风险管理循环整体被很好定义和理解的前提下才能讨论。最后，定义风险治理所涉及的专业术语和概念需要在企业风险管理循环的讨论中来确定（第4~7章）。

3.1 基于价值的企业风险管理框架

本章讨论基于价值的企业风险管理框架是一种先进的且对企业风险管理很实用的方法。基于价值的企业风险管理框架是种新兴的方法，行业的其他框架最终也可能会逐步向这种方法演进。为数不多但逐渐增加的咨询企业和公司正在使用这个框架。这是我注意到的唯一一个满足所有 10 个关键企业风险管理准则的框架。其他框架很大部分是基于价值企业风险管理的框架的子集，后者可以作为前者的基准。

3.2 传统企业风险管理框架的挑战

我们将从两个角度讨论传统企业风险管理框架面临的挑战：

- 无法满足所有 10 个关键企业风险管理准则
- 三项核心挑战

3.2.1 无法满足所有 10 个关键企业风险管理准则

企业风险管理项目中的 10 个关键企业风险管理准则（在第 2 章讨论的）是：

1. 整个企业范围
2. 包括所有的风险类别
3. 关注关键风险
4. 跨风险类型进行整合
5. 汇总指标
6. 包括决策制定

7. 平衡风险和回报管理
8. 恰当的风险披露
9. 衡量价值影响
10. 关注主要利益相关者

对于风险管理方案而言，满足这些标准是构建一个健全的 ERM 方案所必须考虑的因素。然而，传统企业风险管理框架不能满足 10 个关键企业风险管理准则中的多个准则。因此，实行传统企业风险管理框架的公司发现，尽管投入了大量的精力来设计和实施这个框架，但是 ERM 方案远远不能符合它们的预期。

3.2.2 三项核心挑战

在这个领域多年的研究和客户端工作揭示了成功实行企业风险管理所面临的三项核心挑战，这些挑战也是这些公司使用一种次优的企业风险管理框架并因此难以满足 10 个关键企业风险管理准则的标志或者迹象。这三项挑战是：

1. 无法量化战略和经营风险（准则 2 的子集）；
2. 对风险偏好没有一个清晰的定义（准则 5 的子集）；
3. 没能将企业风险管理融入到决策制定中（准则 6 的子集）。

第一项核心挑战——无法量化战略和经营风险——是我经常提到的企业风险管理的硬伤。传统企业风险管理方法不能具备这一卓越的能力，这是成功实行企业风险管理面临很多其他挑战的根源。

第二项核心挑战是我经常会被问到的问题，“什么是风险偏好？你怎么定义它？你如何以一种可以把它用于风险治理的方式来量化它？”

第三项核心挑战是最为普遍，也是最为重要的一项挑战：不能将企业风险管理信息应用到决策制定上。如果企业风险管理不能提供可付诸行动的信息，与已经作出的决策没什么不同，那么它就毫无意义。尽管一些传统的 ERM 方案提供了一些决策制定的技巧，但这通常是相当有限的。例如，由传统 ERM 方案所产生的很多决策都会招致财务风险（从技术上而言，传统风险管理美其名为财务风险管理，而不是全面的企业风险管理）。

我们讨论完基于价值的企业风险管理方法以后，将继续讨论新的框架如何满足 10 项关键准则中的每一条准则，包括三项核心挑战。

3.3 基于价值的企业风险管理框架的具体内容

基于价值的企业风险管理框架如图 3—1 所示。

图 3—1 显示了企业风险管理循环中主要过程的四个步骤的其中三个。

1. 风险识别（白色标注）
2. 风险量化（灰色标注）
3. 风险决策制定（黑色标注）

4. 风险沟通（在第7章中讨论）

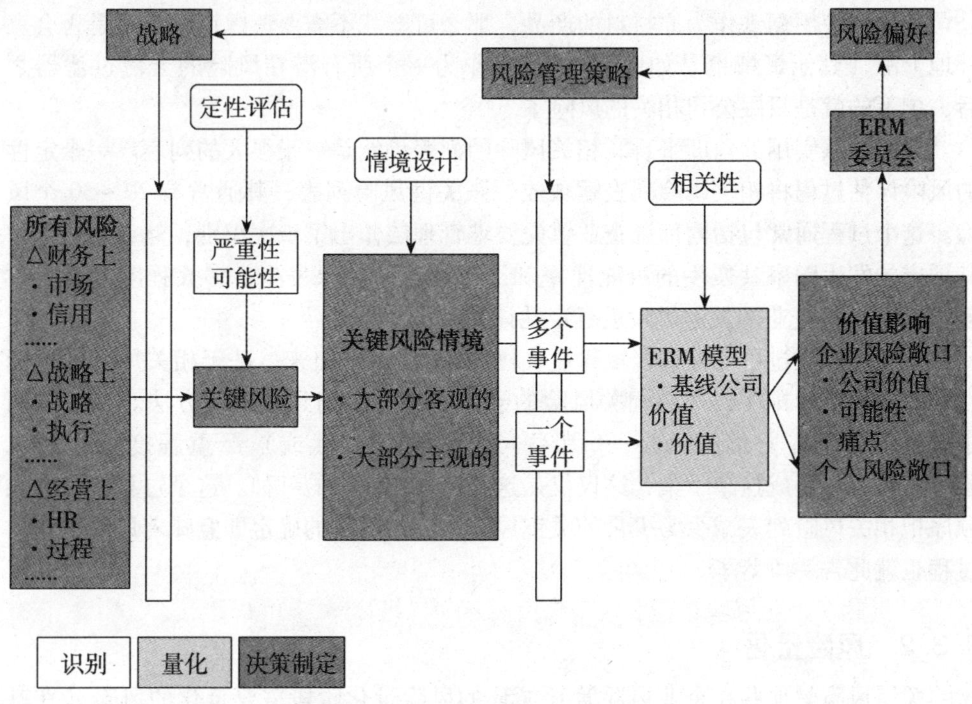

图3—1　基于价值的ERM框架

资料来源：Copyright © 2011 SimErgy. All rights reserved. 有改动。

3.3.1　风险识别

从图3—1最左边起，我们列举了所有的已知或未知的风险，这些风险可能会潜在地影响公司的价值。这涉及到所有的风险类别，但对大多数公司而言是战略、运营和财务方面的风险。[1]如箭头所示，行动的程序是从左向右的，这些风险试图影响基线公司的价值，在图中标注为“企业风险管理模型”的立方体（灰色标注）。用企业风险管理模型计算基线公司的价值（参见第2章中“公司价值”的定义），也会因为模拟关键风险情境而导致基线公司价值的变化。

然而，并非所有的风险都会对某个特定公司的价值产生影响。很多潜在风险是不相关的。公司选择的战略像一个天然的过滤器，能排除那些不相关的风险。换句话说，战略决定了哪些风险对公司是重要的，哪些风险是不重要的。战略由公司从根本上定义其业务的选择组成，包括：

- 销售或提供哪些产品或服务
- 使用哪些分销渠道
- 服务哪些客户市场
- 提供什么价值定位

举个例子，如果一家公司在法国没有业务，那么法国的政治风险就不可能对公司价值产生影响，因此这是不相关的风险，不在考虑范围内。另外一个例子，如果公司不生产使用钢铁作为原材料的产品，那么可能就不需要考虑钢材价格是否会意外地上涨（其他事情也是如此）。将战略作为一个所有潜在风险的天然过滤器之后，剩下的就是只跟公司相关的风险了。

然而，从实用的角度来看，相关风险的列表仍然是一张很大的列表。一个定性的风险评估过程将相关风险列表缩减成一张关键风险列表，其通常有 20 ~ 30 个风险。这个过程通常包括内部调查，首先要求管理层作出第一次识别，然后再依据对其评定的发生频率（发生的可能性）和严重程度（如果发生，多大程度上影响财务结果）来对企业的关键风险进行定性评估。

上述过程通过可能性和严重程度在图 3—1 显示了出来。基于相关风险的可能性和严重程度的排序，选择相关风险的子集时可能会用到很多种方法。在这个图中，位于直线右上角的风险——那些可能性更大和（或）严重程度更高的风险——被挑选组成这个子集，这仅仅是这些诸多方法中的一种。这个过程按照优先顺序把相关风险列表减少为少量的关键风险。关键风险的确定即意味着风险识别的过程也就此告一段落了。

3. 3. 2 风险量化

关键风险是那些在企业风险管理循环的风险量化阶段需要量化的风险。[2] 在基于价值的企业风险管理的方法中，量化过程首先是为每个关键风险分别设计确定性的风险情景。[3] 例如，单个关键风险有下面多种风险情境：

- 非常悲观的
- 悲观的
- 基准线——没有风险事件
- 乐观的
- 非常乐观的

并非所有的风险都有上行的情境（乐观和非常乐观的情境）。然而，对很多公司而言，一种风险确定会有上行的情境的一个例子就是股票市场的波动。股票市场可能会增加企业价值，也有可能降低企业价值。

风险情境主要包括对风险事件的描述，发生的可能性和财务影响。依据设计风险情境的困难程度通常可以将其分为两种类型的关键风险：“客观为主的”和“主观为主的”。

那些所设计的风险情境是以客观为主的、关键风险存在大量的、客观的外部可量化的经验数据。大多数这种类型的关键风险都是财务风险，比如，市场风险。关于主要的股票市场的变化，我们有数十年的日数据（包括当日交易详细资料）。因此，我们能够建立关于市场风险详细、平稳、持续的历史风险情境分布图。

对于这些类型的风险，设计的风险情境主要是客观的。历史经验很大程度上告知了风险事件的情况，发生的可能性和财务影响。管理者结合一些主观判断，可以在连续型分布图中选取一组确定性的风险情境。若干风险情境（包括上行风险情境和下行风险情境）被挑选出来充分体现了这些风险情境的分布形状，并获取了其关键拐点。如图3—1所示，实线曲线代表连续型分布图，点代表被选取的确定性风险情境。

相反，那些所设计的风险情境是以主观为主的关键风险是不存在大量的客观的外部可量化的经验数据的，即使有这样的现成的数据，数量也非常有限。大部分这种类型的关键风险是战略风险和经营风险。拿与战略执行有关的战略风险来举例，这肯定是没有现成的行业数据的，因为这与具体某个公司具体的情况——战略、竞争环境、现任管理层的能力等因素息息相关。对于这些类型的风险，所设计的风险情境主要是主观的。管理者根据所谓的失效模式与效应分析（FMEA）改编的一种方法来设计一系列的确定性的风险情境，这种方法来自于制造业，在很大程度上依靠内部行业专家的投入。失效模式与效应分析过程将在本章稍后部分和第5章做进一步讨论。构建若干包括上行和下行在内的风险情境，目的是描绘未知分布的形状，如图3—1所示，已知分布图的缺失用虚线曲线表示，点仍然代表所设计的确定性的风险情境。

即使“客观为主的”风险情境也可以从失效模式与效应分析技术中受益。历史数据经常是不充分的。此外，行业专家可以贡献自己的知识和直觉，显著增加这个过程的价值。对于“客观为主的”风险情境，最好的方法是两种方法结合使用。

一旦风险情境设计完成，我们就需要用所有风险相关的投入来量化个别风险敞口。现在，我们准备量化仅涉及一个风险事件的模拟对基线公司价值的影响。也就是说，每次只发生一个风险情境。如图3—1用标有“每次模拟一个事件”的下方的箭头，将信息传递到企业风险管理模型中以供量化。

我们还必须量化企业风险敞口。企业风险敞口涉及一个或多个事件的模拟对基线公司价值的所有潜在影响的分布。也就是说，每次有一个或多个风险情境发生。这是一个更真实和完整的企业风险敞口的表述，因为在业务中，在任何给定的时期里都会有不止一个变量偏离企业的战略规划。企业风险敞口显示了公司价值的整体波动。[4] 如图3—1用标有“每次模拟一个或多个事件”的上方的箭头，将信息传递到企业风险管理模型中以供量化。为了进行计算，我们需要计算一个额外的与风险相关的指标：风险的交互影响，或是风险情境之间的相关性。一些风险一起发生（正相关）的概率比它们各自发生概率的乘积还要大，而一些风险不太可能一起发生（负相关），其他一些风险之间则相互独立（不相关）。

风险的相关性确定以后，我们能够量化个别风险事件，以及多个同时发生的风险事件对公司的价值和其他关键指标的潜在财务影响。量化风险之前，我们还必须考虑另一个天然过滤器，它可以降低关键风险的财务影响：风险管理策略。风险管理策略通过显性或隐性的方式可以缓解风险事件发生的可能性和严重程度。

风险管理策略的一个例子就是购买保险。假设有两家公司——A公司和B公司，这两家公司几乎完全相同，并且互为街道对面。现在想象一场灾难发生了，飓风完全摧毁了两家公司的总部，但令人欣慰的是没有人员伤亡。灾难对两家公司的财务影响总体是相同的，相当于其建筑物的重置成本。我们假设是1亿美元。现在假设这两家公司仅有一个不同之处：A公司为公司的建筑购买了8 000万美元的保险，而B公司仅购买了4 000万美元的保险。尽管两家公司的总体风险敞口（也称为固有风险或缓解前敞口）是一致的，但净风险敞口（也称剩余风险或缓解后敞口）是不同的：

净风险敞口=总风险敞口-风险缓解价值

A公司：净风险敞口=1亿美元-8 000万美元=2 000万美元

B公司：净风险敞口=1亿美元-4 000万美元=6 000万美元

风险文化是有效风险缓解的另一个例子，它可以降低风险事件的财务影响。考虑另一个例子，有两家公司——A公司和B公司，这两家公司仍然几乎完全相同。然而，A公司的风险文化是鼓励提早报告坏消息，而B公司的风险文化则是当企业收到坏消息时，掩盖事实。假设相同类型的风险事件同时发生在这两家公司。在A公司里，风险事件在这个过程中被很早地识别并报告出来了。因此，严重的问题早在其有机会失控之前就已经避免了。相反，同样的风险事件发生在B公司，最初可能被管理者隐藏起来，导致问题增长、恶化，直到危及公司的生存。

测量关键风险对风险缓解前（总敞口）和风险缓解后（净敞口）的潜在影响是非常重要的。这主要有两个原因：

适当的风险减轻估值和理解风险的所有潜在影响。

1. 适当的风险减轻估值

测量关键风险对风险缓解前（总敞口）和风险缓解后（净敞口）的潜在影响，能够为现存的风险缓解的价值提供独到的见解，能突出强调风险缓解不足或风险缓解过度的领域，或是确定风险缓解的恰当水平。这些都是重要的见解。

例如，考虑一个典型的困境。有些人的工作是缓解风险，如帮助公司遵守法律法规。他们努力争取在组织内得到充分赞赏。他们的工作只涉及费用开支，每当公司预算面临压力时，他们所在的部门往往处于首批考虑削减成本的部门之中。更糟糕的是，他们工作得越出色，高层管理人员越不需要他们。管理层对此不会说："我们今年没有得到多少罚款，干得好！"相反，更多的是，管理层将会忘记罚款带来的潜在影响，并暗暗想：

我们真的需要合规部门的所有人员吗？无论如何我们几乎没付罚款。这风险真的重要到我们为了减轻它而付出如此昂贵的费用吗？

然而，在风险缓解前（总敞口）以及风险缓解后（净敞口）的基础上量化风险，可以提供给管理层一个明确的对价值（基线公司价值）和价值波动（企业风险敞口）的影响的"前后"比较图。这提供了一个严格的定量方法，可以体现出合规部门所带来的公司价值的增加或具体的风险缓解方法的价值。这将在第6章中进一步讨论，"确定现存风险缓解的价值"为"风险缓解的价值"指标提供了一个公式。

2. 理解风险的所有潜在影响

在风险缓解前（总敞口）以及风险缓解后（净敞口）的基础上量化风险，还可以更为深刻地理解风险的所有潜在影响，因为风险减轻并不总能够如预期所想那样计算出来。例如，考虑两个风险事件——A风险和B风险，假设每个风险在风险缓解后的基础上都有相同的财务影响，并100万美元。这对年度利润有10亿美元的公司而言，可以忽略不计。管理者如果仅被告知净风险敞口的信息，则对于A风险和B风险可能都不在乎。然而，当管理者同时考虑风险缓解前（总敞口）和风险缓解后（净敞口）基础上的财务影响时，则管理层会被提供如表3—1中显示的信息。

表3—1 **量化风险A和风险B** 单位：百万美元

	风险缓解前（总敞口）	缓解措施	风险缓解后（净敞口）
A风险	100	99	1
B风险	1	0	1

有了这些附加的信息，两个风险之间的差异是显而易见的。管理者现在可能会更为关注风险A。风险A只有在现存的风险如预期一样缓解了9 900万美元的情况下，才能和风险B一样有最小的风险。但是，在有些情况下，这种情形不会发生。比如说，9 900万美元的风险缓解价值是一份保险合同，但是保险公司可能不能或者不愿意支付赔偿。

现在，我们开始量化风险。回忆一下，风险的定义是任何与预期之间的偏差。这里的预期是指基线公司的价值。基线公司的价值是与战略规划中的财务预测一致的可分配现金流量贴现的现值。企业构建的风险管理模型可以用来预测计划期限内（如三年）或超过计划期限，与战略规划一致的可分配未来现金流量，并能以适当的折现率对它们进行折现。这是股票分析师常用的基本计算，如果他或她有机会像管理者一样得到的内部信息。这个基线公司的价值是投资者现在愿意支付的资金，如果他们相信该公司将很好地执行其战略规划，而且这一切都将像管理层所预期的那样准确无误地进行。参见“公司要测量公司价值吗?”

公司要测量公司价值吗?

大多数上市公司经营的目的是为了赚钱，而且它们的股东是其主要的利益相关者。这意味着可分配的现金流量才是王道，而且主要指标应该是公司价值，公司价值是可分配的现金流量的现值。因为你无法管理那些你无法衡量的东西，所以很自然地假定大多数上市公司会为了基线的财务预测和测量替代的战略和战术价值而测量公司价值。

然而，这种理所当然的假设是不正确的。几乎很少有公司测量公司价值，并对其建立动态模型。相反地，大部分公司会依靠市值，这是一个不理想的替代品。市值是一个静态的，对一个时间点的公司价值的估值，而不是一个可用于指导决策制定的动态模型。市值是市场对公司价值的估值，而不是内部管理层的估值。管理层的估值无疑会更加准确，因为管理层可以得到所有的内部信息。奸猾的股票交易商为什么想要获取内部信息？这无疑是因为它很有价值。虽然没有人确定地知道未来的情况，但是局部管理者可以就他们的部分业务的预期可分配的现金流量，以及其合理的变动范围作出最佳猜测。围绕整个企业以一贯的方式获取信息，并在一个动态模型中将其汇总到整个企业层级中，从而产生一个管理公司的强有力的工具。

那些有能力构建这种动态模型来测量公司价值的企业具有竞争优势。它们能够完善其战略规划过程，因为以这种方式计算基线公司价值往往能识别任何与战略计划中的财务预测不一致的地方。这些公司还能提升其基于价值管理的能力，以及通过管理使价值增值的能力。最后，它们对外部利益相关者——主要是股票分析师，制定一个更精妙的沟通策略。随着时间的推移，管理层能持续向分析师证明其有能力确定市场事件如何影响公司价值并量化其影响数额。这最终会对公司的股票价格产生一个更高的“管理乘数效应”。

模拟个别风险情境以及多种同时发生的风险情境对财务的影响，风险可通过这种财务影响对基准估值的“震荡”来进行量化。图 3—1 的最右端，描绘了这两种类型的量化结果。

图 3—1 中的个别风险敞口显示了以公司价值的影响这个主要指标为依据的个别关键风险情境的排序。它把各种类型的风险用定量的形式在对等的基础上作比较，将其作为对一个关键风险的优先次序的排名。对于关键风险，量化的排序取代了更基本的依赖风险识别过程步骤中的定性风险评估的定性排序。一个放大的个别风险敞口图如图 3—2 所示，这是一个改进的案例研究的例子。

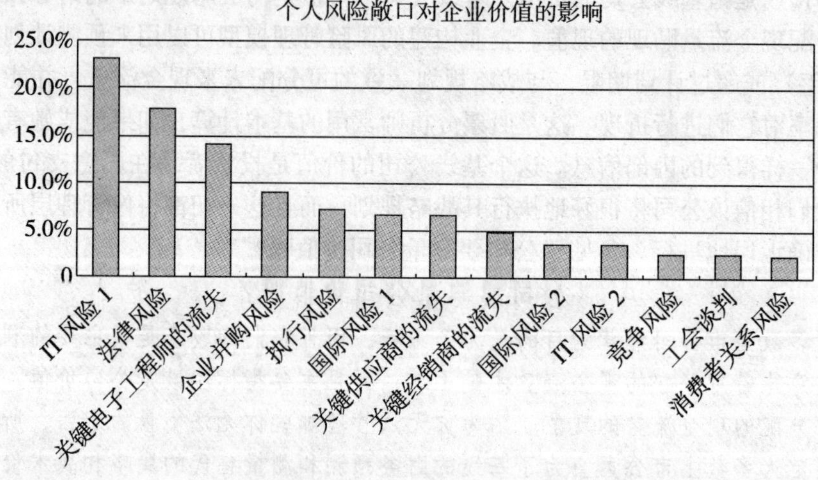

图 3—2 个别风险敞口图

资料来源：Copyright © 2011 SimErgy. All rights reserved. 有改动。

这种个别风险量化的运用具有相当的价值，尤其是第一次执行的时候，在某种程度上来说令管理者十分惊讶。举例来说，管理者认为某些风险意义不是很大，但结果其排名很高，甚至排在前五位。相反，一些风险被认为排名应该比较高，但结果远没有那么高，有些时候是因为这些风险已经缓解了，有些风险甚至从关键风险列表中被删掉了。

这是一个在企业风险管理循环中非常激动人心的时刻，是企业风险管理循环的关键性的时刻之一。这是管理层第一次看到一个真正全面的来自所有来源的关键风险的列表，并依据它们对公司价值潜在的影响进行量化。这样的一种愿景立即转移了管理层的注意力和工作重点，从而致使管理层在决策制定中缓解了最大的潜在威胁（在第5章中有这方面的案例研究例子）。对于为什么这个信息会使决策制定有一个明确的、立即的转变，有三个主要原因：

首先，公司价值是公司每位成员都能理解的一个指标。

其次，公司价值也是每位成员都明白要关心的指标，不仅要保护公司价值而且要增加公司价值。

最后，每个定量的结果都是基于一个清晰记录和具体的风险情境，因此，能与管理层产生共鸣。

最后一点与传统的风险量化方法形成了鲜明的对比。传统的风险量化方法通常使用复杂公式化参数的数学分布与随机模拟方法相结合来生成个别风险事件。如此复杂和抽象的量化结果是不那么容易就能找到到具体的甚至是切合实际的风险情境的。事实上，因为这个过程涉及随机产生过程，所以通过这些复杂的传统方法每次产生的具体的风险情境都是变化的。因此，管理层要找到令人满意的信息是十分困难的，而且当人们感到不安时，他们会犹豫不决。

一旦基于公司价值指标来进行计算时，个别风险敞口图对其他关键指标来说也是容易获得的（营业收入增长率，净利润增长率等，以及对金融服务公司而言的资本比率）。这很容易做到，因为计算公司价值需要其他所有可能的指标，所以基于价值的企业风险管理模型需要具备产生这些其他关键指标所需的所有要素。

在图3—1中，在个别风险敞口上面就是企业风险敞口，我们用了两种形式来表示。第一种形式是一张分布图，模拟包括一个或多个风险情境（包括上行和下行事件）同时发生对公司价值的影响。一个企业风险敞口图的扩大图如图3—3所示。

这个图说明了全方位的潜在后果和所有主要风险情况组合的可能性，并能认识到风险的交互性。横轴代表公司价值，纵轴代表可能性。中间垂直的虚线与横轴相交于基线公司价值（用X表示），这表示公司能完全地执行它们的战略规划，而且一切如它们所预期地那样进行时公司所具有的价值。在最右端，公司价值较高，但发生的可能性很低，这是很多上行风险事件同时发生的点。同样地，在最左端，公司价值较低，而且发生的可能性依然很低，这是很多下行风险事件同时发生的点。

不像图3—2的个别风险敞口图，如果仅仅看企业风险敞口图难以获取足够的信息。使用的方法是产生有关公司“痛点”的可能性的信息。这个“痛点”即是

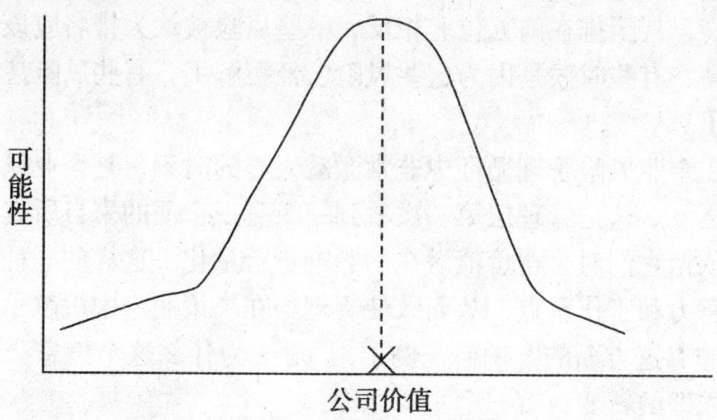

图 3—3 公司风险敞口

资料来源：Copyright © 2011 SimErgy. All rights reserved. 有改动。

风险承受能力的临界值，而管理者希望超过这个值的可能性相当小。管理者始终十分清楚临界值是多少，如果越过临界值，董事会、股东和其他外部利益相关者会对它们进行大量的审查。典型的关于痛点的一些例子包括：降低 10% 以上的公司价值；评级下降；公司盈利达不到 2 美分/股的预期，等等。

表 3—2 显示了产生痛点信息的一个例子，用表的形式呈现了一个企业风险敞口。表中的每条信息（每行对应）确认了一个痛点，以及相关的基于目前风险敞口超越该临界值的可能性。此信息直接产生于企业风险敞口分布图（图 3—3），也就是曲线和垂直线围成的左边区域的可能性，垂直线与水平轴相交于痛点。图 3—4 说明了这一点。

表 3—2 **企业风险敞口——表格形式**

痛点	可能性
△价值≤10%	15%
△价值≤20%	3%

类似于个别风险敞口图，一旦企业风险敞口是基于公司价值指标计算的，那么企业风险敞口的两种形式（图和表格形式），也都对其他关键指标（营业收入增长率、净利润增长率，等等）适用。

到此，风险量化的过程也就结束了。这时候，管理者拥有了目前所有的风险敞口——个别风险敞口和企业风险敞口的两种形式。下一步是风险决策制定。

3.3.3 风险决策制定

我们将讨论风险决策制定的三个方面：

- 确定风险偏好
- 将企业风险敞口控制在风险偏好内
- 战略规划和其他业务决策制定

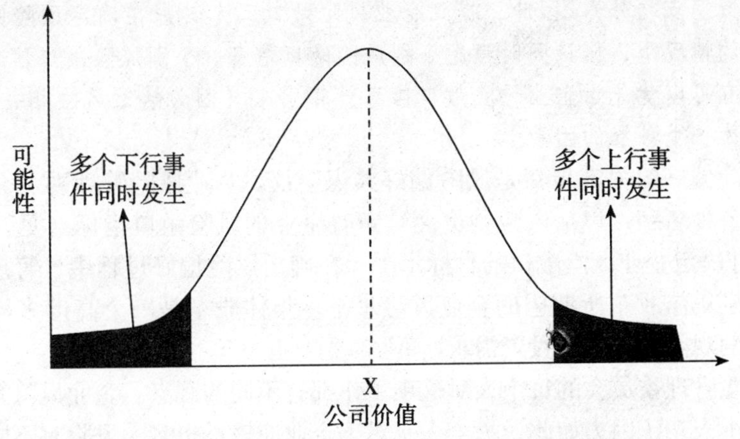

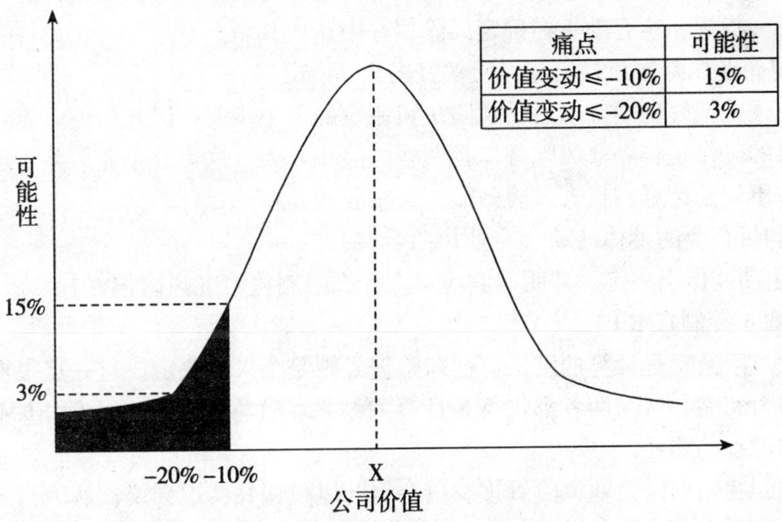

痛点	可能性
价值变动≤-10%	15%
价值变动≤-20%	3%

图 3—4 发展痛点数据

资料来源：Copyright © 2011 SimErgy. All rights reserved. 有改动。

1. 确定风险偏好

对于管理层而言，风险决策制定的第一步是确定风险偏好，有时也被称为风险承受能力。风险偏好是指在限定范围内让管理层感到安心的企业风险敞口水平。因为当前的企业风险敞口水平可能与任何时候理想的水平不同，所以风险偏好代表了企业风险敞口目标的最高水平。参见“企业风险敞口”。

企业风险敞口

此前，我们定义的个别风险敞口指标是从企业风险敞口指标分离出来的一个指标。的确，它们是两个单独类型的信息，以不同的方式使用。但是，从技术上来说，个别风险敞口包括在企业风险敞口内。企业风险敞口是包含了一次只发生一个风险情境情况下的数据点的分布（除了在两个或更多风险情境同时发生情况下的全面大量的数据点之外）。因此，提到企业风险敞口，尤其是在确定风险偏好过程中审查指标的情况下，应该同时考虑个别风险敞口信息。个别风险敞口信息要单独介绍，因为它可以优先于企业风险敞口信息计算出来（因为缺乏风险相关性），并且其通常作为一个独立的因素。

确定风险偏好的关键步骤是风险偏好共识会议。企业风险管理委员会（有时被称为其他各种名字，包括风险委员会）审查企业的风险敞口指标（见“企业风险敞口”）并决定企业风险敞口的目标水平。在确定风险偏好过程中，管理者实际上是试图识别集体股东所期望的企业风险水平。集体股东是一个高度多样化的群体，有不同的观点、期望和投资需求。

企业风险管理委员会的每个人对这项工作都有不同的观点。企业风险管理委员会的成员是个人，正因为如此，每个人有对于企业应该承担多大风险有不同的情感上和本能上的认识。然而，理智地来看，每个人都应该考虑一致的指标，以及公司价值的统一指标，这有助于在确定风险偏好中达成共识。

2. 将企业风险敞口控制在风险偏好内

一旦风险偏好确定好以后，风险决策制定的下一步就可以开始了。企业风险管理最重要的工作是将企业风险敞口控制在风险偏好内。这也是企业风险管理的主要目的——不仅是计算和报告风险敞口，最重要的是：

A. 测量企业的整体波动（企业风险敞口）

B. 主动地作出决定，并明确它应该在什么限制值内（风险偏好）

C. 将 A 控制在 B 内

企业风险敞口是计算的结果，而风险偏好则是个人的决定。这一点很重要，但是经常被人忽略，认为两者都仅仅是计算的结果。这将导致混乱，使 ERM 方案走向扭曲和混乱的路径。

现在，我们假设企业风险管理委员会召开风险偏好共识会议，认为当前的企业风险敞口水平太高。换句话说，当前的企业风险敞口水平超过了风险敞口的目标水平，或是超过了风险偏好。在这种情况下，管理者只能通过做两件事来降低企业风险敞口水平，以将其控制在风险偏好内：

A. 改变战略

B. 改变（风险管理）策略

这一点如图 3—1 顶部所示。正如你所见，改变战略或策略会影响下面的过滤器。这反过来会改变企业风险敞口的计算结果，同时也改变了基线公司价值的计算结果。这说明了基于价值的企业风险管理循环使管理者有能力在决定采用可选择的风险战略和策略决策之前，通过量化它们对关键指标（企业风险敞口和基线公司价值）的影响对其进行评估。决策制定得到充分的支持，因为管理者能够得到每个可供选择的决策对风险（企业风险敞口）和回报（基线公司价值）的影响的信息。这是基于价值的企业风险管理循环最有效的要素之一，当然也是最独特的组成部分之一。风险和回报这两因素的结合，是决策制定获取更为普遍支持的一个关键因素。

为了协助风险偏好共识会议，管理者通常会补充企业风险敞口的资料，向企业风险管理委员会提供一些关于如何通过现有的战略和策略技巧来改变企业风险敞口的案例。帮助企业风险管理委员会理解什么是可能的——有多少企业风险敞口可以被真正转移掉，这不仅仅是有用的，而且是明智可取的。

确定风险偏好只能在计算企业风险敞口之后。然而，执行企业风险管理的每位成员并非都遵守这个建议，这会带来一些麻烦。为了证明这点，考虑一个例子，一家公司用一种相反的方式来做，即确定风险偏好之前，他们不知道当前的企业风险敞口。想象以下一连串的事件：

A. 企业风险管理委员会召开风险偏好共识会议。他们不知道任何企业风险敞口的量化数据，就确定了企业的风险偏好

B. 管理者向内部利益相关者报告风险偏好，可能也包括一些外部利益相关者，如评级机构

C. 6个月以后，管理者计算企业风险敞口，发现其远远超过了他们规定的风险偏好，而且更为棘手的是，在评估一些旨在降低企业风险敞口的战略和策略上的变化之后，他们发现没有可行的方法使企业风险敞口控制在风险偏好内

D. 管理者重新确定风险偏好，允许企业风险敞口水平更高

例子中这一连串不幸事件的结果，很可能使管理者对企业风险管理失去部分信心。其实上述事件是可以避免的，即在试图确定风险偏好之前，先计算出企业的风险敞口，以及量化潜在的战略和策略，使它控制在企业风险敞口范围之内。

不过，在最后量化之前，管理层对于风险偏好有一个高水平的最初印象是有用的，但这仅仅用于企业风险管理团队的内部目的，即为了确定指标和企业风险敞口痛点的大至极限点。

3. 战略规划和其他业务决策制定

基于价值的企业风险管理框架能够依据对公司价值的影响来量化所有关键风险（和其他关键指标），并支持企业风险管理循环中主要的决策制定——将企业风险敞口控制在风险偏好内。事实上，它的作用远不止于此。这个框架通过为任何风险的风险回报情况提供一个更加全面的视角来指导决策，从而能够支持所有管理决策的制定。

为了看清其是如何运行的，再回过头来看图3—1。想象自己站在图的左端，看向右端。基于价值的企业风险管理框架看起来采取了传统的企业风险管理做法（识别风险和设计风险情境，在左侧），而且将其与公司价值指标（基于价值的企业风险管理模型和价值影响，在右侧）更紧密地结合起来。

现在，想象自己站在图的右端，看向左端。从这个位置看，基于价值的企业风险管理框架采取了基于价值管理的传统做法（了解公司价值产生的驱动因素，增加企业价值，在右侧），而且将其与更严格的情境结合起来（风险情境的设计，在左侧）。为了理解这一点，考虑基于价值管理的一个重要因素：战略规划过程。管理者设计一项战略规划，如果正确执行，会增加企业的价值。战略规划通常需要一

项财务预测的支持。然而，大部分战略规划过程的结果——“计划”——只是一种摆设。该计划是对未来的一种静态的、单一的、情境的预测，呈现出来的是它好像会100%地如预期一样发生。这有点不公平，因为个别业务部门制订的计划往往涉及一些出色的情境分析，包括SWOT分析（计划的优势、劣势、机会和威胁）和敏感性分析，并且通常会有全面的、量化的检查。然而，这些工作通常在整个公司内是以不同方式来执行的，因而情境分析不能在综合的基础上使用：

■ 一个人认为的最坏情况的情境与其他人认为的可能有很大的不同（同样也适用于其他所有情境，如适度悲观的，最好情况的情境，等等）

■ 业务部门，甚至是业务部门内的不同个体，对已嵌入战略计划的基线情境的内容有不同的理解，因此可能会错误设计风险情境（就多大程度上偏离给定情境的基准线而言）

■ 业务部门对未来环境有不同的预期（如将来经济的方向）

基于价值的企业风险管理框架就是使企业中的每个成员对未来战略的基线预测最佳估计是什么，最坏情况的情境是什么，对环境的未来预期以及怎样定义风险等情况保持一致。保持一致的重要性不能被过分夸大。通过调整，基于价值的企业风险管理方法提供了一个更全面的、一致的和动态的战略规划过程和战略规划财务预测。基线公司价值的预测是基于业务分部对构成最佳基线情境的一致看法，以及对内部和外部环境的展望。此外，该方案对于所有共通性的假设（经济、利率环境、汇率、天气等）是一致的，对于所有风险情境的定义也是一致的（例如，最坏情况情境的定义被很好地理解、记录和内部共享）。

除了提供一个动态的战略规划工具，基于价值的企业风险管理方法也提供了一个有价值的，即时的“假设”工具，它可以回答这样的问题：

■ 如果经济环境中适度悲观的情境发生，它会如何影响主要业务部门以及企业整体的收入，包括任何跨部门相互作用的调整呢？

■ 如果汇率最坏情况的情境发生，它会如何影响整个企业的收益？

■ 如果出现适度乐观的竞争情境，它会如何影响整个企业利润率？

这些额外的工具并不是辅助性的工具。相反，它们对一个成功的ERM方案来说十分关键。一个成功的ERM方案必须融入到关键的决策制定过程中，如战略规划，战略和战术决策以及交易。

在第2章，我们提出企业风险管理的常用简要定义，该定义提供了企业风险管理的技术描述：

公司通过识别、测量、管理和披露所有关键风险，以增加利益相关者的价值。

然而，当企业风险管理以一个基于价值的方法来执行时，下面的描述可能是一个更好的定义：

将风险和回报信息纳入到战略规划和其他业务决策中的一种实用而先进的方法。

3.4　运用基于价值的企业风险管理框架来应对挑战

在本章开头，我们提到传统的企业风险管理框架往往很难满足 ERM 方案的 10 个关键准则。我们还特别强调了三个核心的挑战，这是 10 个关键准则的子集，是次优企业风险管理框架的常见症状。新兴的基于价值的企业风险管理框架有效地解决了传统 ERM 方案面临的挑战，包括这三项核心挑战。既然我们已经描述了基于价值的企业风险管理方法，接下来将讨论这个新框架是如何满足 10 个关键准则，以及解决三项核心挑战的。

3.4.1　准则 1：企业整个范围

在企业内广泛采用一致的 ERM 方案的主要障碍之一，是该方法不能运用于组织中的每个部分。这种情况最常见于 ERM 方案初次设计只需考虑公司主要业务部门的时候。这尤其常见于有不同业务的金融服务公司，它们中有些必须持有资产负债表上所需的法定资本额，而有些则没有。

法定资本金是必须保持在资产负债表上的资本额，以支持现有业务，而不能用于支持未来的增长。法定资本的数额由多个利益相关者制定，包括监管机构、评级机构、管理层自己，每个利益相关者都有自己的方式来定义和计算法定资本。公司经常持有这些数额的最大值以确保满足所有的利益相关者。

金融服务公司以银行或保险为主要业务，一般使用基于资本的企业风险管理框架；也就是说，它们用资本作为关键指标。我们可以理解这种类型的组织会采用基于资本的方法。对金融服务公司而言这是个重要指标。这个指标也是风险管理的产物——法定资本水平的设置是基于企业风险水平的评估。然而，对那些也有非金融服务业务的金融服务公司而言，就实现整个企业范围的风险管理方案而言，这是不可取的。以资本为基础的方法根本无法运用于非金融服务业务中，因为它们没有资本要求。

例如，假设一家银行控股公司有零售银行部和咨询部。它们制订了一个以资本为基础的 ERM 方案。量化风险敞口的关键指标是由风险敞口所产生的额外的法定资本计算得出的金额。咨询业务明显会产生风险，但它不会产生法定资本，因为企业这个分部不受资本要求的限制。资本需求量不是可以用来评估整个企业的风险的通用货币，因此，公司的风险管理方案是不完整的。

然而，基于价值的 ERM 方案给出了一个指标，可以同时运用于金融服务和非金融服务业务。公司价值就是这个统一指标。公司价值是两种类型业务的可分配现金流量的现值。每个业务对可分配现金流量的定义略有不同，但一旦恰当地定义，它们完全可以比较：

$$\text{可分配现金流量}_{\text{非金融服务业务}}=\text{净收益}+\text{折旧与摊销}-\text{营运资本的增加}-\text{资本支出}$$

$$\text{可分配现金流量}_{\text{金融服务业务}}=\text{净收益}+\text{折旧与摊销}-\text{营运资本的增加}-\text{资本支出}-\text{法定资本的增加}$$

3.4.2 准则2：包括所有的风险类别

10个关键准则中最重要的就是在企业风险管理项目中纳入所有的风险类别。忽略某个风险类别，或是对所有风险类别的重视程度不同，可能会使企业面临过度的风险，导致有限的风险缓解资源不能得到优化配置。此外，对某些特定的风险类别缺乏足够的关注可能会带来不愉快的意外。管理者并不真正关心哪个风险给他们带来了意外……他们只是不想吃惊。然而，绝大多数传统的ERM方案把全部或大部分的注意力放在财务风险上，无视或忽略了战略和经营风险，其实后者才是真正造成企业波动的主要原因，其影响远远超过财务风险。

其实，这种对风险关注的不均衡的主要原因之一是无法量化战略和经营风险。这是我们前面所讨论的企业风险管理成功实施的三项核心挑战之一。让我们进一步来探讨这个问题。

1. 传统的方法

传统的企业风险管理框架有三种常见的方法用来试图量化战略和经营风险：

(1) 只是定性的

(2) 行业数据

(3) 风险资本

(1) 只是定性的 传统的企业风险管理框架最常用的方法不是量化战略和经营风险，而是开发定性的信息。定性的信息采用关键风险指标形式。例如，糟糕的客户服务风险的定性关键风险指标可能是每月客户投诉的数量。

关键风险指标是有用的。关键风险指标的变化可以说明一个现有或新出现的潜在问题，促使管理者去调查。然而，关键风险指标不足以支持企业风险管理决策制定。例如，在两个缓解方法之间进行选择，管理者需要数字（量化的数据）来做决定。即使那些量化数据需要估计，或者是在置信范围内猜测，也都比只有定性数据要好。

(2) 行业数据 传统的企业风险管理框架经常使用的另一种方法是运用行业数据来量化战略和经营风险。对于一些风险这可能是有用的。然而，对于大部分战略和经营风险，并且无疑是最重要的风险，不能使用这种方法来进行量化。这是因为行业数据往往是不可获得的或不恰当的，或者这两种情况兼有。

这些风险行业数据往往是不可获得的。例如，没有行业数据集可以量化有缺陷的公司战略规划的潜在影响，或者糟糕的战略执行的潜在影响。每家公司的战略，或其成功执行战略的能力都是一个非常独特的风险。

行业数据作为风险量化的补充数据往往是有用的。但是，依赖行业数据，将其作为风险量化的主要基础，这往往是不恰当的。基于现有的风险缓解策略，一个组织的风险净影响差别是很大的。例如，如果一家公司比另一家显著相同的公司拥有更多的保险或者较好的风险文化，那么第一家公司就不会像第二家公司一样，在特定的风险事件中遭遇到同样结果。风险在每个组织中发生的方式可以是完全不同的。使用行业数据集并没有考虑公司的特殊性质和它的风险管理策略。

(3) 风险资本 第三种通常用于解决战略和经营风险的量化的方法，看起来是进行了最严格量化的。然而，具有讽刺意味的是，这也是三个传统企业风险管理方法中最差的一种量化方法。这种方法只能用于有资本需求的金融服务公司。这种方法由巴塞尔协议Ⅱ引入，包括为经营风险预留资本金。这实际上意味着，法定资本数额的增加承认资产负债表的波动是由经营风险所造成的。

第一个也是最明显的缺陷是巴塞尔协议Ⅱ完全忽略了战略风险。正如第2章中所表明的，战略风险比经营风险更重要。然而，即使是在恰当的量化经营风险方面，风险资本方法也存在重大的问题。根据巴塞尔协议Ⅱ，有两种方法可供选择：

选择1：预留收入的一定百分比作为经营风险资本

选择2：使用内部模型计算经营风险资本

绝大部分的银行选择1，预留约15%的收入作为经营风险资本。大部分的保险公司同样也采用这种方法。15%的确定收入并非以风险为基础。15%，也就是经营风险资本的一个任意的数字，与业务经营风险的现实完全无关。这不是一个基于风险的方法。但这不是最重要的问题。更糟糕的是，这种方法得出的经营风险的估计值的变化在方向上往往是不正确的。

假如，你是一家大型银行的消费者信贷部门的负责人。银行实行一项ERM方案，并试图量化经营风险，确定收入的15%作为经营风险资本。你要额外负责你部门的经营风险管理，并胜任这个新的风险管理角色。短短的第一年，你刮起了生产力旋风，为每个人的账户缓解了几乎一半的经营风险。你分散了关键的机构，设置了一连串良好的经营风险协议，购买了更多的保险项目，并制订了详细的持续经营计划。此外，你在过去一年的主要成绩是使收入增长了25%。祝贺你：年终时，衡量你部门经营风险的经营风险资本增长了！但这方向都错了。实际风险降低了约50%，但指标却上升了25%。显然，这是没有意义的，然而，在金融服务业，这是个非常普遍的做法。

选择2需要银行开发自己的内部模型来衡量经营风险资本的需求量。银行使用风险价值模型，而保险公司使用经济资本模型，两种模型在第2章中均有定义。这些模型是以风险为基础的，因为它们一般与风险成正比：风险越大，风险资本越多；风险越小，风险资本越少。此外，它们可以有时候尝试用来量化战略风险以及经营风险。然而，它们不能充分获取战略和经营风险的财务影响。风险价值和经济资本模型通常用来量化关于资产负债表风险的影响，以及显示对资本（资产减去负债）和法定资本的净影响。这些模型忽略了对未来收益和费用的影响，而这往往是战略和经营风险的主要影响。

考虑下面的案例研究。一家大型跨国保险公司试图量化一个关键风险的影响，这个关键风险涉及一场发生在内部委员会的灾难，优秀的销售人员和管理人员都被杀害了。这风险量化的关键因素是其显著降低了对战略规划的整个未来收入的预测。

然而，保险公司的经济资本模型严重低估了这种风险。因为大部分的经济资本模型是以资本为中心的，因此只关注资产负债表的资本和法定资本，一般不包括所有未来新的业务的收入。因此，也不可能得到风险的所有财务影响。基准经济资本模型包括对未来收入和费用的预测，但只是那些与当前有效保单或账面有关的收入和费用。更糟的是，经济资本模型不仅无法充分量化最坏情况下的不利影响，而且实际上还会报告这是个利好消息，因为它可以解释费用减少的原因（由于减少员工）。

2. 基于价值的方法

现在，我们讨论基于价值的企业风险管理方法来量化战略和经营风险。之后，我们继续讨论基于价值的方法如何克服传统企业风险管理方法在量化战略和经营风险方面的缺陷。

如前所述，企业风险管理模型预计未来会产生与战略计划相一致的可分配的现金流，然后再通过合理的方式超出计划期。计算的第一个指标是基线公司价值，即以最低预期回报率将基线可分配的现金流折现。基线公司价值投资者相信公司会准确无误地执行战略规划，且如预期投资者愿意支付的价格来进行。这时风险就可以定义为使公司价值向上或向下波动的任何事件。

失效模式与效应分析技术 基于价值的企业风险管理方法采用根据制造业改编的失效模式与效应分析技术方法，为战略和经营风险设计了个别的确定性风险情境。FMEA 过程有 4 个步骤：

①确定受访者。（采取）失效模式与效应分析过程的第一步是为谈及的风险确定最合适的内部行业专家。对于一些风险来说，行业专家可能是关于这些风险资历最深的人，如整个企业范围的风险执行负责人，其对企业范围的风险承担全部责任。然而，最靠近风险的人通常是最合适的受访者。

②设计风险情境。第二步是对确定的受访者进行失效模式与效应分析（FMEA）的采访，为涉及的风险征求关键风险的风险情境集。每个关键风险通常有多个风险情境。例如，一个关键风险可能有以下几种风险情境：

- 可信的最坏情况
- 适度悲观的
- 轻度悲观的
- 基准线（表示没有风险）
- 轻度乐观的
- 适度乐观的
- 可信的最佳情况

尽管不是每个关键风险都有上行风险情境，但考虑这些很重要。

每个风险情境都是一个确定的个别风险情境。换句话说，这些都是假定的具体事件。设计确定的具体风险情境很关键。受访者通过想象一件具体事件的发生容易想清楚可能发生事情的进程以及其对公司的影响。

首先最好以一个可信的最坏情况的情境开始，询问行业专家“当头撞到枕头上，你会担心什么?”这种事件发生的可能性很小但并非没有可能，并且潜在地对公司具有很大的破坏性。一些并不是很极端的风险情境往往由可信的最坏情况的情境发展而成（如减少规模）。

对于每个个别风险情境，FMEA过程指导专家按时间顺序详细地把风险事件考虑清楚。通过对行业专家一系列的提问可以得到最初事件可能引发什么样的内外环境变化以及后果。最初事件的影响是什么？二三级事件的影响是什么？管理层将如何回应，以及他们的回应有多快？

③确定可能性。第三步是确定事件发生的可能性。这个过程很困难，因为事件本身是很不确定的，而且受访者不习惯做这样的评估，通常不会提到概率。他们不大可能这样回应“这个风险事件在本年度发生的可能性为15%。”在实行失效模式与效应分析（FMEA）过程中，这就要求我们巧妙地缩小受访者使用的定性语言和企业风险管理模型需要的定量语言之间的差距。

④估计定量的影响。失效模式与效应分析采访的最后一步是估计每个确定的风险情境对基线公司价值的定量影响。这涉及一连串的问题：这个风险情境对今年收入有多大影响？对未来几年呢？对固定费用有什么影响？对可变费用呢？等等。正如确定可能性一样，从受访者的角度来看，估计定量的影响可能很困难。这也是为什么要让有经验的人进行失效模式与效应分析的采访的另一个原因。

如图3—5所示，有个例子概述了失效模式与效应分析操作的四个步骤的流程和产生信息的摘要。可能性和定量的影响都是为使基线公司价值产生波动的企业风险管理模型的输入信息，首先量化个别风险敞口，然后量化企业风险敞口。参见“但这些不只是猜测吗？”

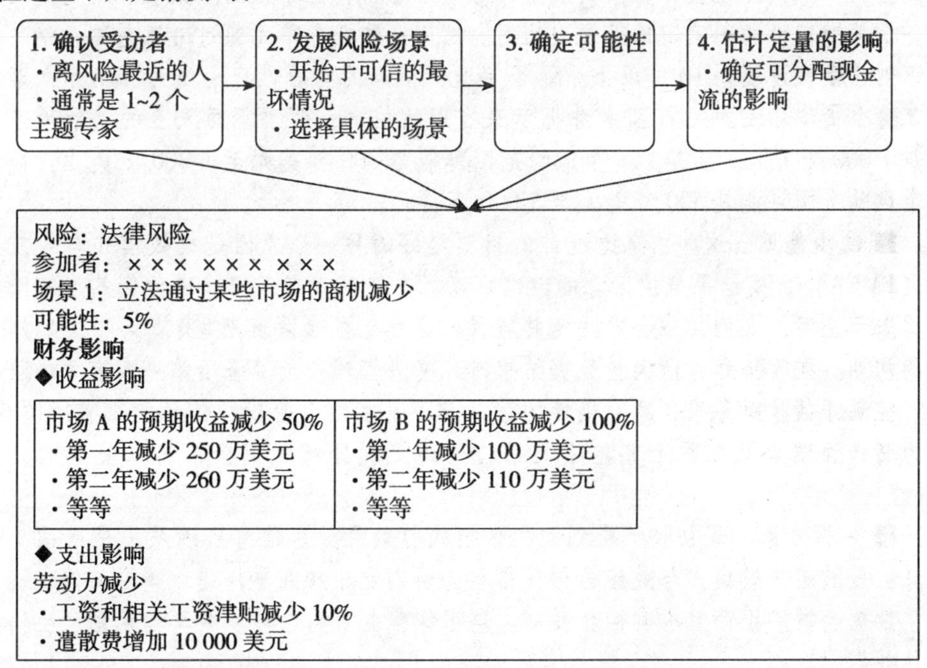

图3—5　失效模式与效应分析（FMEA）操作的四个步骤的流程和产生信息的摘要

资料来源：Copyright © 2011 SimErgy. All rights reserved. 有改动。

但这些不只是猜测吗?

失效模式与效应分析技术早期普遍认为信息没有利用价值，因为这些信息仅仅基于猜测得到。尽管这个过程的确涉及猜测，但前面所述是不正确的，事实上这些信息大大增加了企业风险管理循环的价值。以下几个因素弥补了信息的不确定性：

■ **决策迟早要发生** 正如第2章所述，战略和经营风险必须通过某种方式进行量化。它们对公司波动的影响力远远比财务风险要大。管理者必须针对这些风险每天做决定，无论有没有量化的数据。管理层最好有所估计，即使是非常主观的估计也远比没有任何定量信息要好很多。

■ **专家猜测** 尽管这些只是猜测，但都是由离风险最近并通常有几十年经验、了解行业风险事件的专家猜测得到的。公司里有很多的精英，他们的头脑里储备着许多宝贵的知识。失效模式与效应分析（FMEA）过程就是为了整个公司的所有关键风险，从行业专家的头脑里吸取有用的信息以一致的量化形式显示出来。在许多情况下，失效模式与效应分析过程是行业专家首先考虑的风险情境和潜在缓解的方法，这个耐人寻味的过程所产生的猜测比那些早前任何地方存在的，甚至是专家头脑里的猜测都要好。

■ **范围** 猜测的范围被用于敏感性分析，它通过估计值偏差的程度赋予估计值一个满意水平。下面的案例分析说明了这点：一个企业风险管理小组向一个业务单元提出一个商业机会并基于失效模式与效应分析作出了预测。该业务单位起初因为一个关键假设的不确定性而提出反对。然而，该业务单元通过考察范围，清楚地认识到这个假设要差10倍以上才能否定这个机会的有效性，于是业务单元立即接受了这个提议。[5] 另外，范围本身揭示了有用的信息。两个不同风险的点估计可能都是1 000万美元。但是第一个风险范围可能是800万美元至1 200万美元，而第二个风险范围可能是500万美元至5 000万美元。

■ **减少偏见** 这些信息比纯粹的猜测更好的另一个原因是失效模式与效应分析（FMEA）访谈结果是被记录的，这可以减少偏见。当人们知道他们的名字附在某些东西上时，人们往往会更注意其质量。这发生在《萨班斯-奥克斯利法案》实施的初期。在收集和评估大量数据结束时，高级管理人员签署了第一个有关风险评估，控制评估和财务报告的准确性的认证。正是在这个阶段，信息质量有所改善，因为高级管理人员在附上其签名之前，开始更加仔细地审议信息以使他们更加安心。

■ **一群专家** 最初收集得到的失效模式与效应分析信息只涉及一个或两个专家。但是随着失效模式与效应分析信息在公司内发布和共享，通过集合其他人的想法，数据会被修正而且准确性会提高。这很像维基百科，即从共享知识到产生一个集体共识。[6]

■ **相对比较** 失效模式与效应分析过程使得我们可以在风险之间作出相对比较。失效模式与效应分析对企业中的所有风险采取了一致的执行方式，并说明其定量的潜在影响。尽管每个个别风险情境的量化是凭借主观估计得出的，但是这些信息集合起来却变得十分强大，因为风险之间的比较比任何一个估计都更可靠。比较分析往往会把重点转移到影响力相对更大的风险上。

3. 基于价值的方法的优点

既然我们已经讨论过用基于价值的方法来量化战略和经营风险，现在将比较这个方法和传统企业风险管理方法的有效性。如前所述，三个试图量化战略和经营风险的传统企业风险管理方法有以下几个缺点：

- 指标体系不支持决策制定
- 数据不可获得或不恰当
- 方法不以风险为基础
- 无法完全量化风险的影响

基于价值的方法解决了以上所有问题。

(1) **指标能支持决策制定**。首先，传统企业风险管理方法仅使用定性的信息，从而无法基于这些信息做决策。形成鲜明对比的是，基于价值的方法可以量化所有关键风险。此外，基于价值的方法可以根据对公司价值的影响来量化关键风险，从而为决策制定提供有力的支持。

(2) **数据的可获得性和适当性**。其次，传统企业风险管理的方法需要使用行业数据，但往往面临数据不可获得或不适当的问题。基于价值的方法也解决了这些问题。在基于价值的方法里，数据是可以得到的，因为公司主要通过内部人员产生自己的数据。管理者总是能知道哪一两个人最接近特定的风险，以及接近风险的途径，因而信息量很丰富。此外，这些数据是在特定公司和特定文化中形成的，因为数据是基于公司内部的具体情况而产生的。

(3) **基于风险的方法**。再次，传统企业风险管理的方法用风险资本作为关键指标。有两种选择方法：第一种方法不以风险为基础，并且更糟糕的是，有时衡量敞口变化时其方向是错的。显然，基于价值的企业风险管理方法是以风险为基础的，因为它开始于公司的特定的风险情境且企业风险管理指标体系随着风险水平上升或者下降。

(4) **全面量化风险影响**。最后，由于基于价值的方法能获取未来收入费用和对可分配现金流的其他组成部分的充分预测，所以基于价值的方法能够完全对风险进行全面的量化。我们之前讨论过一个例子，内部会议的一次灾难导致一些优秀销售人员和管理人员的死亡。基于价值的ERM方法能够预测这些销售人员未来的收入，因此，对基线公司风险的量化充分反映了所有收入的损失。

图3—6简要说明了传统的企业风险管理和基于价值的企业风险管理之间在量化战略和经营风险方面的对比。

我们将在第5章标题为“案例研究”的部分讨论几个案例。这些案例更充分地说明了基于价值的企业风险管理方法能量化战略和经营风险并证明其有效性。

	方法一：定性的	方法二：行业数据	方法三：风险资本
传统方法	不能支持决策制定	往往无法获得或不适当	·不是基于风险的/通常方向错误 ·低估风险
基于价值的方法	量化价值影响/支持决策制定	具体公司/具体情况	·基于风险的 ·完全量化风险影响

图 3—6 量化战略和经营风险

资料来源：Copyright © 2011 SimErgy. All rights reserved. 有改动。

3.4.3 准则 3：关注关键风险

很多传统 ERM 方案将 ERM 视为 SOX 活动的延伸。一方面是因为公司的风险岗位员工熟悉 SOX。更重要的原因是传统 ERM 框架没有涉及太多风险减轻以外的东西。因此，管理层没有其他办法，只能尽可能详尽地将风险和风险控制的清单列出来。

由于基于价值的 ERM 方法把公司价值作为关键风险指标，因而管理者可以把精力直接集中在有限的关键风险上。依据对公司价值的潜在影响（它们可能摧毁的公司价值大小），关键风险就明显凸显出来。这避免了一连串不必要的风险列表，其中大部分风险对公司价值的影响可以忽略不计。

3.4.4 准则 4：跨风险类型进行整合

风险管理方案（ERM 方案的前身）总是用“职能”方法测量风险，这意味着每种类型的风险都能在公司内被单独处理。这导致了第 2 章所述的 3 方面的困难：

■ 完整性

■ 效率

■ 内部一致性

然而，尽管所有传统的 ERM 方案把综合方法吹捧成一项关键准则，但是像它们的风险管理前身一样仍然存在着孤岛思维。然而，基于价值的 ERM 方法可以很容易地将各种风险类型整合成 ERM 方案。现在我们细看关于风险管理方案的 3 个方面的每个潜在困难，把传统的 ERM 方法与基于价值的 ERM 方法进行比较。

1. 完整性

传统 ERM 方案运用的职能方法是不完整的，因为它们忽略了同时发生多种风险的情况，没有反映它们之间的相互作用——抵消或恶化作用。相反地，基于价值的 ERM 方法在 ERM 模型中直接测量了多种风险和它们的相互作用，在企业风险敞口图（见图 3—1）中生成了现实中的整个分布。

2. 效率

很多传统 ERM 方案的效率低是因为缺乏集中的协调和部门间的沟通，这个问题在基于价值的 ERM 方法中得到了解决。基于价值的 ERM 方法提供了一个结构和统一的公司价值指标，保证了企业风险管理的高水平协调和沟通。风险情境以一种识别和纳入来自公司任何相关领域风险要素的方式来设计。此外，基于价值的风险管理方法运用了一个主要的ERM模型。公司的任何业务单元可以用这个模型来衡量任何风险决策的边际影响。最后，用自上而下的方法来确定风险偏好，然后将其延伸到风险限额，形成不同风险类型的协调方法。

3. 内部一致性

传统ERM方案使用竖井式管理方式，可能会出现内部和外部环境相互矛盾的预测（例如，股票市场的表现）。但是，基于价值的ERM方法说明了这些冲突在哪里并对公司提出了统一且一致的观点。ERM模型的结构和对基线公司价值的计算纠正了这些问题，同时优化了战略规划过程。此外，风险情境的设计采纳了来自公司所有相关部门的意见。这些意见部分是在FMEA过程中，部分是在起草文件过程中和内部分享风险情境成果时采纳的。

3.4.5　准则5：汇总指标

我们将讨论汇总指标体系的两个方面：

- 企业风险敞口和风险偏好
- 将风险偏好自上而下地分配到风险限额

1. 企业风险敞口和风险偏好

ERM需要两个关键的汇总指标。一个是企业风险敞口，另一个是风险偏好。前者是计算项目，后者是管理层确定的项目。企业风险敞口代表了目前企业整体波动的水平。风险偏好是管理者愿意承担企业风险敞口的最大值。

两个关键汇总指标应该是相互对应的，用来确定风险偏好的指标应遵循企业风险敞口的指标。这是因为风险偏好仅仅是管理者定义企业风险敞口的最大接受值。回想一下，每个汇总指标实际上都是一个完整的结果分布（见图3—1），可能由多个指标，每个指标有多个临界值和每个临界值相应的可能性表现出来。对于企业风险敞口而言，一个临界点的可能性值代表一个痛点。例如，企业风险敞口的痛点和相对应的风险偏好可以表述如下：

企业风险敞口痛点的表述：指标Y损失X的可能性为1%；

相应的风险偏好的表述：指标Y损失X的可能性为5%。

因此，由于风险偏好的指标遵循企业风险敞口的指标，因而得出这两个汇总指标的关键是在企业的水平上表述和计算企业风险敞口。没有汇总的企业风险敞口，也就没有汇总的风险偏好。

然而，很多传统的ERM方案没有这两个汇总指标。相反，它们通常构造大量的关键风险指标（KRIs）来追踪关键风险的敞口。不同的KRIs度量运用于不同的关键风险。因此，这些传统的ERM方案没有统一的指标可供汇总企业整体的风险敞口，反过来，这也意味着没有汇总指标度量风险偏好。

没有一个对风险偏好的量化定义，这些公司试图生成一些风险偏好的声明，这将会使问题复杂化。其结果往往是模糊和混乱的。如我们前面所述，这是成功实施ERM的三项核心挑战的第二项：风险偏好定义不明确。这将导致我们无法实现ERM最主要的功能——将企业风险敞口控制在风险偏好内。此外，它还打乱了设定风险限额的自上而下的顺序。风险限额不按照自上而下的方法设定，会导致风险缓解不足而存在潜在的危险。然而，更常见的结果是风险缓解过度而造成浪费。该问题在第2章已经讨论过。

不同于传统的ERM方案，基于价值的方法提供了两个关键的汇总指标。我们可以依据对公司价值的潜在影响量化所有关键风险。不管地域或会计体系是否一致，公司价值指标都是一致运行的，因为其基于可分配的现金流这一通用指标。公司价值同样适用于所有类型的风险，因为公司价值是可以完全量化所有风险的唯一指标，尤其是战略和经营风险，这类风险通常影响未来的收益和支出。我们也可以基于公司价值计算企业风险敞口，因为基于同样的基础，风险偏好很容易以汇总的水平表述出来。

这有利于实现ERM的主要目标：将企业风险敞口控制在风险偏好内。这两个指标是一致表述的，所以可以很清楚地知道该怎么做，因为它们是可以直接比较的。例如，修改前面讨论过的例子，我们可能有下面的表述：

企业风险敞口：损失30%以上的公司价值的可能性为1%

风险偏好：损失30%以上的公司价值的可能性为5%

2. 将风险偏好自上而下地分配到风险限额

基于价值的ERM方法能自上而下将风险偏好分配到风险限额。这与允许个别风险敞口向上汇总到企业风险敞口有相同的性质：公司价值指标是适用于所有关键风险的一致指标。

可以按以下4个步骤来想象一下这个过程：

（1）个别风险敞口向上汇总到企业风险敞口（图表形式）

（2）开发痛点数据（以表格形式表示企业风险敞口）

（3）确定风险偏好，来反映企业风险敞口（表格形式）

（4）将风险偏好自上而下地分配到个别风险限额

图3—7说明了这一点。在步骤A中，ERM模型通过使用FMEA过程产生的风险情境信息以及通过每次模拟一个风险事件的组合，每次模拟两个风险事件等方式产生风险相关数据，[7]从而汇总个别风险敞口，得到企业风险敞口的图表形式。在步骤B中，选取痛点来生成企业风险敞口的表格形式。步骤C包括两部分。第一部分涉及反映企业风险敞口的痛点，将此填入风险偏好表的左边的一栏。步骤C的第二部分是管理者在风险偏好共识会议中确定的每个痛点可接受的可能性，然后将此填入风险偏好表的右边一栏。

在步骤D中，使用ERM模型反向设计低于企业水平的风险限额，其将汇总企业水平的风险偏好。不管风险偏好的分配类型或预算（风险限额是否按风险来源、业务部门、地域等等来确定）如何，反向设计汇总是可行的，因为所有敞口都是基于企业价值这个统一指标来进行衡量的。

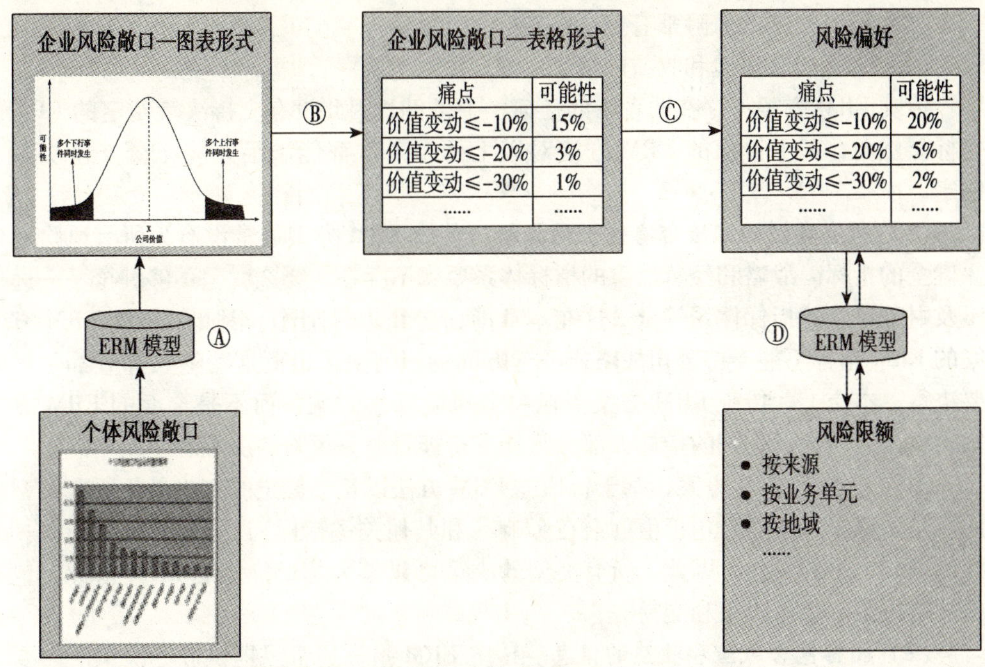

图 3—7　总风险度量

资料来源：Copyright Ⓒ 2011 SimErgy. All rights reserved. 有改动。

这些类型的风险限额的一些直观的例子可能包括：

■ 按来源　技术失败导致的风险事件给公司价值带来的损失不超过 2%

■ 按业务部门　零售业务部门产生的风险事件导致的公司价值损失不超过 5%

■ 按地域　国际业务部门产生的风险事件导致的公司价值损失不超过 10%

第 6 章中列举了个“如何确定风险限额”的例子。

3.4.6　准则 6：包括决策制定

ERM 循环的第三步是风险决策制定。这是达到 ERM 目的的关键。风险决策制定是 ERM 循环中真正处理风险的过程，即基于收集的信息做决策的过程。悲哀的是，传统 ERM 方案最常见的问题是无法将 ERM 融入决策制定中。这就是我们前面所讨论的成功执行 ERM 的第三个，也是最后一个核心挑战。

将 ERM 有效地融入决策制定有三个重要因素：

■ ERM 指标支持决策制定

■ 实用的 ERM 模型

■ 来自业务分部的一致支持

下面我们将评价传统 ERM 方法和基于价值的 ERM 方法是否，或者在多大程度上满足以上三个重要因素。

1. ERM 指标是否支持决策制定？

ERM 指标体系支持决策制定有两个条件：

（1）所有类型的风险都有健全的指标

（2）指标包含风险和收益的信息

传统 ERM 方案不存在两者中的任何一个条件，因此没有支持决策制定的 ERM 指标。然而，基于价值的 ERM 方法对以上两个条件都能满足并能充分支持决策制定。

（1）所有类型的风险都有健全的指标。传统 ERM 方案通常没有为所有风险建立健全的指标。战略和经营风险的指标体系要么不存在，要么就是不够健全——远不及财务风险的指标体系健全。这在本章前面已经进行阐述。因此，传统 ERM 方案的 ERM 指标不能支持公司战略或经营方面的任何决策，而这些绝大部分都是重要决策。本质上，传统 ERM 方案更像财务风险管理方案，而不是全面的 ERM 方案，就这点而论，它们的指标大部分只能支持涉及财务风险的决策。

不同于传统 ERM 方案，基于价值的 ERM 方法以相当健全的方式量化所有类型的风险。依据风险对公司价值的潜在影响（和其他关键指标），所有的风险都在一致的基础上得到量化。因此，所有类型的决策可以参考基于价值的 ERM 指标，包括战略决策、战术决策和交易。

（2）指标包含风险和收益的信息。传统 ERM 指标通常只提供业务决策所需要的一半的信息。传统 ERM 指标只适合获取下行风险的信息。例如，金融服务公司使用资本损失或者法定资本的增加来测量风险的影响。但是，一个投资者需要平衡风险和收益来做风险—收益权衡决策。在给定的指标中，当我们不能比较决策的正面和负面效应时，无法作出决策。

不同于传统 ERM 方案，基于价值的 ERM 方法的核心指标——公司价值的变化，对经营决策等式两边的风险和收益都是适用的。不仅如此，它还提供了最为严谨的商业案例以助于作出决策：公司价值的预期变化和达到那个变化的确定性水平。

2. ERM 模型是否实用？

大多数传统 ERM 模型过于复杂。ERM 模型由建模者设计、构造、修改、扩展和维护。而建模者本质上就像纯种好马，他们喜欢跑。因为他们的能力被压抑而极其渴望释放。他们试图扩展模型的详细程度，并认为自己在完善模型，但这却是个错误的观念。这种行为对支持决策制定没什么好处。

相反地，基于价值的 ERM 模型不是很复杂。在健全和实用之间，它们取得了一个适当的平衡。基于价值的方法是为结合风险管理和经营决策制定而特别设计的。因此，这个方法的每方面制定和修改始终保持井然有序和实用的特点，同时模型也不例外。

现在，我们将讨论 ERM 模型实用性的四个方面：

（1）可靠性。传统 ERM 模型的质量通常是不可靠的。传统 ERM 模型需要大量的输入信息，这使得每个时期的数据更新变得麻烦。一旦模型被刷新，输入信息都需更新。因此，模型会变得复杂，更新信息的质量也会恶化。此外，大量复杂的编程代码很容易使模型出错。

相反，基于价值的ERM模型的质量是相当可靠的。这些模型使用合理数量的输入信息，使模型更容易维持且保证更新信息的高质量。此外，简单的编程代码使模型不容易出错。

（2）**速度**。传统ERM模型的反应速度太慢而不能赶上业务的步伐。在金融服务行业中，这些模型实际上需要数周时间来完成一个单一的运行。但是，组织中很少有决策可以等待这么长时间。此外，模型的修改通常需要漫长的时间，还涉及资源的重新分配。

相反，基于价值的ERM模型反应时间很快，足够支持决策制定。模型的运行时间通常控制在几个小时内。这样一个快速的周期使几乎所有决策都得到了合理的支持。此外，模型的修改可以迅速完成，因为它的编程代码相对比较简单。

（3）**透明度**。传统的ERM方法中的量化方法含糊不清，以至于管理者对在决策制定中是否依靠该方法犹豫不决。例如，风险情境可能以一些费解的公式为基础，结合一个随机过程而形成。该随机过程每次产生新的且抽象的风险情境，因而管理者得到的风险情境是不具体的，这情况种是令人不安的。

相反，基于价值的ERM方法的量化方法相当透明，管理者依靠该方法进行决策制定会更为放心。比如，构成整套风险指标体系的潜在的个别风险情境是有形的、具体的、确定的风险情境。管理者可以直接查看它们，甚至可以质疑假设的选择，这使得该方法给人一种非常具体的感觉。这加快了管理者在决策制定过程中采用ERM的进程。

（4）**有效数字的平衡**。在计算和结果呈现中，传统的ERM模型的有效数字是不平衡的（这在第2章中已经讨论过）。传统ERM模型试图计算出高精确度的企业风险敞口。然而，这些模型倾向于对财务风险有一个高度精确的测量，但对更为重要的战略和经营风险却不予考虑，甚至是忽略或者粗略估计这些风险。但是，研究表明（第2章中已经讨论），战略和经营风险往往包含了大部分的企业整体风险敞口。因此，在报告整个企业风险敞口时，要求如此高的精确程度，这违背了有效数字规则。

相反，基于价值的ERM方法在计算和报告结果过程中采用了适当的精确度。而且该方法在测量财务风险，以及战略和经营风险时使用了相同精确度。基于价值的ERM方法在汇总信息时，这些信息被认为是近似正确的，且是平衡的，这符合了有效数字的规则。

3. 是否有来自业务部门的一致支持？

很多传统的ERM方案，缺乏业务部门的支持，因为它们没有意识到ERM对业务是很有用的。这常常是ERM方案领导者的痛苦之源。他们面临着把ERM“推销”给业务分部的任务，但是业务分部采纳ERM的积极性却不高。有时候是因为ERM方案是，或者通常被认为是，由企业强加于业务部门的。另外，该方案可能是，或被认为是，太过于以制度遵循为导向。

这是另一个基于价值的ERM方法擅长的领域。基于价值的ERM方法的两个特征可以快速获得业务分部一致的支持：

（1）业务分部输入的适当水平

（2）支持业务分部的目标和积极性

（1）业务分部输入的适当水平。大多数传统的ERM方案在全体企业风险管理成员范围内涉及太多的独特设计，尤其是风险情境的设计。它们的想法是，如果它们首先用数据和假设建立一个健全的模型，然后开始运用模型，当人们看到它可以做什么时，就会接受这个过程。然而，这是不起作用的。那些最接近风险的设计（大部分是那些在业务部门中的设计）必须包含在内，特别是风险情境的设计。

基于价值的ERM方法在业务部门和企业输入间有个适当的平衡。该方法采用FMEA过程（这在本章稍前部分已经讨论）。FMEA过程中所需要的输入大部分涉及战略和经营风险。那些与风险最接近的人大多数是业务分部的职员，他们提供大量的输入信息。但是，企业风险管理团队有权利且有责任舍弃一些假设，以确保一致和可靠的过程。例如，全体企业风险管理成员可能知道FMEA受访者中的一位是位特别厌恶风险的人，他可能倾向于夸大风险；另外，他们可能知道另外一个FMEA受访者是位风险偏好者，常常低估潜在的负面事件的重要性。或者，某人是考虑中的某个风险缓解项目的拥护者，那他则可能粉饰他的观点。了解参与的人，并且观察整个企业的FMEA的运行，能使企业提供有价值的输入信息。

（2）支持业务分部的目标和积极性。尽管很多传统的ERM方案非常注重与决策制定的联系，但现实却是它们陷入了风险缓解的漩涡之中。了解到这一点，业务分部对邀请风险人员参与业务讨论持非常谨慎的态度，以免他们提出风险路障阻碍了项目进度。在这个问题上，基于价值的方法则截然相反。它注重决策制定，且决策制定贯穿ERM过程的每个步骤。最好的例子之一就是在FMEA过程中风险情境的设计。

FMEA的采访通常由业务分部的行业专家（离风险最近的人）、访问者（有FMEA采访经验的ERM专家）和企业风险管理团队的代表出席。行业专家在会议开始时，往往表现出肢体语言上的不接受，如靠着椅背上，双臂交叉放在胸前，看着手表，想（如果没有说出来）：

这只是另一个集体努力的结果。你们收集信息，然后试图用这些信息限制我，对你们所谓的“风险承担”施加限制或控制，但这对我而言却是生意。所以，让我回去工作吧，这段时间我工作产生的收益可以支付你们的薪水。

随着会议的开展，这一切开始发生变化。FMEA过程一开始，行业专家就被问到关于所有信息输入的问题：什么可能出错？你担心什么？它可能有多糟糕？我们恢复的速度有多快？等等。行业专家也因他们的知识开始得到适当的尊重而有所放松，手臂不交叉合拢了。

接下来，基于风险情境输入来量化风险的ERM模型是获得业务单元支持的另一个潜在障碍。模型通常是一个“黑匣子”，对那些无法控制它的人员而言是不透明的。然而，基于价值的方法采用更简单、更方便、易于理解的模型。此外，当行业专家知道他们有机会复核输出结果，以及如果出现的结果不正常可以重新输入信息时，心情变得更为愉悦。他们决定输入信息，了解内部机制，他们开始复核结果。突然，他们开始觉得自己拥有这个模型，事实上也确实如此。他们现在坐直了。

最后，在会议结束时，业务分部的行业专家被问及“是否有风险缓解是你觉得需要的？或者你曾经计划过关于这种风险情境的项目吗？”大约1/3的行业专家会在桌子上砸拳头，惊呼：“是啊，我们需要这样那样，但我们没能做成商业案例，公司也不会批准。”企业风险管理人员回答到“嗯，也许我们可以帮助你们。ERM模型是公司价值变化的语言形式，这可能是最佳的商业案例。基于对公司的边际影响（包括公司任何其他部门的抵消作用），我们可以给提议的决策构建模型（包括其上行和下行风险敞口），同时展示边缘在哪里，即构建模型需要多少收入或节省多少成本。”现在，行业专家已经进入支持的良好状态。行业专家身体向前倾，已经爱上你了。因为你帮他们完成了项目、实现了目标、保住了工作，而且得到奖金。ERM不需强制推入业务分部中，一旦行业专家看到ERM如何满足了他们的需要，实际上就产生了一股拉力，业务分部自然会引入ERM。

从消极到一致支持的转变可以是快速的且富有戏剧性的。比如，一个金融公司在业务分部A做基于价值的方法的尝试，但没在业务分部B和分部C进行。目睹了由于这个过程而导致的从消极到一致支持的急剧转变，CFO告诉我，“这很有意思。我本来想在业务分部B和分部C强制推行ERM，但是他们一听到业务分部A的事情以后，就主动到我办公室来申请了。”因此，公司迅速在整个企业范围内执行了基于价值的ERM方法。

表3—3简要说明了传统ERM和基于价值的ERM在支持决策方面的不同。

表3—3　　**支持决策制定：传统ERM与基于价值的ERM的比较**

	传统方法	基于价值的方法
指标是否支持决策制定？	否 ■ 不支持战略和经营风险方面的决策 ■ 只考虑风险，没考虑收益	是 ■ 指标适用于所有风险 ■ Δ价值=严谨的商业案例
ERM模型是否有用？	否 ■ 质量不可靠 ■ 反应速度慢 ■ 缺乏透明度 ■ 违背有效数字规则	是 ■ 质量可靠 ■ 反应迅速 ■ 透明度高 ■ 有效数字平衡
是否有来自业务单元的支持？	否 ■ 企业驱动 ■ 以制度遵循为导向	是 ■ 业务单元驱动/企业保持一致性 ■ 支持业务单元目标/积极主动性

资料来源：Copyright © 2011 SimErgy. All rights reserved. 有改动。

3.4.7 准则7：平衡风险和收益管理

传统风险管理只与下行风险保护有关。尽管ERM应该同等对待下行波动和上行波动，但是大多数传统ERM方案没有处理上行波动的能力。基于价值的ERM方法通过其统一的指标——公司价值的变化，很容易地解决了这个问题。风险和机会使用相同的语言（价值），有利于风险收益管理的两方面完全融合。

基于价值的ERM方法不仅仅解决了这个传统风险管理，以及传统ERM方案的历史问题，同时也解决了企业管理中一个更为普遍的问题，一个最古老、最常用的商务短语“风险报酬”或“风险收益”管理。但令人难以置信的是，这种管理很少有人做。大多数公司有自己的报酬或收益管理（比如，战略规划），这与风险管理（比如，内部审计、企业风险部门，等等）是完全分开的。基于价值的ERM最终实现了这个承诺，即平衡风险和收益并将二者纳入业务决策的考虑之中，从战略规划开始，自上而下地贯穿于整个组织。

3.4.8 准则8：适当的风险披露

财务报告的目的是告知投资者公司的潜在风险和机会。正如第2章顺便提到的，关键风险对公司价值潜在影响的量化是进行风险披露最稳健的方法。毕竟，主要的利益相关者是股东，而公司价值对他们而言是最主要的指标。

然而，公司使用传统的ERM方法，无法做到这一点，因为它们不能按照对公司价值的潜在影响来衡量风险。但是，公司使用基于价值的ERM方法，很容易用这类信息来进行风险披露。对公司价值的潜在影响是基于价值方法的一个核心产物。

3.4.9 准则9：衡量价值影响

通过衡量公司价值，可以寻找出令公司增值的源泉。令人惊讶的是，正如本章前面所述，很少有公司衡量公司价值。所以，为了履行ERM的部分定义，即ERM的目的——增加价值，ERM方案不得不对价值进行衡量。但是，传统的ERM方案没这样做。例如，在金融服务公司，大多数传统ERM方案以资本为中心——利用资产负债表资本的变化或法定资本的增加作为主要指标。

相比之下，基于价值的ERM方法围绕价值进行。公司价值是核心指标。基于价值的ERM方法既衡量价值的上行波动（收益），同时也衡量价值的下行波动（风险）。这有利于管理价值。因为价值是全面衡量的，所以其也可以得到全面的管理。

3.4.10 准则10：关注主要利益相关者

大多数的传统ERM方案注重下行风险保护，而且往往把重点放在满足评级机构上，而非满足其他利益相关者。对金融服务公司来说，尤其是这样，有时候金融服务公司过于注重资本需求量。保持适当的资本水平至关重要。然而，过于注重资本需求不一定会带来增加公司价值的决策。

一个更好的方法是把重点放在主要利益相关者上，对大多数上市公司而言，股东是主要利益相关者，所有其他利益相关者都被视为次要的。次要的利益相关者应该满足于其公司价值的增加。基于价值的方法提供了框架，来做到这一点。每项决策都被视为它如何影响公司价值。

在第10章中，我们将使基于价值的ERM方法的定义一般化，看看它如何进行调整，来适用于那些没有社会股东，不注重企业价值或可分配现金流的实体。参见“管理次要约束条件以达到最大值”。

管理次要约束条件以达到最大值

基于价值的ERM方法在增加公司价值的过程中，把次要利益相关者作为约束条件进行管理。所有类型的关于资源消耗的最佳水平决策，可以其对公司价值的影响进行评估，以满足次要利益相关者。公司必须找资源的“最佳点”，以满足每个次要利益相关者。下面有两个例子说明了这一点：

评级机构

■ 在极端的情况下，如果公司做得太少，评级降低的可能性将增加。评级降低这个风险情境包括债务资本成本（如利息支出）的增加，可分配现金流的减少和公司价值的降低。这个风险情境可能在关键风险排名中上升，这会增加企业风险敞口。如果企业风险敞口增加得很多，那么这意味着更高的权益资本成本，从而会进一步降低公司价值。

■ 在极端的情况下，如果公司做得太多，它可能采取昂贵的风险缓解方法处理一些评级机构已表示关切的问题，或放弃雄心勃勃的新投资计划，因为评级机构对这些计划持有否定，也许是过于保守的看法。这直接导致开支高于预期或收益低于预期，减少了可分配的现金流，并直接降低了公司价值。

■ 有个最佳的平衡点——用适当的成本维持期望的评级，带来最佳风险收益的权衡和公司价值的最大化。

慈善机构

■ 在极端的情况下，如果公司做得太少，将增加媒体的负面报道，从而造成名誉损害。这种风险情境包括由于客户流失导致的收入减少，以及为减轻损害而支付的昂贵的公关广告费用，这些都会减少可分配现金流并降低公司的价值。这种风险情境可能在关键风险排名中上升，这会增加企业风险敞口。如果企业风险敞口增加很多，那么这意味着更高的权益资本成本，从而进一步降低了公司价值。

■ 在极端的情况下，如果公司做得太多，慈善捐款会超支。这将直接导致费用高于预期，减少了可分配的现金流，并直接降低了公司价值。

■ 有个最佳的平衡点——用合理的捐款满足公司体面的企业公民形象，带来最佳风险收益的权衡和公司价值的最大化。

3.5 本章小结

传统 ERM 框架不能满足 10 个关键企业风险管理准则中的多条准则。此外，传统 ERM 方案成功实施 ERM 框架有三项核心的挑战，这是可以用来识别没有使用最佳的 ERM 框架的公司的标志，这些公司会因此努力去满足 10 个关键企业风险管理准则。这三项核心挑战是:

1. 无法量化战略和经营风险
2. 风险偏好没有清晰的定义
3. 没能将 ERM 融入到决策制定中

基于价值的方法旨在克服这些缺陷。通过 ERM 和基于价值的管理活动，基于价值的方法提供了一个先进且实用的 ERM 方法，完全满足了 10 个关键企业风险管理的准则，包括三项核心挑战。

目前我们已经提供了 ERM 的历史背景（第 1 章），恰当地定义了风险和 ERM（第 2 章），以及基于价值的 ERM 框架（本章）。第一部分可以归纳为“企业风险管理的基础”。接下来我们准备探讨第 2 部分“企业风险管理循环”。在这部分，我们将讨论企业风险管理循环的四个步骤：风险识别（第 4 章）、风险量化（第 5 章）、风险决策制定（第 6 章）和风险沟通（第 7 章）。

3.6 注　释

1. 保险风险是另一种风险类别，主要是对保险公司而言的，但也针对那些提供某些担保类型的公司。

2. 一些非关键的风险也需要量化，但是不会像这一节剩下部分所描述的那样，采用一种全面的方法。识别“新风险”（那些将来可能会成为关键风险的风险）包括为一些非关键风险进行风险情境的量化分析。

3. 这与传统的 ERM 方法极为不同，其试图从持续的分布中来产生风险情境，为了要使用这种方法，大部分风险情境都需要人为地设计。

4. 这只代表了关键风险的部分波动，因为只有这一部分能够量化。

5. 见第 6 章，“将 ERM 融入业务决策制定”，“处理软假设”对本案例研究提供了更详细的信息。

6. 见《集体的智慧》，由詹姆斯·索罗维基写的一本书，该书讨论了集体的信息是怎样改进的。

7. 一些风险一起发生（正相关）的可能性比其单个发生的概率的乘积还要大，而另一些风险则几乎不可能一起发生（负相关），根据这一事实来调整的相关数据。风险相关性在第 5 章将更加详细地讨论。

第二部分
企业风险管理循环

第 4 章 风险识别

生活中的危险是无穷尽的，只有投身其中才是安全的。

——歌德

一旦选择了 ERM 框架，确定了一些基本的风险治理方法之后，企业风险管理循环的四个步骤就可以开始了。正如第 2 章讨论过的，这个过程是一个持续的、演进的、综合的过程，风险识别是整个过程的第一步。

4.1 风险识别的组成部分

企业风险管理循环中的风险识别由三个部分构成，通过使用基于价值的企业风险管理方法来执行：

1. 风险分类和定义
2. 定性风险评估
3. 新风险识别

首次执行这三个组成部分时，必须按照上述顺序来操作，因为前面的每个部分的结果都要输入到下一个组成部分。

在讨论这三个组成部分之前，我们先讨论成功风险识别的五个关键点。

4.2 成功风险识别的五个关键点

许多公司已经开始了企业风险管理的进程，并且至少已经完成了风险管理循环的第一步——风险识别。因此，许多人认为在风险识别中最常见的做法就是最好的做法，并且认为这一步骤是相当简单的。而事实却恰恰相反，风险识别在某些方面仍然经常以一种次优的方式被执行。这不仅妨碍了风险识别的进程，而且也在相当大的程度上影响了整个 ERM 方案的质量，因为在企业风险管理循环中其他的每一个步骤都处在风险识别步骤的下游，它们依赖于来自风险识别的信息。

为了避免这些问题，ERM 方案必须使用以下五个成功风险识别过程中的关键点：

关键点 1：通过风险来源定义风险

关键点 2：均衡地分类风险

关键点 3：清晰地定义指标

关键点4：恰当地收集数据

关键点5：前瞻性地识别风险

前两个关键点主要是关于风险识别中的风险分类和定义。后三个关键点主要是关于风险识别的定性风险评估。这些关键点将在下文与它们所对应的章节中讨论。

现在我们来讨论企业风险管理循环中风险识别步骤的三个组成部分，首先来看风险分类和定义。

4.3 风险分类和定义

风险识别过程的风险分类和定义部分包括构建一个已知潜在风险的全面清单。其结果是形成风险分类和定义工具。风险分类和定义工具包括风险类别、风险子类别、风险部门和风险本身。表4—1显示了一个部分的风险分类和定义工具。

表4—1 **部分风险分类和定义工具**

风险类别	风险子类别	风险部门	风险	定义
经营风险	人力资源	人才管理	招聘或留住人才的能力	不能达到期望的招聘或留住人才的能力
经营风险	人力资源	人才管理	继任规划	不能达到期望的培养新领导的能力
经营风险	人力资源	人才管理	关键员工	拥有关键和稀缺知识或技术的员工的意外流失
经营风险	人力资源	人才管理	劳动或生产关系	员工或生产者采取有悖于公司的意外行为（如工会罢工）
……	……	……	……	……
经营风险	技术	数据安全和隐私	外部攻击	外部攻击（如网络钓鱼）；盗窃公司或者客户的数据，包括隐私数据及毁坏程序或数据
经营风险	技术	数据安全和隐私	内部攻击	内部攻击；盗窃公司或者客户的数据，包括隐私数据及毁坏程序或数据
经营风险	技术	数据安全和隐私	意外违约	员工意外暴露公司或者客户的数据，包括隐私数据及毁坏程序或数据

资料来源：Copyright © 2011 SimErgy. All rights reserved. 有改动。

在风险分类和定义工具中的风险分类，就类别和子类别而言应该是相当全面的，但这肯定不是就个体风险而言的。需要一个类别和子类别的完整列表，作为在定性风险评估访谈中对参与者的一个提示，促使他们考虑在每一个类别和子类别中潜在的关键风险。然而，试图构建一个所有潜在风险的全面列表是不可能的。即使可能构建这样的全面列表，这个风险列表也会太长。此外，任何关于风险的全面列表，都将会降低在定性风险评估中受访者的想象力水平。他们只是简单地看一下这个列表，并核对一下相关的那些类别，而不会对一个业务和它的风险仔细琢磨。

主要的风险类别及其定义如下：

财务风险 外部市场、价格、费率以及流动性供给和需求的不确定性变化。这包括市场风险、信用风险和流动性风险。

战略风险 战略规划和执行的关键要素的不确定性变化。

经营风险 与经营相关的要素的不确定性变化，如人力资源、技术、经营过程和灾害。

还有一个其他风险类别——保险风险，它通常只适用于保险公司。保险风险涉及业绩不佳时保险产品的定价、承保、保留或者对保险产品所需资本金的设置。

表4—2列出了一些常见风险类别和子类别及其定义。

表4—2 **常见风险类别和子类别**

风险类别	风险子类别	定义
财务风险		**一个关于外部市场、价格、费率以及流动性供给和需求的不确定性变化的风险类别。参见市场风险、信用风险和流动性风险**
财务风险	市场风险	外部市场（如股票市场）、价格（如商品价格），或者费率（如利息率）的不确定性变化，这与（a）一般市场走势（虽然这往往源于经济风险）或（b）公司资产负债表上的专属性资产相关。它包括股票市场风险、利率风险和汇率风险
财务风险	信用风险	信用市场（可获得性）、价格（信用利差），或者发行人的信用可靠性的不确定性变化，这与（a）一般信贷市场走势（虽然这往往源于经济风险）或者（b）公司资产负债表上固定收益证券的具体发行人或者（c）公司已经延长信贷的合约方有关
财务风险	流动性风险	流动性供给和需求的不确定性变化，与影响公司的三个不同因素有关：（a）过时的资产销售；（b）不能满足合同的需求；（c）违约。流动性供给的变化包括依据价格、数量或时机，在市场上像预期那样销售资产的能力的不确定性变化。流动性需求的变化包括期权持有者对流动性需求的不确定性变化，例如债券持有人对金融服务公司行使早期的看跌期权或者出现“银行挤兑”现象，大批账户持有者突然要求从他们的账户中撤出资金
战略风险		**一个关于战略制定或执行的关键要素的不确定性变化的风险类别。这是随着公司的不同而不断变化的，必须加以自定义**
战略风险	战略	战略的可行性，如产品的选择、分销渠道、市场或价值定位，不能与期望的相一致。这是随着公司的不同而不断变化的，必须加以自定义
战略风险	执行	战略并非像预期的那样实施。这是随着公司的不同而不断变化的，必须加以自定义
战略风险	治理	治理并非像预期的那样运作
战略风险	战略关系	战略关系的不确定性变化，例如与母公司和合资伙伴的关系

续表

风险类别	风险子类别	定义
战略风险	竞争者	竞争格局的不确定性变化，例如新进入者、竞争对手对公司具有侵略性的行为、价格战等等
战略风险	供应商	供应商环境的不确定性变化，例如供货能力、供应商的失败，或者商品与服务的成本的变化。除此之外，还包括评级机构的评级或管制许可证制度的不确定性变化
战略风险	经济的	经济的不确定性变化。这是经常触发多个其他项目同时发生不确定性变化的风险源，例如消费者可支配收入（影响该公司的产品或服务的需求）、就业市场（影响该公司的固定费用）、通货膨胀或通货紧缩（影响该公司的可变成本）、与市场风险相关的项目、与信贷风险相关的项目
战略风险	外部关系	公司与代表公众声音的外部利益相关者的关系的不确定性变化，例如媒体、消费者保护团体、证券分析师、评级机构、监管机构和政府官员
战略风险	法律的或规章的	法律或法规的不确定性变化
战略风险	国际的	公司经营所在的国外经营环境的不确定性变化，例如政府的稳定性、对待外国公司的态度和关税的不确定性变化
经营风险		**一个关于与经营相关的要素的不确定性变化的风险类别，例如人力资源、技术、经营过程和灾害**
经营风险	人力资源	人力资源（即人）无法按预期执行，例如人才管理、绩效、生产力和行为的不确定性变化
经营风险	技术	技术无法按预期执行，例如数据安全性、数据保密性、数据完整性、数据容量和可靠性
经营风险	诉讼	对公司不利的意外的民事诉讼或判决
经营风险	合规	没达到预期的合规水平，例如财务报告不如预期的那样准确
经营风险	外部欺诈	被外部团体欺诈的金额的不确定性变化
经营风险	灾害	不确定的自然或人为的灾害，例如与气候相关的灾害（如飓风、洪水、龙卷风、地震和干旱），与健康相关的灾害（如流行病），意外灾害（如火灾），一般的破坏行为（如战争、恐怖主义和暴乱），以及针对公司的具体的毁坏性行为（如产品篡改、攻击员工、蓄意破坏）。除此之外，还包括由公司员工或代理人导致的意外的人为灾害，如环境的破坏
经营风险	过程	公司流程没按预期运作

4.3.1 术　语

虽然在风险分类和定义工具中包括一个风险类别和子类别的完整列表是很重要的，但是它的术语遵从任何外部标准却不是特别重要。重要的是关于风险分类和定义术语应该被清楚地定义并且在整个组织内得到一致地使用。实际上，在组织内部，最好不要用外部的定义标准来界定风险分类和定义术语。外部标准构造的质量往往不高，例如，它们不是通过风险源一致定义的。此外，最好用已经在企业使用的术语进行术语的自定义，尤其是企业风险管理的一般术语，这能够为采纳和整合风险分类和定义工具减少障碍。

4.3.2 风险分类和定义工具的应用

风险分类和定义工具为整个企业的风险提供了一个一致的惯用语。这有助于风险文化的形成，从而将企业风险管理融入公司主要流程。关于风险的一致的惯用语，对在组织中形成统一的标准和整合企业风险管理至关重要。但对风险有一个一致的惯用语的重要性也不能被夸大了，在讨论成功的风险分类的前两个关键点时，我们将进一步探讨这个问题。简单地说，风险的分类和定义能以多种方式偏离正确的轨道，而风险分类和定义工具有助于使其保持在一致的轨道上。

由于统一的质量，风险分类和定义工具自然而然成为 ERM 方案许多方面的焦点，并且通常使用几种方法。风险分类和定义工具的主要应用包括以下内容：

- 催化剂
- 收集和协调
- 监测
- 报告
- 对比分析
- 记录

1. 催化剂

通常，风险分类和定义工具的首要作用就是在风险识别过程的定性风险评估中发挥催化剂的作用。风险分类和定义工具是定性风险评估受访者事前沟通的一部分。这有助于激发受访者考虑潜在的关键风险。至少，它向受访者在风险分类和定义工具中列出了特定风险，并呼吁他们考虑这些风险对他们的业务或整个企业来说是否是潜在的关键风险。此外，风险分类和定义工具的全面性提醒风险调查的参与者最好对其有全面的了解，否则在定性风险评估工作中有可能被忽略了。最后，因为定性风险评估是前后相继的，因此调查参与者共享的风险分类和定义工具往往倾向于显示哪些风险在之前的定性风险评估中被识别为潜在的关键风险，这与它们的一致评级和可能性严重程度评分是一样的。这有助于调查参与者考虑之前确定的风险的重要性是否发生改变，以及改变到什么程度。

这也使得定性调查参与者思考关于以一致的方式定义和分类风险。风险分类和定义工具阐释了通过适当的方式以风险源来定义风险和均衡地分类风险。

2. 收集和协调

风险分类和定义工具在定性风险评估时对数据的收集和活动的协调很有用。当风险分类和定义工具在定性风险评估中被调查参与者识别出来时，很容易被用作一个样板来补充风险类别。此外，在访谈者解释和记录由调查参与者所提供的风险时，它还可以协助访谈者做好相关工作。通常情况下，正如受访者所陈述的那样，风险不是措辞不清楚就是没有从一个风险的来源对其进行适当的定义（见上文"关键点1：通过风险源定义风险"）。通过记录提供给风险分类和定义工具的输入信息，访谈者可以快速识别任何问题。当定性风险评估通过现场访谈来执行的时候，风险分类和定义工具可以帮助访谈者实时识别任何问题，这提供了一个直接的机会，利于他们澄清受访者的问题并作出必要的更正。

此外，当访谈被用来定性风险评估时，便于多个访谈者之间的协调。除了统一的访谈手稿之外，所有的访谈者有相同的风险分类和定义工具，它作为一个核心的标准使所有的访谈者保持一致。此外，由于受访者在早期访谈中就识别新的潜在风险，因此他们能快速、轻松地相互配合，将风险分类和定义模板中的额外风险列入其中，以使其在剩下的访谈中更加完整。

最后，风险分类和定义工具被用来协调定性风险评估共识会议。这是定性风险评估的个别结果的汇总，其为所有的调查参与者共享，并且在完成最终结果之前，澄清了任何有显著差异的结果，增强了协商一致的水平。

3. 监测

在定性风险评估之后，风险分类和定义工具用来储存所有的结果——关键风险以及在共识会议中确认的风险，但是这些风险的可能性和严重程度不会上升到关键风险的水平。在定性风险评估周期性重复执行期间，完整的风险分类和定义工具可以用来监测其中所列的风险的重要性的任何潜在变化。这是新风险识别的一部分。

4. 报告

风险分类和定义工具也可以用作对管理层和董事会关键风险的内部报告的一部分。风险分类和定义工具中的关键风险列表使我们能更好理解关键风险。它也强调了被选作关键风险的那些风险，并将它们与没被选作关键风险的那些风险进行比较。这样就提供了更多的信息并引起了能够建立高水平的风险意识和风险文化的对话。此外，将风险分类和定义工具用作内部报告也提供了一个可持续的标准报告格式。

5. 对比分析

风险分类和定义工具的另一个应用是为在公司自身的风险披露和其主要竞争者的风险披露之间进行对比分析提供一个基础。如果可以的话，检查竞争对手所披露的风险并将这些风险记录到风险分类和定义工具。这就为不同的格式和术语提供了一个一致的基础，使其可以进行直接的比较。这种分析往往揭示了一些有意思的信息，例如以下信息：

- 公司和竞争者共同披露的风险
- 公司披露而竞争者未披露的风险
- 竞争者披露而公司未披露的风险
- 竞争者所侧重的确定性风险以及其与公司所侧重的确定性风险有何不同

6. 记录

风险分类和定义工具也可以作为一个风险事项数据库的平台，记录实际发生的风险事项对组织的影响。风险事项数据库能获取关于事项的各种信息。例如包括风险的起源、事项是怎样出现和展开的、管理层的行为以及最终的财务影响。这可以用作两个目的：第一是获取能被用来加快风险情境设计的信息。获取与特定风险相关的历史经验，它能估计未来发生的可能性和对未来影响的严重程度。第二个是通过经常被称为的“风险教训”[1] 来完善整个 ERM 方案。风险教训是从风险事项中吸取的教训，包括对下列问题的回答：

- 风险事项的来源是否在我们的掌控范围之中？如果不是，那么我们是否能够改善风险识别过程？
- 风险是怎样出现的？我们是否应该在其出现的初期就识别它？
- 风险事项是如何展开的？产生了怎样的财务影响？我们能否用这些信息来加快我们的风险情境设计过程？
- 是否存在事项前的现存风险缓解（即，风险检测系统）来减少风险发生的可能性或其影响力，以及这种风险缓解是否有效？
- 是否存在现存的管理层反应计划（如，持续经营计划）？管理层是否遵从这个计划，以及这个计划是否有效？
- 是否存在事项后的风险缓解（如，保险覆盖），及其是否如预期执行？

为了使风险分类和定义工具是有效的，它的结构必须反映出与成功风险识别相关的两个关键点，之前已经列出：

关键点 1：通过风险来源定义风险

关键点 2：均衡分类风险

4.3.3 关键点 1：通过风险来源定义风险

大部分 ERM 方案没能恰当地通过风险的来源定义所有的风险。通常，它们通过风险的来源定义一些风险，但是却又通过风险的结果定义其他的风险。这有七种风险的样品清单如下：

- 竞争者风险
- 供应商风险
- 技术风险
- 监管风险
- 恐怖主义风险
- 声誉风险
- 评级下降风险

然而，对这些风险的定义却不一致。前五种风险是通过它们的来源来定义的，但后两种是通过它们的结果来定义的。

首先来看声誉风险。显然，对于大多数公司来说保护它们的声誉是主要的关注事项，并且这是通常包含在公司的关键风险列表中的风险。然而，声誉风险不是一种风险。就是说，它不是用风险来源的形式规定的。相反，声誉的损坏是一个结果，它能作为各种不同的风险来源的直接结果而发生。产品的质量可能达不到期望或者公司广告所宣传的标准；客户服务可能在一个临界点后已经出现了质量下降现象；一个内部欺诈的重大事件可能被揭露，或者一个内部丑闻被公开；公司外部关系的管理可能出现差错。存在各种风险事项，它们是首先导致了负面的媒体报道，且接下来有可能导致声誉受损的最初根源或者根本原因。

实际上，声誉风险非但不是一种真正的风险来源，它甚至也不是一种真正的结果，至少不是最重要的结果。声誉损坏仅仅与实际导致财务后果的事项相关，就重要性而言，这是最终的结果。重要的是，声誉受损必须在一些财务指标上反映出来，表现在未来收益下降、未来费用上升和（或）资本成本上升等方面。至少其中一个必须发生使得企业价值下降。所以，声誉的“风险”只不过是沿途的一个中途停留站——一个中间的结果。图4—1说明了从多种真正的风险来源到负面的媒体报道，再到声誉受损，最终到财务影响的真正结果的这种传导流程的关系，见“LifeLock公司案例”。

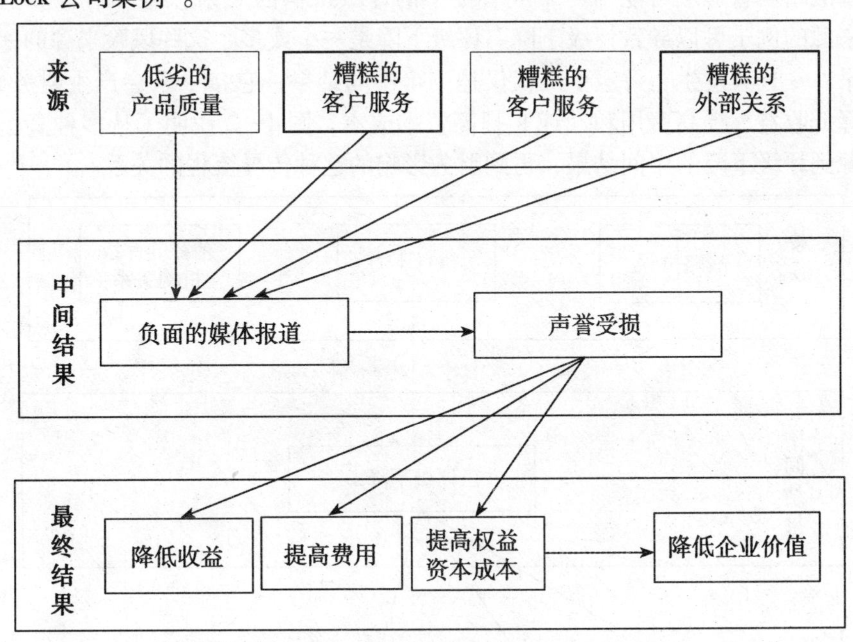

图4—1　声誉风险是由若干不同风险来源造成的

资料来源：Copyright © 2011 SimErgy. All rights reserved. 有改动。

LifeLock公司案例

涉及声誉损坏的风险事项并不总会导致巨大的财务影响。对于那些拥有不太知名品牌的公司往往是这样的，在一个故事中断之后，媒体将不会对这些公司产生持久的兴趣。人们对那些自己不需要负责的风险事项的关注也往往如此。然而，应该避免一种风险影响公司的核心品牌。例如，一个家庭安全警报公司的总部遭受非法入侵，将对其经营业务非常不利。LifeLock 公司就曾陷入此种境况。

LifeLock 公司成立于 2005 年，用首席执行官托德·戴维斯的社会保险号印刷在一辆卡车的一侧来作一个营销活动，这使得 LifeLock 在身份防窃功能方面成为美国的主流品牌之一。在 2007 年 5 月，凤凰城的一个自由周报——《凤凰新时代》登载了一篇文章关于 LifeLock 的一个合伙人罗伯特·J. 梅纳德，可能盗窃了他父亲的身份以获得一张美国运通卡，并用它在欺诈交易中攫取 15 万美元。梅纳德在几天之内就辞职了。在 2010 年 5 月，同样是这个报刊，登载了另一篇文章揭露了托德·戴维斯自身从 2007 年以来已经至少有 13 次成为了身份盗窃的受害者了。LifeLock 的收入是不公开的，但是这并非对其业务有利。

现在，我们对之前例子涉及的两种风险的第二种风险，即评级下降的风险，进行类似的考察。拥有国债的公司通常关注评级机构对公司的债务评级。并且我们通常能够在公司的关键风险列表中找到“评级下降”。然而，像声誉风险的情况一样，评级下降也不是一种风险的来源。相反，评级下降是一个能被多种不同的风险来源引发的中间结果。战略本身可能就是有缺陷的。管理层可能会努力去有效地实施这些战略。管理层可能与一个或者更多的评级机构的关系恶化。[2] 有许多的真正风险来源的例子可以导致评级下降。评级下降是一个或多个这些风险来源的一个直接结果。一旦其发生，评级下降仅仅是一个中间结果，它接下来会产生财务影响，包括降低收益、提高费用和（或）提高资本成本。图 4—2 说明了从多种真正的风险来源到评级下降的中间结果，再到财务影响的这种传导流程的关系。

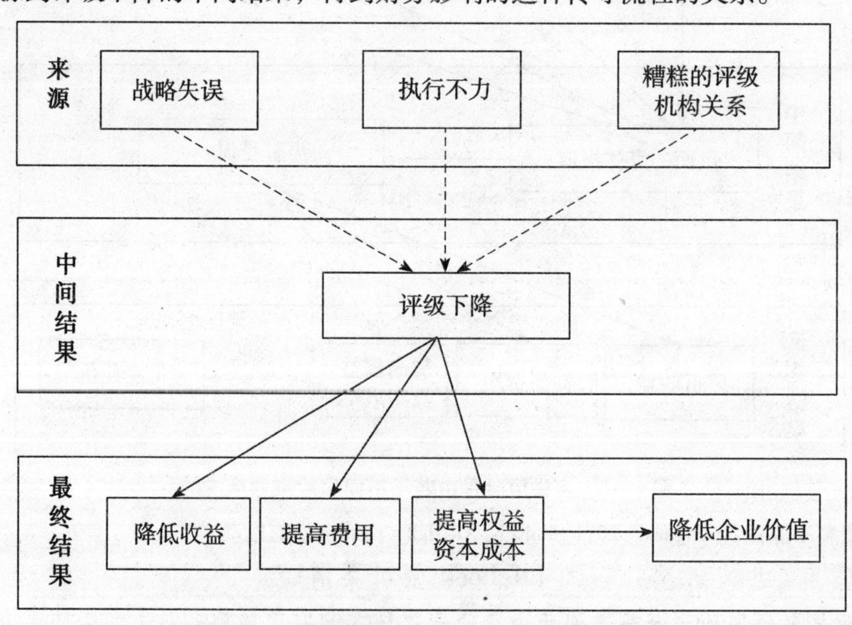

图 4—2 若干不同的风险来源可导致评级下降

资料来源：Copyright © 2011 SimErgy. All rights reserved. 有改动。

另一个例子是股票市场风险。这是一种在那些对投资资产拥有权益的公司的关键风险列表中常见的风险，尤其是金融服务公司。然而，很多时候，这不是风险的来源，而只是真正风险来源的一种表现——一个中间结果。识别市场风险有超越前两个例子（声誉风险和评级下降）的额外含义。在这个例子中，经济的波动可能不是导致股票市场波动的唯一根源，但也许是主要根源。还有一个更加重要的区别是虽然经济波动是产生多个中间结果的唯一的风险来源，但是它们之间很多都是以复杂的方式相互影响的，并且最终影响公司价值的财务部分。经济波动的中间结果包括：

■ 股票市场风险（股票市场的不确定性变化）

■ 信用风险（信用市场的不确定性变化）

■ 意外的通货膨胀或通货紧缩

■ 就业水平的不确定性变化

■ 消费者可支配收入的不确定性变化

图4—3说明了从这里强调的单一真正的风险来源到多种中间结果，再到财务影响的这种传导关系的基本顺序。

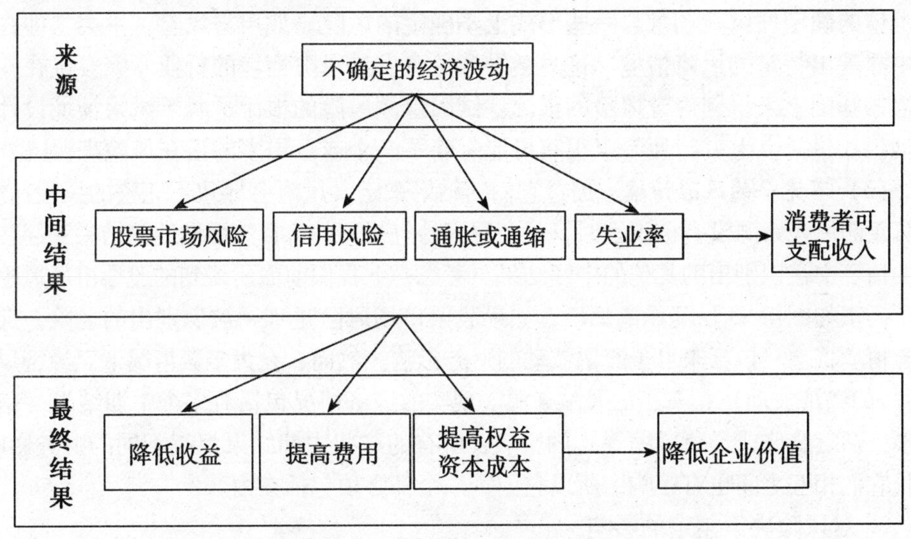

图4—3 经济波动往往是股票市场风险和其他风险的来源

资料来源：Copyright © 2011 SimErgy. All rights reserved. 有改动。

没能通过风险来源一致地定义所有的风险降低了企业风险管理过程中三个步骤的质量：

■ 风险识别

■ 风险量化

■ 风险决策制定

1. 对风险识别的影响

没有通过风险来源一致地定义所有的风险，降低了风险识别过程中的定性风险评估部分的质量。定性风险评估包括要求受访者通过为风险发生的可能性和严重程度提供一个定性评级（如高、中、低）来评估潜在的关键风险。为了得出有意义的调查结果，在定性风险评估中调查参与者必须对他们所评估的风险有一个清晰的定义和一致的理解。然而，当风险是用其结果来定义的时候，往往会产生误解。在考虑已有的风险是用其结果来定义时，不同的调查参与者可能会想象相应不同的风险来源，因此，可能性和严重程度的评分将会在不一致的基础上进行。由于其往往是不被检测的，这个不一致性就更加容易隐藏在企业风险管理的过程中。

2. 对风险量化的影响

没有通过风险源来一致地定义所有的风险也会阻碍风险量化的企业风险管理过程中风险情境的发展。它以三种方式阻碍其发展。

(1) **不能识别出行业专家**。如果风险是不恰当地通过其结果来定义的，很难一开始就识别出行业专家，因为这取决于风险来源。由低劣的产品质量所导致的声誉受损的风险情境应该涉及来自质检和生产领域的专家。而由糟糕的客户服务所导致的声誉受损的风险情境应该涉及来自客户服务中心的专家。

(2) **难以想象风险情境**。不恰当地用结果来定义风险的模糊性使得很难想象出个体的确定性风险场景。一些形式上不确定的风险，如声誉风险，不会立即在脑海中浮现出特定的风险情境。这只会导致负责发展风险情境的行业专家尝试在一个即兴的基础上来识别声誉风险的根源。试图追溯风险的根源不属于风险情境设计的活动。在这一点上，行业专家很有可能忽略了一个或者更多的潜在风险来源。

(3) **不完全的风险情境**。通过它们的结果来定义风险会导致不完整的风险情境。当真正的风险来源没有被识别时，就会很容易忽略那些将自然而然地同结果一起在给定的情境中被识别出的其他的中间结果。考虑一下我们前面所谈到的股票市场风险的例子。正如图4—3所显示的那样，如果股票市场风险是唯一被识别出的风险，那么风险情境将会只包括来自于股票波动的财务影响。然而，在大多数情况下，经济风险（意外的经济波动）是真正的风险来源。现实的经济情况包括对多个中期结果（信用风险、通货膨胀或通货紧缩等）的影响，所有的这些中期结果都有不同的财务影响，并且它们相互之间也有影响，所以它们每一个都必须包括在内。

3. 对风险决策制定的影响

没有通过风险源一致地定义所有的风险还会抑制风险决策制定过程中风险缓解的作用。虽然一些风险缓解与结果相关（例如，保险覆盖），但是大部分风险缓解是在风险来源处操作的。因此，当不知道风险来源时，很难评估关于风险缓解的选择。例如，如果管理层开始关注评级下降，他们缓解风险的行为将取决于是什么导致了评级下降。是战略失误？如果是这样，那么战略的哪些方面应该改正？是战略的执行不力吗？如果是这样，那么战略执行的哪些方面需要更好地管理？如果根源没有被识别，那么管理层很难提出具有建设性的关于风险缓解选择的看法。

通过风险来源来一致地定义风险可以解决所有的这些问题。允许在定性风险评估中由调查参与者提供一致的评分，因为他们对每个风险的特定来源有一个共同的理解。这使得识别为每个个体风险来源设计风险情境负责的合适的行业专家很容易。这也为想象特定的风险情境提供了方便，从而能在逻辑上来自于最初的根源。这能构建完整的风险情境。最后，它能考虑通常发生在源头的所有缓解风险的选择。

现在，让我们来看成功的第二个关键点，它必须反映在风险分类和定义工具的结构中。

4.3.4 关键点2：均衡分类风险

许多风险分类和定义列表都没有在一个抽象的平均水平上来分类风险。一部分风险分类和定义工具通常以一个高水平来分类，而其他部分往往以一个低水平来分类。其中任何一个问题都会降低风险识别过程的质量。以太高的水平分类将会导致专家们不能考虑到已识别类别（子类别或部门）中的子类别（部门或个体风险）。例如，考虑表4—1所显示的风险部门“人才管理”。如果风险分类和定义工具只识别了其部门而未识别其下面的任何风险，那么在部门下面的一些风险很有可能已经被忽略，如“关键员工”。

同样，风险分类和定义工具的一部分是以非常低的水平分类的，这可能会导致不能考虑到在识别的风险之上的部门，以及一些相应的各自的风险。例如，再看表4—1所显示的风险部门“人才管理”。如果风险分类和定义工具只是识别了一些个别的风险，如“招聘或留住人才的能力”和“继任规划”，那么首要的部门“人才管理”可能被忽视。这可能会导致忽略在这个部门当中的其他风险，如“关键员工”或“劳动者或生产者的关系”。

4.4 定性风险评估

一旦风险分类和定义工具恰当地建立，在风险识别过程中的主要活动就能够执行：定性风险评估。定性风险评估是企业风险管理风险识别过程中的第二个组成部分。我们将通过其目的、流程、产品来说明定性风险评估。

4.4.1 目 的

定性风险评估的主要目的是对潜在风险的列表进行排序并把它们精简为关键风险的列表。关键风险列表是列出20~30个最重要的风险的一个列表，这将推进到企业风险管理循环的下一个步骤：风险量化。定性风险评估的第二个目的是支持新风险识别过程。

4.4.2 流 程

定性风险评估的流程包括征求与组织的关键风险相关的内部人员的意见，以及对每个潜在的关键风险发生的可能性和影响的严重程度进行高水平的定性评分。定性风险评估是分四个步骤来进行的：

第一步：参与者识别

第二步：事前沟通

第三步：定性风险评估调查

第四步：共识会议

1. 第一步：参与者识别

在参与者识别步骤中的第一个要做的决定是应该涉及的调查参与者的数量是多少。其数量因组织的规模和复杂性不同而不同。然而，它们最好是保持在一个可控的水平。记住这些活动必须定期重复执行，可能每年要重复一次，这取决于内部环境和外部环境的动态性。对于大多数公司来说，一个恰当的调查参与者的数量可能在25~35个之间。这个数量可能是自然而然地来自第二个决定，这是调查参与者自己选择的结果，但有助于至少以一个心中的目标数量开始，从而防止列表的数量增长得过大以至于过程变得不可行。

第二个决定是大多数合适调查参与者的选择。这对于每一个公司都是独一无二的。然而，表4—3所显示的只包括了提出建议的个体和他们所提供的观点的一部分。

表4—3 **对定性风险评估提供建议的参与者（部分列表）**

提供建议的调查参与者	提供的观点
独立董事（1或2人）	客观的观点
首席执行官	整个企业范围的
审计委员会主席或内部审计主管	通过审计活动所获得的知识
法律顾问	诉讼风险
首席风险官或等同职位	整个企业范围的
主要业务分部的首领和一个他们的副职官员	业务部门的风险；副职官员通常可接触这些风险并能提供更多的深刻见解
人力资源负责人	人力资源风险
首席技术官	技术风险
市场经理	品牌风险
投资者关系负责人	投资者关系风险
合规部主管	合规风险
首席财务官	财务报告风险
战略规划负责人	整个企业范围的
首席投资官	财务风险
在行业中有长期工作经验的人员（1或2人）	行业相关风险
组织中资历较深的人员（1或2人）	组织风险

通常情况下，我们还需要考虑到政治内幕。如果认为组织中的某分部或者个体有需要或者想加快对ERM方案的支持和认同步伐，那么一个明智的做法可能是将来自于该分部的关键代表或者特殊的个体作为调查参与者包括在内。

2. 第二步：事前沟通

在定性风险评估调查参与者已经被确定之后，定性风险评估的下一步就是事前沟通。事前沟通应该包括以下目标：

■ 要求参与

■ 培训参与者

■ 安排时间

（1）**要求参与**。尽管要求被邀请者的参与可能是事前通知最明显的目标，但是邀请的方式不能采取直截了当的方式，而必须采取巧妙的方式。如果没有精心设计邀请的方式，将会产生负面的效果：可能产生抵触情绪。然而，如果邀请方式是精心设计的，那么能获得参与者的参与并开始建立其对ERM方案的支持和认同。为此，事前沟通必须有效地传达以下信息：

■ ERM方案的高层支持

■ 定性风险评估的重要性

■ 对其投入的迫切需求

■ 有限时间的承诺

■ 高级别的保密度

ERM方案应该得到来自董事会、首席执行官、其他高级管理人员以及调查参与者所在的特殊业务部门领导者的支持，他们应该从日程安排中腾出时间，而且对ERM方案的支持水平应该优先让被邀请者知道。

阐明定性风险评估对整个ERM方案的重要性为所有调查参与者与整个风险管理方案相结合提供了一个良好背景。强调以价值为基础的输入（如风险限额等）以调查参与者的行业知识、经验以及他们的专业技能为基础，这表达了对调查参与者的尊重，同时也为建立一致的认同感奠定了基调。对所需活动——之前（准备时）、之中（调查中）、之后（跟进和共识会议）的特性的描述，包括后勤和时限承诺，使得被邀请者能够相信这样活动不会出现“需求渐变”的现象，即时间和精力远远超出了初始的预期。最后，说明预先的保密水平有助于建立信任。

（2）**培训参与者**。事前沟通应该包括四个类型的信息，为定性风险评估恰当地准备调查参与者：

①**对来自调查参与者的输入的需求**。事前沟通应该包括对在调查中调查参与者将被期望提供什么有一个清晰的描述，例如：

• 他们应该识别的关键风险的类型

• 他们应该提供的关键风险的数量（如，3~5个）

• 每个关键风险可信的最坏情况（这将在稍后部分讨论，见关键点3：清晰地定义指标）

- 他们所识别的每个关键风险的可能性得分
- 他们所识别的每个关键风险的严重程度得分
- 其他调查参与者所识别的风险的可能性和严重程度的得分

②**企业风险管理背景**。定性风险评估的调查参与者拥有不同水平的企业风险管理方法的知识和企业风险管理的专业术语，为了保持在调查中质量的一致水平，有必要提供一些关于企业风险管理的背景信息，或者至少提供与这些活动相关的企业风险管理的部分内容。这可以提供关于企业风险管理的非常简单的入门。这可以被提供为各种各样的形式，如一个文件、一个简短的视频、一个简短的网络研讨会。无论是何种形式，包含以下事项是很有用的：

- 企业风险管理框架和其循环的基本概述
- 定性风险评估怎样适应于 ERM 方案
- 怎样运用来自于定性风险评估的信息
- 通常情况下，如何运用企业风险管理方法来定义风险（如，通过风险来源）
- 怎样用企业风险管理方法来定义关键风险（如，最大的 20~30 个威胁）
- 公司价值指标的解释说明
- 企业风险管理术语

③**考虑的风险**。为了使调查参与者考虑企业潜在的关键风险，给他们提供风险分类和定义工具通常是有帮助的，这应该作为事前沟通的一部分。这样做有两个目的：一是提示调查参与者考虑关键风险；二是说明定义风险的企业风险管理方法。

正如前面所讨论的，风险分类和定义工具是一种催化剂，有助于触发参与者考虑潜在关键风险的想象力，以及至少促使他们考虑罗列在风险分类和定义工具中的特定风险。除了提供包括风险类别、风险子类别、风险部门和许多个体风险的一个综合列表外，风险分类和定义工具或许还可以用来提供其他的东西。风险分类和定义工具可能显示出风险的列表，包含在之前的定性风险评估中识别出的关键风险（如果可以的话）。最后，如果可以做一个对比分析的话，风险分类和定义可能还包括了公司披露的风险和主要竞争者披露的风险。

此外，风险分类和定义工具给参与者清晰地阐明了考虑风险的恰当方式。风险是通过风险源来定义的。同时，风险是以抽象的一致水平来分类的。最后，风险是前瞻性的未来事项（稍后部分再讨论，见关键点 5：前瞻性地识别风险）

④**指标的定义**。为了使事前沟通更有效，必须清晰地定义可能性和严重程度的指标。这是之前所列出的成功风险识别的五个关键点的第三个关键点：关键点 3：清晰地定义指标。

关键点 3：清晰地定义指标　调查参与者被要求考虑潜在风险的可能性和严重程度，并在定性风险评估调查中提供它们的评分。这些定性指标的评分指导习惯上以可能性和严重程度评分标准的形式提供给调查参与者，以确保调查参与者输入形式的一致性。一个可能性和严重程度评分标准的典型例子如表 4—4所示。[3]

表 4—4 传统的可能性和严重程度评分标准

可能性			严重程度		
5	非常高	1/5 或更高发生的可能性	5	非常高	大于 20 000 美元
4	高	1/10 发生的可能性	4	高	5 000 万美元～20 000 万美元
3	中	1/20 发生的可能性	3	中	2 000 万美元～5 000 万美元
2	低	1/50 发生的可能性	2	低	1 000 万美元～2 000 万美元
1	非常低	1/100 或更低发生的可能性	1	非常低	小于 1 000 万美元

为了使定性风险评估的结果有意义，在执行方面必须保持一致性。参与者必须对定性指标和怎样对风险的可能性和严重程度进行定性评分有一个一致的理解。然而，如果按传统的标准，如表 4—4 所示，如果不能提供进一步的说明，那么参与者就不会对可能性和严重程度指标有一个一致的理解。为了避免这一情况的出现，可能性和严重程度指标必须被清晰地定义。

首先来看定性可能性指标。关于怎样一致地分配定性可能性评分，没有相关指引给予调查参与者清晰的指导。参与者被要求对潜在的关键风险发生的可能性进行定性评分……但是通常没有关于风险情境的类型的指引。每个风险能在许多情况下发生。是一个如同世界大战般的情境？是一个“最为可能”的下行风险情境？还是其他情境？在考虑同一种风险时，每个参与者都可能想象出不同的风险情境，并为其提供一个定性的可能性评分。因此，可能性的定性评分在参与者之间就会出现不一致，从而显著地降低调查的质量。

例如，想象一下，如果你是定性风险评估调查中的一个参与者，并且你只是被要求提供一个数据违约风险事项发生可能性的定性评分。你首先要做的事情就是想象一下数据违约的情境。但是如果你没有获得相关的指引，你可能会把它想象成一个灾难情境——一个包含公司的所有客户的隐私数据的未加密的文档被盗窃使用。你可能估计这样一个偶发事件在这一年发生的概率只有 1/1 000。或者，你可能会把它想象成一个适度悲观的情境——一个包含 1/100 的公司客户的隐私数据的加密的文档丢失了。你可能估计这个事项在这一年发生的概率是 1/10。或者，你可能想象许多其他风险情境的各种可能性。你对风险发生的可能性的定性评分将完全取决于你所选择的风险情境。同样，其他参与者对可能性的定性评分将取决于他们所选择的风险情境。如果没有统一的指引，风险场景的想象会因参与者的不同而显著地不同，这致使调查结果实际上毫无意义。

一个最佳实践的解决方法的确存在，它能克服内在缺乏关于预想什么类型的风险情境来给发生的可能性定性评分的指引的缺陷。指导参与者想象，并提供评分，一个可信的最坏场景可以确保一个评分的合理一致性，然而并不是过于限制调查参与者提供他们自己的输入的自由。一个可信的最坏场景既不是最不可能发生的事项，也不是普遍发生的事项。它是介于二者之间，但是仍表示一个具有严重影响的相当悲观的场景。对可信的最坏情况的一个描述，如图 4—4 所示。

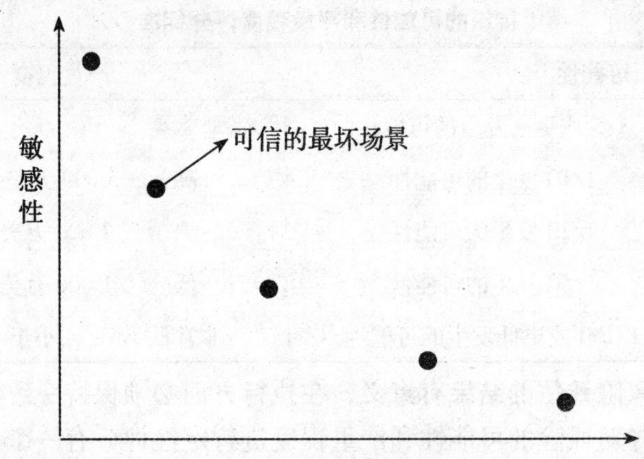

图4—4 可信的最坏情况

资料来源：Copyright © 2011 SimErgy. All rights reserved. 有改动。

运用可信的最坏场景的一个优点是它并不是一个在活动中会导致缺乏自信的最坏情况，而是一个足够健全的风险情境，能获得关于这种风险的所有影响。另一个优点是这一指导具有足够的弹性，以适用于各种类型的风险。一种类型风险的一个最坏情况，如技术风险，和诉讼风险比起来更有可能成为一个最坏情况，然而它们都是在指导范围内且二者都被定义为可信的最坏情况，即使它们的一致的定性可能性评分可能显著地不同。

接下来看定性严重程度指标和传统标准导致的一致性缺乏，如表4—4所示。通常，参与者没被给予定性严重程度指标的一个清晰定义。严重程度标准的确提供了对金额影响的一个特定的范围，但是它们往往没有澄清其具体影响是什么。一个1 000万美元的财务影响关于哪方面的指标？是资产负债表的？还是收益？如果是收益的，它是本年的收益的影响还是多年累计影响？是公司价值？还是收入？参与者会对此有各种不同的理解，结果导致调查的质量急剧下降。

一个最佳实践的解决方法是清晰地定义严重程度指标，并用统一的指标来对其定义，这样能完整、恰当地获取所有的财务影响，包括对利润表、资产负债表以及资本成本的影响。这个解决方法是把定性严重程度指标定义为对公司价值的财务影响。[4]这样就促成了前面表4—4所显示的严重程度评分标准的微妙的改变，但也是至关重要的改变。表4—5和表4—6说明了基于价值的严重程度评分标准的两个例子。

表4—5 **基于价值的严重程度评分标准：金额形式**

严重程度		
5	非常高	大于20 000万美元的公司价值损失
4	高	5 000万美元~20 000万美元的公司价值损失
3	中	2 000万美元~5 000万美元的公司价值损失
2	低	1 000万美元~2 000万美元的公司价值损失
1	非常低	小于1 000万美元的公司价值损失

表4—6 基于价值的严重程度评分标准：百分比形式

严重程度		
5	非常高	大于10%的公司价值损失
4	高	2.5%～10%的公司价值损失
3	中	1.0%～2.5%的公司价值损失
2	低	0.5%～1.0%的公司价值损失
1	非常低	小于0.5%的公司价值损失

由于大部分调查参与者对公司价值的计算没有一个确切的理解，因此在事前沟通中所提供的企业风险管理的入门应该包括一个简单的描述。然而，公司价值指标肯定是直观的，即公司的价值是每个人都能理解的。为了使公司价值的度量更加具体，它可以类推于股票的市场价值，它们的大小是相同的。这是可行的，因为定性风险评估调查的唯一目的就是估计潜在关键风险的相对重要性。此外，用两、三个例子可以说明：不同类型的风险怎样影响公司价值。

当进行定性风险评估时，还可以从另一个层面来考虑得分。参见“时间期限”。

时间期限

除了可能性和严重程度之外，一些定性风险评估还采用一种方法即从第三个层面来考虑评分标准：时间期限。定性风险评估调查参与者被要求指出相应的风险发生的速度是快还是慢，或者风险是一个近期的风险事项（如未来三年之内）还是一个长期的风险事项（如超过三年）。虽然这使得风险发生的时间更加明确，但是这也可能使得对可能性评分的解释复杂化。发生的可能性必须和一个时间期限相一致。通过允许调查参与者提供一个时间期限的评分，调查参与者可能也被提供与可能性相应的各种时间期限，一些近期的和一些长期的。例如，风险A可能下一年发生的可能性是10%，但是风险B在接下来10年内发生的可能性是10%。这些可能性是不能直接比较的。如果要求比较，调查参与者可能要估计在下一年风险B发生的概率低于10%的可能性。这不是一个对等基础上的比较。允许单独的时间期限来评分仍然是有效的，但是它需要时间期限和可能性两组数据的结合来作出合理的解释。

另一种方法是获取时间期限，但不是把它用作评分标准中一个明确的附加维度。在这种方法中，时间期限只是被定义为近期的（如未来三年内），并且如果可能的话，只被定义为在未来一年之内。对于大部分风险来说，调查参与者提供了与在未来一年内发生的风险相应的可能性。因为这些风险预期不会直到以后年度才发生，风险发生的时间可以在可信的最坏场景获取，并且发生的可能性与最早可能发生的时间相一致，但是仍然局限于近期的时间期限内。例如，一个工会罢工的风险可能被认为会发生在下一个合同签订的时候，预计是从现在开始两年的时间。对于一些高度严重的风险来说，其发展缓慢，一般要持续数年，因此其在近期内发生的可能性为零。这些风险将会获得最低的可能性评分，这是好事，因为它们将仍然被其高的严重程度评分所解释。如果这项风险的确没有在结合可能性和严重程度的基础上被评级为足够高而成为关键风险，那么它将会保留在非关键风险的列表中，并作为新兴的风险识别过程的一部分，随着时间的推移被监测。

（3）**安排时间**。当调查参与者安排时间的时候需要考虑一些因素。他们的时间安排通常需要提前几个星期预定，因为他们都是忙碌的人。因此，事前计划有必要避免在企业风险管理执行的时候有间歇。同时，如果可能的话，有序地安排所有的采访会更加有效，而不是同时安排，因为前期采访的风险识别可能会并入后期的采访中。而且，采访不应该紧接着安排。在每个采访之间应该有一段时间间隔来理清和记录会议纪要，并在下一个会议之前对风险分类和定义工具作出必要的改变。最后，从第一个采访到最后一个采访执行完的周期应该尽可能的短，来及时反映一致的简短描述，随着时间的推移，环境有可能发生改变，这使得这些变化之前的采访与变化之后的这些采访之间出现偏差。即使是环境中很小的变化，如仅仅是员工情绪的变化，也会出现这种情况。当它们的时间和心境是相似的时候，最好是获取所有参与者的看法。

3. 第三步：定性风险评估调查

定性风险评估的第三步是执行调查。前面已经提到，成功风险识别的五个关键点中的最后两个就是与定性风险评估调查相关的：

关键点4：恰当地收集数据

关键点5：前瞻性地识别风险

（1）**关键点4：恰当地收集数据** 恰当地收集数据的定义就是在恰当的时间以正确的方式收集正确的数据。然而，大部分定性风险评估调查难以满足这个标准。

为了使一项调查是最有效的，必须关注它对专门数据的真正需求。调查设计者通常试图收集一些“可有可无”的数据，但是必须在识别的时候经常保持警觉性，并且消除数据需求的无关部分。调查参与者对不必要的工作时间和耐心都是有限的。然而，大部分定性风险评估调查对数据的需求远远比真正需要的更广泛。这些数据不仅仅包括一些“可有可无”的数据，而且包括一些“没必要有”的数据。一个比实际需要更广泛的数据需求通常用于定性风险评估调查，包括表4—7所列示的相关项目，它是每个识别风险所需要的。

表4—7 **比实际需要更广泛的数据需求**

项目编号	数据需求项目
1	可能性评分
2	严重程度评分
3	历史经验数据
4	现有风险缓解
5	风险缓解计划
6	对风险缓解负责的人员
7	风险缓解的有效性
8	风险责任归属人的姓名
9	风险和缓解的记录
10	其他数据

在定性风险评估中一些数据是不需要的，并且甚至这些数据中的大部分实际上在整个企业风险管理循环都是不需要的。定性风险评估的唯一的目的是区分优先次序和排列潜在的关键风险。为了达成这个目标，只需要来自表4—7中第一项和第二项的数据——可能性和严重程度评分。当采用对一致的可能性评分的最佳实践方法需要另一个项目——可信的最坏场景的一个简要描述，这个项目没有在表4—7中列示出来。

表4—7中剩下的项目也是所需要的，但只是在企业风险管理循环的风险情境设计阶段需要这些项目。在风险情境设计阶段，现存风险缓解应该包括在内，如表4—7中的第四个项目。第三个项目——历史经验数据，同样也是不可或缺的，它不是记录这些数据，它只是行业专家在评估失效模式与效应分析活动的部分潜在财务影响时才会加以利用。

在定性风险评估中收集数据有三个缺点。首先，正如前面所提到的，使调查时间长于必要的时间会使得调查参与者反感，并不可避免地降低调查的质量；其次，收集的信息过早往往会导致部分所需要的信息过时，这需要重复的数据来更新信息，除了进一步使调查参与者反感外，这样做也是没效率的；最后，在定性风险评估调查中而不是在失效模式与效应分析的风险场景设计访谈中收集数据，过早地收集数据可能导致更加没效率，并且收集的数据远远超过了实际所需要的数据。这是因为这些数据的项目是为所有识别的风险收集的，这可能有80～100个风险。然而，只有达到风险量化过程标准的关键风险才需要这些数据，这些关键风险的数量可能也就在20～30个之间。

一个更加合适的数据需求，只包括在定性风险评估调查时所需的数据，是更有效率和更有效果的。一个有效数据需求如表4—8所示，这是每个识别的风险所需要的。

表4—8 **合适的数据需求**

项目编号	数据需求项目
1	可能性评分
2	严重程度评分
3	可信的最坏情况

这些数据唯一所要求的是需要对在定性风险评估调查中识别的风险进行优先顺序排列。一旦关键风险被识别并且提升到企业风险管理循环的风险量化阶段，将会需要额外的数据，但仅仅是针对关键风险而言的，这在数量上是占少数的。在那个阶段，在失效模式与效应分析风险场景中，其他的数据将会被收集。

既然我们已经讨论了在正确的时间收集正确的数据，接下来我们将讨论以正确的方式收集数据。尽管在执行调查时有许多不同的方法，但有两个是基本常用的方法：一个是模板调查；另一个是采访调查。

用模板调查的方法来执行定性风险评估调查是两种调查方法中更加常用的方

法。这包含发送模板或者调查问卷给调查参与者并要求他们完成及归还。模板调查有一些优点：

①**传达给参与者的内容百分之百地一致**。采用模板调查可以确保传达给调查参与者的内容百分之百一致。不像面谈采访，多数的面谈者可能脱离稿本，或者有不同的技术水平，模板调查是一种受控制的且沟通形式统一的调查方式。

②**容易扩展**。从企业风险管理团队的观点来说，模板是容易扩展的。一旦模板被设计了，把它发送给60个人像发送给30个人一样容易。从企业风险管理团队的观点来说，模板还可以使得数据的收集和编辑更加简单，因为调查参与者必须用一个标准的格式来满足数据的需求。

然而，模板调查的方法也有一些弊端，并且弊远远大于利。

①**不受欢迎**。模板调查不受调查参与者的欢迎。它们不是为ERM方案建立支持及认同和推进风险文化，而是使调查参与者产生了抵抗和怨愤的情绪。换位思考一下，当一天他们收到一封来自企业风险管理团队关于对数据需求的电子邮件，以及一个模板和怎样完成这个任务的说明书时，一些他们可能不了解的人给他们一个接一个要完成的任务。这使得其没有给人一个良好的第一印象。说明书通常是很冗长的，并且参与者感觉是他们独自想办法并做所有的工作。这给人的印象是不顾及他人感受和不近人情的。数据要求更加广泛地采用模板调查方法，因为对于企业风险管理团队来说，模板很容易增加需要的项目，并且调查参与者想知道是否所有的这些数据是真正需要的。这给整个企业风险管理工作的可信性蒙上了一层阴影。

②**不一致的时间和精力**。花在完成这些模板上的时间和精力水平是不一致的。一些调查参与者勤于关注这个工作，仔细阅读说明书，深思熟虑地琢磨业务及其潜在的关键风险，并收集所要求的辅助数据。另一些调查参与者则只是为了迅速完成工作方便出行。这就导致了调查结果质量水平的不一致。虽然在审查所填写的模板时质量的参差不齐是很明显的，但是在这一点成为事实后，企业风险管理团队很少或根本没有补救措施。

③**难以修复错误**。尽管事前与调查参与者沟通过，但许多调查参与者对企业风险管理不是很精通。一些参与者将识别那些不是通过风险来源恰当定义的风险。一些参与者将识别那些明显非关键风险的风险。其他的参与者将识别那些过于详细的或者不够详细的风险。还有一些参与者将识别过去所关注的风险（稍后部分讨论，见“关键点5：前瞻性地识别风险”）。许多调查参与者会曲解企业风险管理指标的定义并且造成对定性可能性和严重程度指标的不恰当评分。纠正这些错误，对企业风险管理团队来说可能是不可行的，或者至少，需要做大量重复的工作。

④**缺乏保密性**。模板调查通常在一个非保密的基础上执行。保密条款可以通过模板获取，但是要在所完成文件上附名并把它们发送给其他部门，这使得匿名性很难保证，并使得调查参与者心里不安。因此，这样的信息可以随便自由流通，并且一些重要的风险可能没被发现或者未给予足够的重视。

执行定性风险评估调查的最佳实践方法是通过访问调查，而不是模板调查。首先，我们来看这种方法的缺点。

①**传达到参与者的内容不是百分之百一致的**。不同于模板调查方法，当采用访问调查的方法时，很难就与每个调查参与者所沟通的内容保持百分之百的一致性。然而，这种缺点可以通过两种方式来得到克服。一种方式是采用较少数量并有相似企业风险管理培训水平、经验以及专业知识的访谈者，并且把他们安排在一个封闭的沟通环境中。另一种方式是只采用一个访谈者，这使得给予合理数量的受访者是可行的。尽管这样延长了完成定性风险评估所需要的时间，但是假如时间允许这样，权衡一下还是值得的。

②**不容易扩展**。访问调查不容易扩展。调查更多的参与者需要更多的时间或者更多合格的访谈者，但是正如前面所提到的那样，增加更多的访谈者将会降低信息的一致性。然而，这只是一个小问题。模板的可扩展性的获得是以质量为代价的。此外，对大多数组织单位来说，25～35个调查参与者往往足够产生稳定的调查结果。

现在，与模板调查相对比，我们来讨论采用访问调查的优点。

①**受欢迎**。不同于模板调查方法，访问调查受到调查参与者的欢迎。执行访问调查可以为ERM方案建立支持和认同，并推进风险文化的发展。它与受访者建立了良好的关系。模板调查感觉是一个代表了企业风险管理团队的要求，且不带任何个人色彩的工作，与模板调查不一样，访问调查是个人的，是一个面对面、一对一的交流。[5]这使得调查参与者有一个良好的第一印象。调查参与者同样是付出了时间，但访问者的出现使得这成为一种互动的沟通方式，而不是让受访者坚持独自理解说明书并做所有的工作。访问者重申了事前沟通、回答问题，以及通过访问动态指导受访者的重要性。此外，访问者还须做好访谈笔记，用几分钟的时间记录谈话，并把它们发送给受访者以确认其准确性。这就营造了一种合作的氛围，并且尊重受访者的时间。最后，数据要求采用访问调查必须更加专注，因为增加所需的项目也会为企业风险管理团队带来更多的工作，并且受访者欣赏这种简约的态度。这增强了企业风险管理工作的可信性。

②**一致的时间和精力**。采用访问的形式使得每一个受访者的时间和精力的投入水平更加一致。不像在模板调查中，企业风险管理团队不会查证调查参与者完成调查所关注的程度，企业风险管理的成员会在访谈中出现，并确保每一项调查所花费精力的水平是一致的。这种一致性增强了调查结果的质量。

③**容易修复错误**。访问提供了一个机会来弥补许多受访者缺乏对企业风险管理了解的缺陷。访问者能在访问中动态地直接纠正任何错误。是否有一些人没能通过其风险来源识别出一项风险？识别的风险是否过于详细或者不够详细？识别的风险是否是过去的重点风险？受访者是否会曲解企业风险管理指标的定义？访问者可以当场纠正这些错误。这显著提高了调查的质量，并且这也是具有高效率的，不需要反复修正。

④**更具保密性**。访谈更加容易在保密的基础上执行，意味着调查的结果不会附

上受访者的名字，并仅仅是匿名报告。与模板调查相比，此种个人的、一对一的、封闭的访问只存在一些笔记，这使得调查很容易在保密的基础上执行。更加重要的是，受访者在匿名的环境下会更加自信，变得更加放松，因此会访问者分享更多的信息。特别是他们很有可能识别那些不经常公开讨论的风险，并且这些风险在活动中最有价值。理想的情况下，访问者不是一个员工而是一个咨询者，这将提供更高水平的匿名性。

（2）**关键点5：前瞻性地识别风险** 成功风险识别的五个关键点的最后一个是在定性风险评估中在未来的基础上来识别风险。这似乎是显而易见的。当然，风险不是过去的而是未来的。风险是实现我们未来目标的不确定性。然而，经常有一些出现的风险需要回顾过去才能够被识别，因为它们根源于过去。这个问题通常被诊断为“最后一搏”综合征。仍然用医疗来作一个类比，这类病的根本原因是在定性风险评估中过分强调近期以来发生的风险。这往往是因为最近的事件导致了组织的重大创伤和财务大出血，给管理层留下了心理阴影。这种病的主要症状是识别风险在定性风险评估中看起来本质上过于具体，准确地匹配风险来源导致了最近的负面事件仍然铭刻在管理层的集体意识上，虽然它们的风险通常已经得到了很好的缓解。尽管这是过去的事项，但管理层仍会感到有阴影，除非这些风险已经显现在风险列表上。如果不对其进行治疗，这种病的预后（预后是指预测疾病的可能病程和结局）将使定性风险评估的评分被扭曲，即过于强调最近发生的风险。此外，所包含的这些风险，其中有许多应该被排除在外，这些本应被排除的风险会排挤出一些其他应该出现在列表上的风险。

当一种风险被怀疑是在回顾过去的基础上确定的，那么做一些简单的询问可能会有帮助。询问关于过去可能已经导致这些风险的事项可能会造成调查参与者在思想上过于重视这些风险。这些风险事项是什么？它所产生的财务影响是什么？管理层做出了什么回应？降低风险发生的可能性或者减轻风险的严重程度的现存风险缓解是什么？如果询问可以确认猜疑，这种风险可能不属于风险列表，把这种案例呈现给提出这些猜疑的受访者或许可以解决问题。如果这不能解决问题，有其他两个机会来解决这个问题：其他的受访者可能对其评分不是很高，或者可以通过在共识会议上提出以此来解决问题。

除了与定性风险评估调查有关的成功风险识别的两个关键点（关键点4：恰当地收集数据和关键点5：前瞻性地识别风险）以外，其他的技术也很有帮助。见“其他技术”中的两个例子。

其他技术

当执行定性风险评估调查时，还有另外两个很有用的技术。

1. **从两个角度收集数据**。第一个技术只是从两个角度要求受访者去识别潜在的关键风险：整个企业的角度和只关于他们责任和专长范围内的角度。让调查参与者从这两个有利的视角来看，将会增加调查的价值。不是整个企业范围的参与者，而是那些具有责任或者专长的领域的参与者能够识别与他们专业相关的潜在的关键风险，他们还能够带来一种新的视角，这可能为整个企业突出强调新的潜在关键风险。假如受访者是一个业务部门的主管。虽然大部分风险对一个单一的业务部门具有重大意义，但从整个企业的视角来看它的风险等级可能不是很高。例如，一个源于独立的业务部门的内部风险，它却能够影响到其他业务部门或者整个企业。此外，在观察整个企业时，受访者在关注独立的业务部门时可能往往带着一点"外部人"的视角来看问题，并且可能识别一个重要的潜在关键风险。而这样的风险一旦被识别，将会在定性风险评估中获得一致的高风险等级。

2. 使用追溯结果的技术方法。之前，我们讨论过在执行定性风险评估时运用五个成功关键点的重要性。现在我们将简要地探讨一个技术，这个技术似乎暂时违背其中的两个关键点：关键点1——通过风险来源定义风险和关键点5——前瞻性地定义风险。为了最好的结果，遵循这些关键点是很重要的，但是脱离这些规则有时候也是很有帮助的，尝试来自不同视角的方法，可能有助于识别迄今为止仍未识别的风险。尽管前瞻地通过风险来源分类和定义风险，并且一开始就要求受访者前瞻地通过风险来源去考虑风险很重要，但有时候这样可能不能获取所有已知的风险，因为这不是人们惯常的思考方式。

临近调查结束的时候，一旦你能通过这种"前瞻的—来源"的方法获取所有的风险，那么暂时地转换到"追溯的—结果"的方法是很有帮助的，可以采用如下方式：询问受访者一些问题，如"在过去，什么事件导致了收入和收益以及公司价值的巨大下降?"这种类型的问题是更加切实可行的，并会导致非常具体的讨论。对于每一个这种讨论，你必须把受访者提供的内容追溯到事件的最初起源。这就从结果层面返回到追溯驱动因素的层面，并且我们再一次回到了风险的起源。如此一来，你就可以比较通过参与者和其他人提供的最初风险列表来识别的风险与通过追溯结果来识别的风险，从而确定这种技术是否导致了新的风险被识别。对于任何这种新识别的风险，下一步就应该检查其是否是一个可能发生的未来风险，这又从追溯结果层面转移到前瞻性识别风险层面。这些经过了两个反转阶段的风险，将会被添加到潜在的关键风险的列表中并将包含在余下的个别调查和共识会议中。

对追溯结果的技术的一个警告：明智地使用它。它只能被精通企业风险管理的调查参与者使用，并且对"最后一搏"综合征可以产生更多的免疫力。

4. 第四步：共识会议

定性风险评估的第四步也就是最后一步即共识会议。定性风险评估调查得出了一个风险列表，列表风险的数量往往在80～100个的范围之间，其中的每一个风险都会有一个发生可能性和严重程度的评分。下一步就是共识会议，这包括了所有的调查参与者和企业风险管理团队的相关成员。共识会议有两个目的：

- **增强一致性**
- **选择关键风险**

（1）增强一致性。共识会议的第一个目的是增强可能性或者严重程度定性评分的一致性，这必须满足以下两个条件：

■ 评分数据具有高度的分散性

■ 评分数据与评级较高的风险相一致

选择高度分散的评分是因为它们没有很强的初始一致性。限定于关注那些评级较高的风险是为了尊重调查参与者的时间。风险识别的主要目的是识别关键风险。关键风险是那些20～30个有最高的风险评级的风险。提高所有风险的一致性是非常理想的，但这仅仅是对那些评分与风险评级足够高以至于可能成为关键风险的风险而言的。

要确使评分满足上述两个条件，企业风险管理团队必须执行好以下三个任务：

①定义风险评级标准。企业风险管理团队必须定义风险评级标准。风险评级标准是将定性可能性和严重程度评分统一为一个数字的规则或者指南，可以用来评定在定性风险评估中识别的所有风险的级别。第一步往往是把定性得分转换为数字得分。一个非比例转换的例子如表4—9所示。

表4—9　**从定性评分到数字评分的非比例转换**

定性评分	数字评分
非常高	5
高	4
中	3
低	2
非常低	1

另一个方法是使用一个与来自评分标准范围中点值的实际相对价值成比例的换算尺度，例子如表4—4所示。最高评分的转换必须随意一点，因为它没有上限。表4—10提供了一个按比例转换的例子。

表4—10　**从定性评分到数字评分的按比例转换**

定性的严重程度评分	数字的严重程度评分	定性的可能性评分	数字的可能性评分
大于20 000万美元的公司价值损失	25%	1/5或者更高发生的可能性	25%
5 000万美元～20 000万美元的公司价值损失	10%	1/10发生的可能性	10%
2 000万美元～5 000万美元的公司价值损失	5%	1/20发生的可能性	5%
1 000万美元～2 000万美元的公司价值损失	2%	1/50发生的可能性	2%
小于1 000万美元的公司价值损失	0.5%	1/100或者更低发生的可能性	0.5%

有许多种方法可以定义风险评级标准。有一套方法涉及分别加权每一个非比例数字化分数，然后把它们加总。通常来说，权数是相等的——直接求和两个数值的分数——或者按严重程度来予以分配权数评分。另一种方法是一起乘以比例数值分数，这相当于计算一个概率的期望值，它首先排除了所有不能满足可能性和严重程

度的最小数值评分的风险。风险发生的可能性的最小值和严重程度的最小值可能不相同。这种方法把平均可能性和严重程度的评分标注在图上并画一条直线或者曲线分离出20~30个得分较高的风险。我们将在稍后部分提供一个这样的例子。

②**对风险评级**。评级标准被用于定性风险评估的风险识别从而做出一种尝试性评级。企业风险管理团队需要审查评级的合理性，记录任何不正常的结果并在共识会议上讨论。一个不正常的结果的例子：一个风险获得一个低的风险级别，然而企业风险管理团队基于他们广泛的经验，认为该风险应该有一个高的风险级别。

③**进行方差分析**。对可能性和严重程度评分进行方差分析，可以确定没有明确的初步共识的任何分数。这些分数是由高水平的分散程度所确定的，并通常以两种形式中的一种形式出现——双峰或者高度分散。一个双峰的结果表明一组受访者中有两种截然不同的意见。例如，对于一个风险，受访者对其严重程度的评分如图4—5所示。在受访者中，这明显没有一个统一的意见，而是两个截然不同群体的意见。一组受访者认为其严重程度低，而另一组受访者则认为其严重程度高。

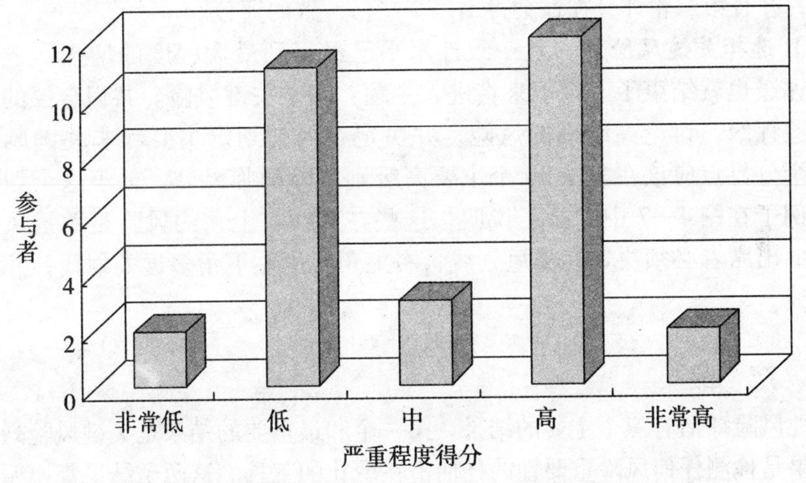

图4—5 双峰结果

资料来源：Copyright © 2011 SimErgy. All rights reserved. 有改动。

一个高度分散的结果表明没有任何的一致性意见。例如，对于一个风险，受访者对其严重程度的评分如图4—6所示。在所有的受访者中，没有达成任何的一致性意见。

现在，企业风险管理团队能够确定哪些评分满足了之前详细说明的两个标准：高度分散的评分和与评级较高的风险相一致的评分。共识会议的首要目标就是检查这些结果，讨论这些结果，并进行第二轮的评分。当定性风险评估是在匿名的情况下进行时，这个讨论是自愿的。然而，匿名性主要是关于谁识别了哪一个风险，而不是评分。从双峰结果的每一个阵营中征求至少一个或两个意见是很有帮助的。对

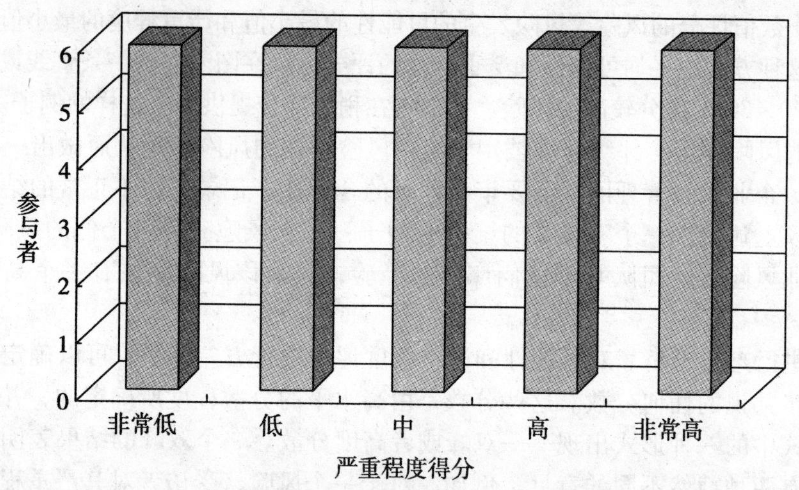

图 4—6 高度分散的结果

资料来源：Copyright © 2011 SimErgy. All rights reserved. 有改动。

于高度分散的结果可能需要更多的意见。一个简要的讨论往往涉及一些在组内的不同意见，并且第二轮评分往往会得出一个严格一致的评分。

(2) 选择关键风险。一旦一致性水平已经得到最大程度的增强，定性评分和结果评级也就结束了。接下来将进入主题：识别关键风险。共识会议的出席者审查这些评级，讨论高级别的风险，并决定在何处划定主要和非关键风险的界限。这个分界点应该在 20～30 个主要高级别风险的临界处。关于这个划分如何进行的例子在图 4—7 中进行了说明。这些在直线右上角的风险是关键风险。共识会议的出席者必须决定在哪里划线：右上角距离左下角多远处划线，并以什么角度划线。

4.4.3 产　品

定性风险评估有三个主要的结果。第一个和最重要的结果是关键风险列表。第二个结果是检测任何风险重要性的任何潜在变化的工具。这两个结果都遵循风险分类和定义工具的格式。第二个结果是组织风险文化的推进。定性风险评估涉及来自企业所有部门的关键人员，并增强他们企业风险管理的知识和经验。定性风险评估是形成一致认同 ERM 方案的首要步骤之一。

关键风险列表如表 4—11 所示。关键风险列表有三个重要的特征。第一，它是一个很短的列表——根据列表显示只有 20 个关键风险。第二，它遵循一致的等级格式、风险分类和定义工具的术语。第三，奇怪的是，它不包括可能性和严重程度评分。它已经摆脱了它们，因为可能性和严重程度评分只在识别关键风险的时候有用。继而，关键风险的评级也将不再以定性评分为基础。关键风险现在推进到风险量化企业风险管理循环的阶段，这提供了量化指标——一个上好的优先排序和评级的工具。

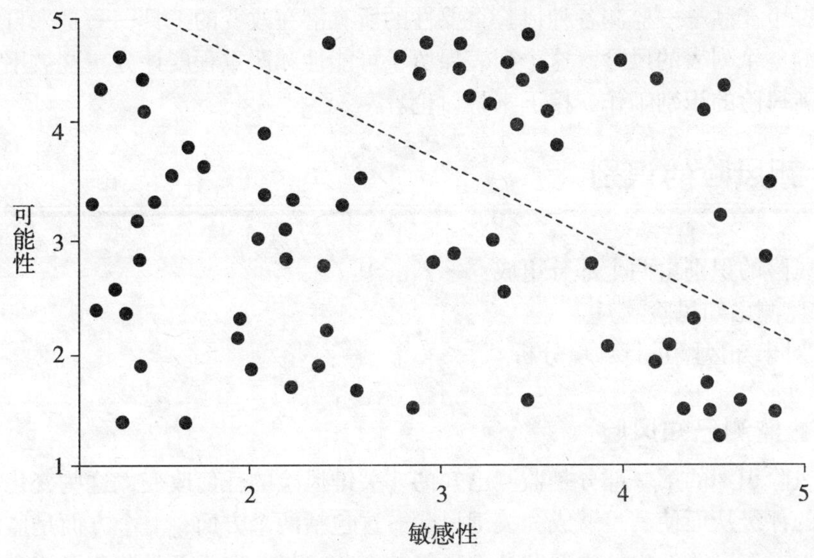

图 4—7 选择关键风险

资料来源：Copyright © 2011 SimErgy. All rights reserved. 有改动。

表 4—11 关键风险列表的例子

等级	风险类别	风险子类别	风险部门	风险
1	战略	法律或法规	产品或相关服务	产品 Y 受新法规的影响
2	战略	经济	经济风险	美国经济衰退
3	战略	供应商	供应商失败	供应商部分失败
4	经营	人力资源	人才管理	关键员工的流失
5	战略	战略关系	合资与联盟风险	合资风险
6	战略	执行	合并与收购风险	跨国合并与收购风险
7	战略	执行	产品执行风险	产品质量风险
8	战略	竞争者	垂死挣扎的竞争者	价格战
9	战略	供应商	供应商关系	产品或服务成本的上升
10	战略	战略	渠道战略风险	中介机构业绩的变化
11	战略	竞争者	创新	竞争者引进新的装置
12	经营	人力资源	业绩	研究与开发的风险
13	经营	人力资源	人才管理	劳动力关系的风险
14	经营	灾难	环境破坏	在某个地点的环境破坏
15	经营	法律	法律风险	集体诉讼
16	战略	供应商	供应商关系	管制许可证地位的改变
17	战略	战略	渠道战略风险	分销渠道风险
18	经营	技术	数据安全与隐私	外部攻击
19	经营	人力资源	人才管理	无法招聘足够的人员以支持增长计划
20	财务	信用	对手风险	交易对手信誉的改变

第二个产品——监测各种风险重要性的所有潜在改变的工具——是来自定性风险评估的整个列表的风险。这个列表保留了可能性和严重程度评分。这被用于将要进行的新风险的识别工作，接下来将讨论。

4.5 新风险的识别

新风险的识别由两个部分组成：

- 监测已知风险
- 对未知风险进行环境分析

4.5.1 监测已知风险

新风险识别的第一部分是监测已知的非关键风险的任何改变，这些变化可能提升它们的评级从而使其足够成为关键风险。这包括两个方面：一个方面是监测使得风险事项更有可能发生的内部和外部环境的变化；另一个方面是监测可能会增加风险事项严重程度的变化。监测严重程度的变化有时候通过对这些风险执行有限的量化工作来实现。这些活动必须保持在一个有限的范围内，因为有大量识别的非关键风险，通常在50~80个的范围之间。做到这一点的方法之一是采取在定性风险评估中获得的可信的最坏情况，并为每一个非关键风险量化一个可能出现的情况，或者为了更加可行，则只为挑选出来的非关键风险量化一个可能出现的情况。

监测已知风险是项相当简单而可行的工作。它包含对一组有限、确定的风险进行针对性的监测——那些在定性风险评估中被识别的风险。正如前面所提到的，覆盖这些风险的风险分类和定义工具就是为了监测这些风险。

4.5.2 对未知风险进行环境分析

新风险识别的第二个部分是对未知风险进行环境分析。不同于监测已知风险，这个任务一点也不简单，并且不可能完成。没有明确的技术来识别未知风险。此外，潜在风险的来源可能有一天成为关键风险，这几乎是没有限制的。

然而，对企业风险管理的通常的和危险的一个误解是，它对未知风险可以有效地进行环境分析，并提供一个很好的保护来应对这些风险的突然袭击。这个错误观念形成的一部分原因是这些类型的风险非常令人恐惧。风险事项的突然出现，并对我们进行突然袭击是最令我们恐惧的。许多人坚持企业风险管理能够保护他们以免遭受未知风险的错误观点被这样一个事实所证明：在一个关键风险事项发生后，首席风险官被解雇。这种情况在企业风险管理程序设计不当或执行不力和风险事项没有被识别为具有更高级别或得到更有效缓解的情况下发生是必定无疑的。虽然一些解雇的事件可能在这些情况下发生，但也并不总是这样。在其他情况下，要么是高层管理人员错误地相信企业风险管理能够保护企业以免遭受未知风险，要么是他们相信股东会坚持这样一个幻想。[6]

我们将始终面临着意想不到的事情，这是一个亘古不变的真理。企业风险管理并非被设计来阻止那些能够损害甚至毁坏组织的未知事件的发生，企业风险管理或者其他任何系统也不可能被设计成这样。对首席风险官和企业风险管理团队来说，在采用和实施企业风险管理之初就设立一个恰当的预期是至关重要的。企业风险管理不能预知未来。它不能了解未知事项。所有它能做的只是使我们更好地做出风险—回报的决策，并组织和利用我们所知道的风险信息。

然而，作为人类，避免负面的意外对我们有一个较高的效用，以至于我们倾向于相信那些能够提供一个系统以使我们处于安全状态的人。自然而然地，有些人通过这样的手段来诱惑，声称他们有一个系统能够识别出未知风险。他们通常提出复杂和深奥的方法，并声称高等数学能够获取隐藏的信息，从而更好地识别未知风险。我们对于这种承诺的诱惑必须坚决抵制。任何涉及人类行为的随机性的系统，如你的业务系统，都不可能转化为能够确定未知风险的自动数学系统。经过仔细检查，这些方法通常不能揭示本来必须由行业专家构建的一组假设。其实这又回到调查参与者以及他们对未知风险的最佳猜测上。

尽管知道这一切，我们仍然必须遵从这样一个事实，所有我们能做的只是创造一个简单的方法尝试着尽可能早地发现未知风险。因此，对未知风险进行环境分析这是一个更加寻常但切合实际的方法：对那些现在不在风险列表上但是可能会突然成为关键风险的风险进行警惕性预先侦查。这包括以下一个或者更多的活动来从多个来源收集信息和情报：

- 出席行业会议
- 研究行业期刊
- 成为行业委员会的一员
- 对竞争者披露的风险进行对比分析
- 阅读企业风险管理调查
- 在信息和情报收集中做出其他投资

4.6 致命风险

有两种特殊类型的风险，由于它们的特殊性，我们应该单独强调一下。这些风险有三个特质。它们是：

- 政治上难以引入
- 容易识别
- 高严重程度风险事项的一个领先指标

我们将要讨论的这两个风险分别是傲慢和集中风险。

4.6.1 傲 慢

首先让我们来讨论一下前面列出的每一个特质，然后简单地检查一下可能的风险缓解情况。

1. 政治上难以引入

傲慢只是现在一个特殊的业务部门还是整个企业共有的特点？傲慢对管理者来说肯定是一个会带来困难的风险。谁喜欢听到别人说他是傲慢的呢？与之相应的是，谁喜欢成为那个告诉其他人，他或者她是傲慢的呢？在组织内部提出这样一个风险无异于挑战组织内部的文化：对一个企业员工来说这不是一个愉快的场景。

2. 容易识别

这种风险的另一个看似困难的方面是承认其首要地位。什么样的公司会像承认其成熟度一样，集体清晰、客观地来认识到它们是傲慢的？庆幸的是，傲慢是容易识别的。流露出傲慢的公司或者地区通常有傲慢的资本，如它们的优越性已经取得外部的承认。它们可能拥有占支配地位的市场份额，对质量或创新的奖励，或者其他类似的优势。内部谈话往往可以证明它们对于自己的优势有一个坚定的信念。这可能有对其成就大量的炫耀和大张旗鼓的庆祝，这样的行为因其过度夸耀而显而易见。这也可能以一种自我满足或者缺乏自我批评的形式出现。加上对竞争力分析不屑一顾的态度，以及所有的目光都集中在他们身上并且没有什么能够从竞争中学习的信念，在这些因素的推波助澜下，这种傲慢的行为越加肆无忌惮。由于缺乏行业委员会的参与或者对竞争者分析的预算的缩减，这种傲慢的行文很容易被观察到。此外，公司还有一种明显地高估它们的优势和低估它们的劣势的倾向。通过对SWOT（优势、劣势、机会和威胁）分析的检查可以看出来这种倾向，SWOT 分析是战略规划过程的一部分。最后，一个傲慢的态度的出现对于组织或者业务领域外部是显而易见的，并且外部各方简单的询问就可以很快识别出这种风险的存在。

相反，往往很容易就可以发现那些不傲慢的公司。它们可能是这个领域的领导者但是它们却从未满足。它们总是检查哪些地方它们可以做得更好。它们也害怕竞争，但们永不自满。一个很好的例子来自于体育界。一个很优秀但是不傲慢的球队会不懈地追求进步。即使是以悬殊的比分取得胜利，这支球队的教练员仍然会致力于球队的哪些方面可以在下一次比赛中做得更好，而不是趾高气扬或者吹嘘获得的胜利，这样的球队是谦虚谨慎的，这也是它们能够保持第一的部分原因。

3. 高严重程度风险事项的一个领先指标

傲慢是一个或更多严重程度较高的风险事项的一个领先指标。这是一个能够产生许多危害的风险，并且经常产生危害。傲慢是一个自然的循环周期，它在组织中、在人们之间，甚至是在取得某种程度成功的国家亦是可见的。组织一开始为了生存而挣扎。一段时间后，其成为有竞争力的组织，并最终成为一个出类拔萃的组织。最终，它达到顶峰并真正开始在这个领域占支配地位。这也是傲慢可以滋长的地方。如果这确实发生了，那么傲慢就成为了一个失败的领先指标。这个循环如图4—8 所示。

如果傲慢在组织内根深蒂固了，它就能够萌发出许多不同类型的风险。傲慢使人丧失警惕。一旦你不知不觉地丧失了警惕，攻击将可能以任何形式出现。例如它

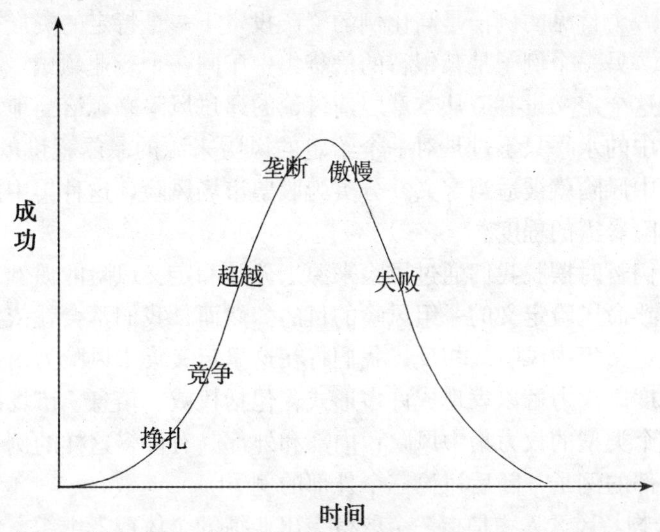

图4—8 傲慢是失败的领先指标

资料来源：Copyright © 2011 SimErgy. All rights reserved. 有改动。

可能会导致在开发产品和服务时缺乏创新，再者它可能导致人们对权力的欲望，这都将可能导致不好的行为甚至管理层权力的滥用。

4. 可能的风险缓解

图4—8所示的循环周期不是不可避免的。即使是这些组织或者领域已经存在了傲慢的风险，如果及时识别并正确对待，它还是能够被改正的。有时候，在一个尴尬和公众的事件之后，可能暗示着这样一个事实：组织或者领域可能在走下坡路，并使人们感到不满。

拿美国来举例，在取得第二次世界大战的胜利之后，美国人开始沾沾自喜，这时的美国可以说是已经进入一个傲慢的阶段。在1957年，美国当时主要的对手是前苏联——它们率先通过人造地球卫星进入太空。这唤醒了美国。通过认识问题，并且公开承认问题的存在，加上肯尼迪总统强有力的领导，美国提升了其数学和科学课程水平，并重振其太空计划。因此，美国后来能够在太空开发和其他相关技术方面重新获得竞争力地位。

直接解决这种风险是不可能成功的。解决问题的一个方法是集中注意力于由这种行为而导致的不良后果，而没有必要关注这种行为本身。可以询问组织是否对竞争力分析做了足够的工作。这可以直接通过业务部门或者间接通过企业风险管理团队，通过新风险识别的活动来执行。另外还可以询问对照主要竞争者的结果所执行基准的数量。这有助于企业回归到一种现实的文化中，并摆脱一种孤立的态度。

4.6.2 集中风险

集中风险是另一种特别值得注意的风险。首先，我们必须对其进行定义。集中风险的一个普遍的定义是缺乏多元化的投资组合，从而导致同一领域中集中了太多的风险敞口。一个常见的例子是高比例的资产投资于一个特定的资产类别，如某一地区的房地产。另一个例子是某银行的信贷集中于同一个行业领域。

技术上，这个定义没有遵从本章之前讨论的通过风险来源恰当地定义和分类风险的方法。集中的水平只不过是对一个给定的风险来源的暴露程度的表达。例如，关于股票的集中风险就被适当定义并分类为股票市场风险，这种集中风险只是强调了股票市场风险暴露的程度。

然而，我们暂时摆脱我们通过风险来源来分类和定义风险的惯例，只是为了讨论满足我们对致命风险定义的一组风险的目的。然而，我们不会就依据拙劣的多元化投资组合来定义集中风险。相反，我们将在这里定义集中风险为内部或外部不良的权力集中程度。权力可以表现成许多形式，包括权威、信息、市场准入等等。

这里有两个类型的权力集中风险：内部和外部。有许多这样的例子。我们将首先讨论两个内部的例子，随后讨论三个外部的例子。

■ **风云人物**。风云人物是指一个取得突出业绩的个体或者组织。例如，增加收入或利润。风云人物权力集中风险的一个例子是第 2 章所描述的“金童”部门，这个部门能产生如此高水平的收入或利润以至于它的权威几乎凌驾于规则制度之上。

■ **智多星**。智多星是指那些才智突出的人。主要有两种类型的智多星权力集中风险。一种是拥有一整块领地的高管，另一种是单独的个体，可能存在于中层管理当中。

■ **关键供应商**。一个关键供应商是一系列必要的商品和服务的提供者，并且它在供应商市场上没有其他供应商与其竞争。一个极端的例子是一个独家的供应商，这意味着只有这一家供应商是组织现在拥有的，或者说唯一能够拥有的一个业务关系。

■ **大客户**。一个大客户代表了业务的一个重要部分。例如组织核心业务的一个大客户。再如一个较小的业务部门的客户，该业务部门客户都是大客户以至于其丢失能够显著地损害这个业务，并有可能带来毁灭性的破坏。

■ **大的分销商**。一个大的分销商控制着客户进入其市场的重要部分。像拥有大客户的情况一样，这能够涉及核心业务的重要部分，或者一个非核心业务的足够大的部分以至于如果丢失它，将会给经营带来灾难性的影响。

让我们再一次讨论之前列出来的致命风险的每一个特点，然后简要地检查可能存在的风险缓解。

1. 政治上难以引入

显然，内部权力集中风险也是政治斗争所带来的。通过对其定义，你将会威胁一个非常强大的实体的利益。其表现在集中力量方面的能力证明他们是令人生畏的玩家。尽管外部权力集中风险通常在政治上是容易讨论的，但是这些有时候也是危险的。这些外部实体可能在维持现状方面有既得利益的内部盟友。

2. 容易识别

有一个容易认识的特征，其事实上总是伴随着权力的集中，包括我们所举的五个例子：傲慢。缺乏竞争导致了傲慢的态度，就像其自身的致命风险一样，这在之前的部分已经讨论过。

（1）**风云人物**。每个人都意识到组织中的风云人物所获得的特殊待遇，以及在他们身上大肆花费的金钱和奖励。他们通常会有一种傲慢的态度，这使得他们几乎不可能被忽视。

（2）**智多星**。智多星很受尊敬，并且因为他们的知识和他们在专业领域的技能，使得他们在企业内部和外部广为人知。具有讽刺意味的是，这种风险因为其被重视的性质而显而易见。它通常被吹捧为一个优势。管理层通常为他们的智多星感到自豪。他们为拥有这些可靠而有价值的资源感到放心。然而，在一个人身上期待这么多，这本身就是一种风险。

（3）**关键供应商**。管理层能清楚地了解他们的关键供应商，尤其是独家供应商。供应链管理是日常管理活动的一个重要组成部分。

（4）**大客户**。大的客户不难识别。管理层会关注其核心业务的大客户，并经常拜访他们来维持关系。客户足够大，对个体业务部门来说很重要，它是部门管理层考虑的头等大事，并且很容易获得他们的一个清单。

（5）**大的分销商**。像大客户一样，无论是在高级管理层还是部门管理层，大的分销商在组织内部都是众所周知的。

3. 高严重程度风险事项的一个领先指标

所有权力集中风险都是潜在高严重程度风险事项的领先指标。权力的集中程度越高，最终的风险事项就会越严重。

（1）**风云人物**。风云人物的故事有很多，关于个人的或团体的应有尽有，在最初的一段时间，它们会非常成功，然后就垮台和崩溃了，有时候甚至还拉上整个组织和它们一起垮台。最新的一个例子是AIG的金融产品部门。AIG通过销售信用违约掉期，获得了巨大的增长，然而金融产品部门滥用权力，忽视内部负责监督的企业人员的电话警告……直到这个部门破产，AIG出现了巨额亏损，这引发了2007年始于美国的全球金融危机。此种类型故事的发展通常都经过以下三个步骤：

- 识别人才
- 大规模，快速发展
- 内部分裂

在最初阶段，风云人物的才能通过它初期的成就被识别，接下来就造就了高度严重的权力集中风险，企业发展步履维艰。管理层幻想急剧增长的前景所带来的兴奋，导致他们迅速扩大业务规模从而使生产大幅增长。受潜在的回报所蒙蔽，他们经常忽视存在的风险，或者更常见的是，他们不会彻底地检查风险。这促使一个简单的风险迅速演变成一个致命风险。通常，不相称的回报越大，大家越愿意相信这是一个需要扩大规模的好业务，然而，这样做的风险也就越大。

正如傲慢一样，如果存在权力集中，将可能导致多种类型的风险事项。这些风险主要是风云人物个人或者忽视详细审查、透明度和责任机制的团体，它们促使了不好的行为甚至管理层权力的滥用。正常情况下的权力制衡，如内部审计或者一个企业风险管理程序，不允许监视在部门内部的各种行为举动。有时候严重的高风险事件以内部欺诈或盗窃的形式发生。在揭露此类事件的一项调查之后，随之而来的就是刑事诉讼。通常情况下，共同犯罪传达感情的权利让他们相信一般的规则并不适用于他们。在许多情况下，这是一个导致犯罪的引人关注的因素，即使是经过刑事定罪，肇事者也可以通过他们对公司的贡献使他们有权获得他们所侵占的利益，从而合理化他们的犯罪行为。

其他时候，这以过多的福利待遇的形式出现。管理层通常过于相信风云人物，给他们任何他们所想要的东西。一旦曝光，这些过度行为将导致负面的媒体报道、潜在的声誉损失，以及由此产生的负面财务影响。

此外，继续执行一贯奇迹般水平的压力可能会导致过度冒险，甚至公然欺诈。想要避免从巅峰时期跌落下来，并且不想失去高层的认同和财务报酬，是人之本性。这有时候会导致绝望和不惜一切代价维护个人地位的心态。

(2) **智多星**。智多星也是很常见的。大部分公司里至少有一个智多星。一个拥有领地的高层管理智多星的存在，比一个中层经理智多星的存在更有风险。因为更大程度的责任会导致更高水平的风险严重程度。组织对这样的个体的过度依赖可能会导致杠杆失衡，从而导致类似风云人物所造成的风险：缺乏详细审查、透明度，以及责任机制，这可能会导致其智多星或员工不好的行为或权力的滥用。另一个风险敞口的例子是如果智多星突然生病、去世，或者退休，将会导致这个领域在专业技能上难以填补的空白。更糟糕的是，如果智多星被竞争者挖走，还可能会导致竞争风险。有一个例子可以很好地说明这种潜在的破坏程度。

一个世界500强的公司通常以它们的首席财务官引以为豪。他在这个行业里是众所周知的，在企业内部受到尊重。他是一个高绩效的人才。公司将他作为一项竞争优势，并且认为公司因此会获得为数不少的金钱。然而，他的人际交往手段将驱逐许多与他一起工作的同伴。他非常的傲慢、经常口头辱骂其他人。不过，公司权衡一下，还是觉得继续任用他利大于弊。

有一天，首席财务官离开了这个公司。他退休了。除了他留下的首席财务官这个职位的空缺以外，随着时间的推移，公司会发现还有许多其他的漏洞。首席财务官因为不喜欢其地位受到威胁，通常任用比较弱的人员来辅佐他。当首席财务官退休时，整个部门实际上已经坍塌。没有之前的首席财务官在周围，一些人根本无法正常地执行工作。许多工程项目几个月甚至几年都毫无进展，这使得公司不得不花上几年的时间来完全认识到底发生了什么，并有效地修补甚至重建这个部门。

(3) **关键供应商**。权力集中于一个关键供应商会使得组织暴露在一个高度严重风险事项中。在这里我们讨论三个例子。

第一个例子是由于一场火灾，暂时中断了关键供应商的供应。这可能会导致暂时不能销售商品或服务，暂时不能充分地满足现有基础客户群的要求或者不能兑现合同承诺。由于一段时期没有销售，会导致收入的减少。由于试图在这种情形下继续运转或由于诉讼，会导致费用的增加。一个更具破坏性的可能是由于声誉的影响导致的市场份额的永久性损失：市场可能不把这个事件看做是一个一次性事件，而认为这是组织或其管理不稳定的表现。

第二个例子是一个独家供应商的永久性损失。其他供应商虽然也可以提供商品和服务，但可能需要一段时间来建立业务关系。这个停顿的时间可能导致像之前描述的例子一样，由于暂时性损失会带来财务风险。此外，由于缺乏同新的供应商谈判的筹码，边际费用可能进一步增加。然而，在有些情况下，备用的供应商可能不存在。这可能需要对公司所销售的产品或服务做出一个大的改变，这会显著地加剧事件的严重性。

第三个例子是对一个供应商，公司或者对它延长了大量的信用；或者它本身就拥有大量的公司资产。这种情形的最近的一个例子的特征是它能满足我们对风云人物和智多星的定义，只是其不是一个内部实体。几十年来，伯纳德·麦道夫为公司和个人提供资产管理服务。对于许多的投资者来说，麦道夫是一个关键的供应商，选择了他，投资者就有了一个非常高的集中风险。甚至一些个人把所有的资产都让麦道夫来管理。高回报让麦道夫似乎成为一个合格的风云人物。此外，经常稳定地产生这些回报的能力，即使是在动荡的市场条件下，也能使他合理地成为一个智多星。根据《商业内幕》(*Business Insider*)[7]，汇丰银行大约拿出了1亿美元的资金让麦道夫管理。[8] 即使是对像汇丰这么大规模的一个银行来说，这也是一个重大的风险。这大概占了汇丰银行2008年税后利润的15%。据彭博资讯（Bloomberg），阿斯科特的合伙人LLC，是一个资金管理公司，把几乎其所有的1.8亿美元资产全部让麦道夫管理。还有许多其他的公司或者个人对麦道夫的公司有一个很大的集中风险敞口。伯纳德·麦道夫在2008年12月因现在为世人所知的历史上最大的庞氏骗局而被逮捕。对于把麦道夫作为一个关键供应商的那些公司和个人来说，这是一个非常严重的事件，并且通常是灾难性的。一些公司（包括阿斯科特）走向了破产，一些个人则走向自杀。

(4) 大客户。有一个大的客户会带来巨大的风险。一个大客户的丢失立即会导致公司价值的下降，从而导致相应的未来利润的丢失。此外，如果丢失的这个客户被其他竞争者获得，这可能通过市场传递了一个信号，说明哪些地方可能出现了差错，从而导致管理层缺乏信心、市场份额进一步丢失，甚至大批关键员工的离去。这可能导致恶性循环，进一步扩大亏损。

(5) 大的分销商。一个大的分销商是以进入市场的形式出现的权力集中的例子。一个分销商的丢失可能会立即毁坏公司大量价值。首先，公司丢失了与预期未来通过分销商的销售额比例相对应的价值。其次，依据公司提供的商品或者服务的情况，分销商可能立即把全部现有的业务订单转移给竞争者。例如，一个协会向其成员推出一项基础性服务，可能会促使其成员立即转向新的供应商。此外，正如大的客户的损失一样，大的分销商的损失也可能被作为市场或者关键员工流失的负面信号，导致恶性循环，从而进一步扩大亏损。

4. 可能的风险缓解

让我们简单地探究一下权力集中风险的五个例子中可能存在的风险缓解。

(1) **风云人物**。正如傲慢一样，直接解决风云人物的权力集中风险无异于企业自杀。即使是间接地去解决也并非那么容易。这里我们只讨论两个间接缓解的方法，它们可能有些用处，但作用很有限。

第一个缓解方法是试图对为了庇护风云人物而忽视详细审查、透明度和责任机制的行为进行回击。缓解的间接形式是内嵌在审计计划或者企业风险管理程序中的，对其内部或者自身的快速增长所产生的风险建立一个明确的认识，因此必须加以额外的检测。风险和报酬是相伴而生的，这是财务中的一个基本规则。没有很高的风险，你不可能会有很高的回报（除非有套利机会，这种机会在合理有效的市场上很快会消失）。为了攻克风云人物，在掩护下检测所有高增长的领域，可能使得戳穿通常庇护风云人物所隐藏的秘密的面纱要稍微容易一些。

第二个缓解方法是试图看到争论的另一面，例如，“不用担心风险，我们将比其他部门产生更多的价值”。缓解的一个间接的形式是让企业风险管理团队去主动衡量价值和风险。这有可能是 ERM 方案利用一个基于价值的企业风险管理方法，这在第 3 章已经提到过。基于价值的企业风险管理方法是在一个综合的基础上来衡量风险和回报的，因为风险被定义为公司价值的上下波动。对于所产生的额外的回报是否确实值得冒这额外的风险敞口，这个方法能够提供恰当的分析。

(2) **智多星**。为了解决智多星的权力集中风险，一个通常的方法是强调这种类型的问题为一个人才管理的问题，并确定相应的方法来识别和解决这个问题。获取对这个方法越来越广泛的支持，可能会促使一个委员会或团队去努力实施这个方法。这种方法的实施可能会详细审查一下整个企业，以此来识别所有存在这种“罕见人才集中的风险”的部门，并强调个体识别的宝贵性。委员会对此进行缓解的建议可能包括确保为可持续发展计划形成一个强大的辅助人员阵容。

(3) **关键供应商**。对于关键供应商的权力集中风险，在公司中可能有一种宿命论的态度。管理层很清楚地意识到这种情况，并且通常认为对于这种情况没有什么可以做的。这是另一个基于价值的企业风险管理方法可以增强降低风险的效果。一旦这个风险被量化，其可能会对公司的价值具有破坏性影响，它往往会逐渐提高关注水平，并且刺激更加紧急的和富有侵略性的行为。在第 5 章“案例研究”部分中给出了一个有关这种情况的案例研究。缓解工作显然包括：试图获取一个或者更多的额外供应商，或者至少列出一个备用供应商。如果这些不可能实现，并且丢失供应商的可能性和严重程度足够高，那么至少需要探讨一下刻意地使战略多元化（例如新的产品和服务、其他市场、不同的分销渠道等等），以此来抑制风险的可能性。或者，公司可以探究一下通过合并或收购来增加企业规模的可能性，从而把风险的严重程度降低到一个更加可以接受的水平。

(4) **大客户**。对于大客户的权力集中风险，管理层通常关注于维护客户关系。业务部门的管理层通常能清楚地意识到他们最大的客户群，并且他们的动机是高度一致地维护这一业务。然而，高层管理人员可能并非总是赞赏业务部门的管理层关注这些大的客户，也并非总是赞成采取非正常措施来取悦他们的大客户。像关键供应商风险一样，能够起作用的是量化风险对公司价值的影响。依据潜在价值损失的风险对哪一个缓解行为是值得的可以进行适当的评估。

(5) **大的分销商**。这里提出的对大分销商权力集中风险的缓解类似于之前提出的权力集中风险的例子。人们有一种普遍的感觉就是关于这种风险没有太多可以做的。然而，一旦这个风险被量化，就对公司价值的潜在的灾难性影响而言，它往往会导致公司采取草率的行为。努力获取额外的分销商无疑是在不断进行的，因为这会增加收入并完全与动机一致。除此之外，降低风险可能包括多元化战略或者通过兼并和收购来扩大规模。无论哪一个都可以把这种风险敞口的严重程度降低到更加可接受的水平。此外，这个风险的量化强调了另一个缓解的机会。依据对价值的潜在影响构造风险，允许管理层对减缓行动做出更多的明智的决策，并试图和分销商维持一个良好的关系，是明智的。

4.7 本章小结

风险识别，作为企业风险管理循环的第一个步骤，包括三个部分：风险分类和定义、定性风险评估、新风险识别。尽管是企业风险管理过程中最经常执行的步骤，但仍然有一些风险识别的方面是以一种次优的方式来经常执行的。这显著地影响了整个 ERM 方案的质量，因为企业风险管理循环的所有其他步骤都处在风险识别步骤的下游。为了避免这些问题，ERM 方案必须应用成功风险识别过程中的五个关键点：通过风险来源定义风险、均衡分类风险、清晰地定义指标、恰当地收集数据和前瞻性识别风险。前两个关键点与在 ERM 方案中有若干应用的风险分类和定义工具有关，剩下的三个关键点与定性风险评估有关。除了注意运用成功风险识别的五个关键点外，还有两个致命的风险：傲慢和集中风险，公司必须提高对其的警惕性。

得出了风险识别的结论，那么 ERM 方案也到达了一个重要的阶段：关键风险的识别。关键风险的讨论将进入企业风险管理流程周期的下一个步骤，这是下一章的主题：风险量化。

4.8 注 释

1. 标准普尔公司把这个用于它们的评级指南。

2. 这是由于个人的摩擦而导致的关系本身的恶化，而不是由评级机构提出的对管理层解决问题的能力没有耐心。其表明一个外部关系的失败。

3. “严重程度”那一列中的绝对数额将会随着组织规模的不同而变化。

4. 在定性风险评估中，严重性和可能性评分往往在一个净风险敞口的基础上来进行。

5. 由于一些受访者处在边远的地区，一些访谈可能需要通过视频会议或者电话会议来进行。

6. 当然，其他的可能性包括提供一个替罪羊来转移批评的政治权宜之计，以及采取一些行动让表面恢复安全，以达到防止类似事件再次发生的心理效益。

7. Businessinsider. com, Henry Blodget, December 23, 2008.

8. Bloomberg. com, Joshua Fineman, December 19, 2008.

第5章 风险量化

任何一个聪明的傻瓜都能将问题进一步复杂化，但往往需要一个天才来保留或重夺简单。

——E. F. 舒马赫

企业风险管理循环中的风险量化步骤是整个风险管理循环的基石。它提升了企业风险管理循环中的前一个环节——风险识别的关键风险评级和优先排序；同时，它也为企业风险管理的下一个环节——制定风险决策提供了必要的信息。该环节的重要性在于通过量化价值影响从而将风险和价值相联系。它是风险和回报之间的桥梁。

在本章，我们将通过使用基于价值的企业风险管理方法来解决风险量化的问题。风险量化使用基于价值的企业风险管理模型。该模型是一个电子表格工具形式的财务模型。首先，在模型中输入数据和假设条件，然后进行计算，最后产生输出的结果。

在我们讨论风险量化活动之前，我们将强调基于价值的企业风险管理模型中最重要的，也可以说是压倒一切的一大特点：实用性。

5.1 实用的建模

基于价值的企业风险管理模型唯一的也是最重要的特点是它的实用性。该模型所涉及的过程——输入、计算和输出，都被设计得很简单以满足这个唯一的不断被提及的目的，即支持决策的制定。正如我们在第3章中详细讨论的那样，该实用性包括四个方面：

1. 可靠性

越少的输入项就越能容易保证高质量。此外，计算过程的简化也能减少错误。

2. 速度

计算上的简化也意味着加速运算。该模型能在几个小时内为我们提供答案，而传统的企业风险管理模型则需要几天乃至几周时间。

3. 透明度

研究方法上的简化意味着更容易通过管理审查。例如，有形的单个确定性风险情境能直接地被人们所审查，而不像由公式产生的以及不断变化的随机风险情境那样，结果令人费解。确定性和随机的情境我们将在本章的稍后部分进行讨论（详见“确定性风险情境的力量”)。

4. 有效数字的平衡

我们需要在精确水平同假设的内在不精确之间进行权衡。基于价值的该方法使我们认识到在有效数字的规则下高度的复杂性是不合理的。

至关重要的是要在构建模型时将实用性的这四个方面牢记于心。要始终保持警觉以免增加复杂性。通常人们自然而然地倾向于建立更具复杂性的模型，有时仅仅是因为建模人员有能力做到这一点，并且喜欢这么做，但它实际上比简单模型容易得多。我们最好能将下列名言铭记于心：

完美的实现，不是没有更多可以补充，而是没有什么可以被精简。

——安东尼·德·圣埃克苏佩里

简约是最终极的复杂。

——达·芬奇

还有另外一种力量不断推动人们过度建模，即那些建模者很难相信简单的东西反而会更好。参见“简单是否更好?”

简单是否更好?

专业技术人员，包括建模人员，往往喜欢增加复杂性。这是由他们的训练导致的，也符合他们的技能特点，甚至是根植于他们的基因中。额外的尖端技术是有用的，但这有个前提即仅当它增加了实用性(更多地被使用)和提高了性能(改进了结果)时，才有意义。然而，技术上的复杂性往往同这两大标准直接对立。这里就有一个例子，它来自于《纽约时报》[1]的一篇关于产科领域的文章。

20世纪50年代的美国产科领域情况不妙。每30个婴儿中就有一个死胎(3.3%)。尽管能获得大量的有关当时被认为太小、气色不好或者呼吸困难的婴儿的健康方面的详细指标，但事实上这些被认为太虚弱以至于难以成活的新生儿是因为缺少良好的照顾才夭折的。这也包括了当时那些被认为太小、气色不好或者呼吸不畅的婴儿。这些婴儿就这么被列为死产儿，被置于视线之外并让其自生自灭。

1953年，维珍尼亚·阿普伽博士引入了一种新指标来衡量新生儿的生存能力，试图通过改善新生儿的护理状况，来降低其死亡率。阿普伽新生儿评分的总分为0~10分，全身粉红2分、刺激时会哭泣2分、呼吸强劲2分，肢体活动良好2分、每分钟心跳超过100下2分。

回顾一下当时产科领域专业技术人员的反应：“该方法简单得令人可笑，它不可能体现婴儿的生存能力。它过分简化了已经提供给我们的每一个度量指标的复杂性，并且每个指标的重要性彼此相等。难道呼吸和哭泣同等重要?阿普伽新生儿评分又有何价值呢?”

事实上，阿普伽新生儿评分被广泛地认为是产科领域的革命性事件。它在全球范围内被广泛运用并成功地实现了改善新生儿护理状况、降低死亡率的目标。这是如何实现的?简单化为什么会更好?简单化转化为实用性，实用性产生结果。阿普伽新生儿评分在没有先进的工具和技术诀窍的情况下是很容易衡量的。任何人只要懂得从0数到10，就能计算出结果。它既方便不同婴儿间的比较，也方便医生间的比较，甚至方便医院间的比较。可用性和可比性促使竞争以提高成绩。它引发了进一步的试验并最终将这一进步标准化。阿普伽新生儿评分造就了数以百计的用以改善新生儿护理的“产科包”。其中的一个例子是，为了提高阿普伽新生儿评分水平，在分娩过程中将孕妇全身麻醉转为硬膜外麻醉。迄今为止，仅在美国，阿普伽新生儿评分已拯救了数百万人的生命，对于足月的婴儿，死亡率下降到0.2%。

它给我们的启示是什么呢？我们应该有大局观，更专注于技术信息在实际工作中的运用，并在必要时可以考虑牺牲不必要的细节和复杂性。阿普伽新生儿评分是一种可靠性较低但可行性较高的方法，它并不是只依赖于详细的片面数据以及新的更先进的设备，这有助于改善评分方法并拯救生命。技术专家往往沉迷于使用最复杂的技术，而企业家往往需要便利的方法提供服务。这给那些打算建立企业风险管理模型的人员的启示是：企图通过增加模型的复杂性来完善模型的结果最终只会使得模型更加不完美。如果他们选择让自己的智力能力降低档位，他们或许可以获得更多的牵引力。换个比方，当风险管理模型的建立者想将模型运用于商业领域时，他们需要的不仅仅是随机的刀和叉，而是需要制订切实可行的，适销对路的解决方案。

有一些准则可以帮助实现和维护一个企业风险管理模型的实用性水平。如果这些准则可以成为建模的一句口号，那么，风险管理模型会成为并继续成为支持决策制定的一个有价值的因素。这些准则包括：

- 重新开始
- 审慎地扩大
- 考虑实用性

5.1.1 重新开始

当首次为一个组织建立基于价值的风险管理模型时，我们必须采用与通用模型相反的基本原则重新建立这个模型。就其性质而言，通用模型过于复杂化。通用模型被设计用来处理所能遇到的各种不同类型的业务。因此，通用模型中包含了很多多余的编码和功能，这些东西在具体组织运用中很可能是不需要的。

5.1.2 审慎地扩大

当第一次建立基于价值的企业风险管理模型或者随着时间推移需要对其进行扩大时，我们必须保持审慎的态度。模型应该被扩展到刚好能满足预期用途所需要的程度。我们应该主要考虑模型必须支持什么样的决定，以及以何种速度提供结果。

尽管对不必要的模型扩展保持警惕是很重要的，但是有三类主要的模型扩展对于基于价值的企业风险管理模型的设计来说既是有效的又是合乎情理的，它们是：

- 业务分部
- 价值驱动

■ 输出

1. 业务分部

基于价值的企业风险管理模式，必须扩大到包括业务分部或者细分市场所对应的风险量化工作的层面。一方面，重要的是要包括那些在关键业务流程中使用的措施，如战略规划或内部报告。这能使企业风险管理更好地融入到公司的关键流程中。另一方面，重要的风险情境可能需要更详细的措施。例如，如果某一风险情境影响到了业务分部中的一项主要的产品线，我们就不得不把业务分部一分为二——一部分为主要的产品线，另外一部分为业务分部中剩下的产品线。

2. 价值驱动

该模型还需要包括价值驱动使其扩大到足够详细的程度以支持动态性质的业务。例如，如果公司是以销售人员而非模型的收入作为一个单一项目，那么收入就应当按照销售人员构成的详细价值驱动成分被分解，如：

■ 新雇佣销售人员的数量

■ 销售人员的保留率

■ 每个销售人员平均销售数量

■ 每个销售人员的平均销售单价

此外，如果其中一些价值驱动不是同质的，那就可能需要更多详细的措施。例如，每个销售人员的经验水平不同也会大大影响保留率和生产力。

3. 输出

企业价值是主流的衡量标准，并且输出的基本集表现在这些指标中。然而，管理层通常要求输出至少三到四个关键指标来表示。因此模型必须扩大到能容纳这些指标。这些关键指标如：收入增长率、净利润增长率、每股收益增长率。对金融服务公司来说，还包括资本比率。

5.1.3 考虑实用性

当面对每个新的要求或者决策点时，这些要求或决策点可能会提高模型的精确度但无形中增加了模型的复杂性，这时我们应考虑其适用性。我们应该暂停一下，深吸一口气，将事情再仔细得想一遍。问问自己：“是否值得?”并将稳健性同实用性的需要相权衡。那些改进是否真的是必要的呢？我们得到了什么又失去了什么呢？认真回想一下每次当我们将模型弄得更加复杂以解决某一特定的项目时，它实际上都使得实用性这一中心目标被逐渐置于更加危险的境地。这些改变是否使得模型更加不可靠呢？它是否降低了反应速度？计算所依据的方法是否也越来越不透明？从有效数字规则出发，增加的复杂性在数学上是否是合适的呢？

需要特别指出的是最后一个关于有效数字的问题，这必须放在考虑的第一位置。如果可以，应该考虑一下计算链中最薄弱的一个环节：最小公分母的不准确性。由于人们看重其中一个近似性质的假设胜过整个公式，是否会导致这种精确度上的提高仅仅是一种错觉呢？嵌入模型的计算意味着比可能在结果中获得的精确度更高，这是否是一种虚假的以及潜在的误导呢？

5.2 风险量化的构成

企业风险管理的风险量化过程包含三个显著不同的部分：

■ 计算基线公司价值

■ 量化个别风险敞口

■ 量化企业风险敞口

基于价值的企业风险管理模型是从这一系列连续性的活动演化而来的。

5.3 计算基线公司价值

在企业风险管理的风险量化过程中，第一项工作就是计算基线公司价值。在基于价值的企业风险管理方法中，风险是按照预期的偏差来定义和量化的。一个公司的预期一般是通过其战略计划来反映的。基线公司价值是一种基于战略规划的内部评估。

下面我们将从三个方面讨论如何计算基线公司的价值：

■ 输入数据和假设

■ 模型计算

■ 输出结果

5.3.1 输入数据和假设

计算基线公司价值所需的数据和假设包含三个方面：

1. 战略规划的财务预测

基线公司价值计算输入所需的第一个项目是战略规划的财务预测。该财务预测一直持续到正式计划期结束，例如三年期限。它应当包括最新的官方战略规划和其他详细的配套文件，同时也应当包括正式计划期之外其他关于预测和期望的任何内部可获得的信息。但它往往受限于额外收入增长、费用缩减以及投资中已知或预料中的变化。

2. 最近的财务状况

基线公司价值计算输入值所需的第二个项目是能反映最近任何一段时间的财务信息以及异常项。这包括利润表、资产负债表、现金流量表，对于金融服务公司还需要法定资本的计算。此外，还需要为财务建模提供其他详细数据，例如资产的投资回报率、税率等等。

3. 折现率

基线公司价值计算输入所需的第三个项目是折现率，或者称为权益成本。这是用来将所有未来可分配的现金流贴现到当前以计算公司价值的利率。它是根据长期的平均回报率来假定全体股东所要求的投资回报率。对于如何确定一个合适的折现率，请参阅“设定折现率”。

设定折现率

确定一个合适的折现率的方法有很多。一种普遍采用的方法是使用资本资产定价模型（CAPM）[2]。采用该方法而非其他方法的原因主要有三点。第一个原因是，这是基本的公司财务，而非针对特定企业的风险管理。第二个原因是，折现率是现成的，因为它是日常企业在进行预算决策中的最低要求报酬率。

第三个原因是折现率不值得我们浪费太多的时间，同样这也是因为有效数字原则。我们可以花更多的时间和精力采用不同的方法来估计权益资本成本，然而没有人能精确地知道其真实的价值。权益资本成本是对每一个单个股东所要求的回报率的加权平均值，这些股东包括那些短期交易者和机构长期持有者，以及那些周围的普通个体。即使你能够单独地一个个询问这些投资者“你所要求的股票投资回报率是多少?”，你很可能还会碰到以下几种情况：

■ 不同的投资者会有不同的答案；

■ 这个答案每一天都可能发生变化；

■ 许多投资者根本无法给出一个确切的答案。

考虑到折现率难以捉摸的性质和基于价值的企业风险管理模型输入项中包含的如此多的深层的不确定性，因此，采用一些简单合理的方法或者使用已有的必要报酬率来估计贴现率能更好地利用时间并将项目进行下去。

5.3.2 模型计算

基线公司价值的计算涉及一个通常的估值方法，可分为三个步骤：

■ 建立一个战略规划财务预测的动态再现框架用以预测持续到正式预测期（如3年）结束的财务状况，并将其改进用以对可分配的现金流进行预测。

■ 对超出正式预测期的可分配现金流进行预测（例如，20年）并计算出一个终值。

■ 用折现率将预测出的可分配现金流折现到当前时刻。

在举例之前，我们先来分析一下这个计算方法的三个方面：

1. 公司价值公式

我们从四个方面对这个公式进行讨论：

（1）一般公式。计算公司价值的一般公式已经在第2章中介绍过了（详见“公司价值”），我们在这里再次提一下：

$$公司价值 = \sum_{n=1}^{\infty} \frac{DistCF_n}{(1+d)^n}$$

其中：

■ n =预测年限

■ $DistCF_n$ =预测年限的可分配现金流

■ d =折现率（这是管理层对股东要求的投资回报率的估计，即权益资本成本）

这个公式有许多变形。不同的公司对价值的定义不同。管理层依据组织的特点来确定其合适的价值。

（2）可分配的现金流。现金为王。对于投资者来说，可分配的现金流是最为关键的，这同任何一个特定会计制度的陈述是截然不同的。现金流模型是计算价值的一般方法。如果我邀请你对我的企业进行投资，你应该从以下几个因素进行考虑用以评估此次机会[3]：

■ 你能给我多少现金

■ 什么时候给我

■ 我预计在未来支付给你多少现金

■ 我在什么时候将现金给你

■ 你认为我能兑现未来支付现金给你的承诺的概率是多少（在金额和时间上）

不管你在战略规划的财务预测上采用的是什么会计基础，可分配现金流方法基本上不涉及会计，只需要计算现金流。

可分配的现金流（DistCF）的计算公式为：

净利润+折旧和摊销-营运资本的增加-资本支出

（3）截尾公式。作为一个实际问题，为了将预测期限制在N年，用一个终值来进行截尾计算。

$$公司价值=\frac{DistCF_1}{(1+d)^1}+\frac{DistCF_2}{(1+d)^2}+\cdots\cdots\frac{DistCF_N}{(1+d)^N}+\frac{TV_N}{(1+d)^N}$$

其中：

■ $DistCF_N$=第N年的可分配现金流

■ TV_N=N年底的终值

■ d=折现率

■ N=预测年限

（4）终值公式。终值代表的是预测期结束时还剩下的价值。它被用来作为截尾，限制模型中的预测年限。计算终值的方法有很多。一种常用的做法是假定预测期的最后一年即第N年的可分配现金流每年以一个固定的增长率永久地持续下去。这就有了下面这个速记公式：

$$TV_N=\frac{DistCF_N\times(1+g)}{(d-g)}$$

其中：

■ TV_N=N年底的终值

■ $DistCF_N$=第N年的可分配现金流

■ g=增长率

■ d=折现率

■ N=预测年限

关于折现率的计算，我们不再进一步探讨计算终值的替代方法。终值是估值的一个标准组成部分，而非企业风险管理所特有的。

2. 预测

可分配现金流的预测是从战略规划的财务预测派生出来的，仅延伸到正式预测期结束。模型计算必须比正式预测期多预测几年。例如，如果正式预测期为 3 年，但有对未来 20 年的可分配现金流的需要，则应当将预测再延长 17 年。

要做到这一点，我们必须在模型计算中建立两大特点：

（1）动态关系。建立动态的关系包括在可分配现金流预测中识别财务项目或者其他推动财务项目的价值驱动成分，也包括找到一种方法用以动态地估计它们的关系。一个简单的例子就是将收入确认为一项变动费用的驱动因素，然后将预测的未来变动费用表示为收入的一定百分比。另一个例子是在考虑通货膨胀的情况下，将一年的固定费用作为以后各年的固定费用的驱动因素，并将预测期每一年的未来固定费用相比于前一年的增加作为通货膨胀的影响。

（2）合理的趋势线。对于关键的财务项目如收入和费用，可分配的现金流预测必须要有合理的趋势线。这里涉及两个预测时间段——战略规划预测期和该预测期之外的时间段。战略规划预测倾向于包含高于近年来已取得的增长率的收入增长率。此外，战略规划预测往往过分乐观地估计其突然降低成本费用的能力，而且这种降低在之前是较难实现的。将近年来财务数据的趋势线同战略规划期内的预测进行比较可以视为一项合理的检查方法。

对于超出财务规划预测期的时段，我们应该建立趋势线。这就需要将近年的财务数据、战略规划预测以及诸如经济增长前景之类的行业预期信息结合起来。这样就能制定出一条战略计划期以外的较为保守稳定的趋势线。

3. 合理性检查

合理性检查可以通过比较市值来对基线公司价值进行计算。市值是市场对公司的价值估计，计算公式如下：

市值=发行在外的股数×每股价格

基线公司的价值同市值之间的关系视情况而定。然而，在很多情况下，基线公司价值比市值高了5%～15%。无论这个百分比具体是多少，两者的关系都受到公司环境和市场状况的影响。

例子：梨公司

梨公司是我们虚构的公司，它是苹果公司掌上电子产品市场的竞争对手。梨公司制造智能手机并通过零售网点在全美销售。其主要优势是被称为 InfinityG 的更为快捷方便的网络系统。

（1）输入数据和假设。

去年，梨公司的销售人员有 5 000 名，每人每年平均销售 750 件产品，每件产品以 520 美元计算。预计该销售价格可以一直保持。梨公司每年损失 15% 的销售人员。去年该公司雇佣了 1 000 名新的销售人员。从今年开始，梨公司计划以更快的速度进行扩张。预计未来每年梨公司对其1.5亿美元资产的投资回报率为4.5%。

梨公司的变动成本——营业成本（COGS）大约是销售收入的67%。去年，其研发费用为5 000万美元，考虑到通货膨胀因素，每年以3.5%的速度增长。梨公司以6%的利率每年为1.5亿美元的长期负债支付利息费用。梨公司适用的有效税率为35%。

梨公司在内部估值时采用13%的贴现率，认为其能客观反映全体股东所要求的平均长期回报率。

梨公司发行在外的股数为2亿股，现行市价为每股8.75美元，其市值为17.5亿美元。

（2）计算基线公司价值。

针对上述例子，我们提出以下几个简化后的假设：

■ 无折旧、摊销、营运资本变动和资本支出，这就使得净利润与可分配现金流相等

■ 所有的净利润都用于股利发放

■ 正式预测期外的战略计划的预测同战略计划预测本身有着相同的趋势线

■ 预测期为20年

■ 预测期之外的时间段可分配现金流的增长率（用于计算终值）为0

梨公司前三年的预计可分配现金流如表5—1所示。

表5—1 **梨公司预计的可分配现金流** 单位：百万美元

	预测期第1年	预测期第2年	预测期第3年	……	预测期第20年
销售收入	955	995	1 045		2 552
净投资收益	7	7	7		7
总收入	**962**	**1 002**	**1 052**		**2 559**
销售成本（COGS）	640	667	700		1 710
研发费用（R & D）	50	50	50		50
管理费用（SG & A）	36	37	39		70
利息费用	9	9	9		9
总费用	**735**	**763**	**798**		**1 839**
所得税	**79**	**84**	**89**		**252**
净利润	**148**	**155**	**165**		**468**
可分配的现金流	**148**	**155**	**165**		**468**

梨公司的价值计算公式如下：

$$公司价值_{基线}=\frac{DistCF_1}{(1+d)^1}+\frac{DistCF_2}{(1+d)^2}+\cdots\cdots\frac{DistCF_N}{(1+d)^N}+\frac{TV_N}{(1+d)^N}$$

$$=\frac{DistCF_1}{(1+d)^1}+\frac{DistCF_2}{(1+d)^2}+\cdots\cdots\frac{DistCF_N}{(1+d)^N}+\frac{DistCF_N\times(1+g)/(d-g)}{(1+d)^N}$$

$$=\frac{\$148M}{(1.13)^1}+\frac{\$155M}{(1.13)^2}+\frac{\$165M}{(1.13)^3}+\cdots\cdots\frac{\$468M}{(1.13)^{20}}+\frac{\$468M/0.13}{(1.13)^{20}}=\$1.91B$$

通过对基线公司的价值和市值进行合理性检验的比较，我们发现前者比后者高了9.1%：

$$\frac{1.91B}{1.75B}-1=9.1\%$$

尽管由于本案例中的信息不足使得我们无法确定具体值，但是只要在正常情况下，它应当在我们前面提到的市值5%～15%的范围内波动。

5.3.3 输出结果

最主要的输出结果就是基线公司价值。它是投资者在认定组织将会继续很好地执行战略规划并且一切都将运行良好的情况下所愿意出的价格。对公司价值的第一次计算将是令人激动的时刻。对于多数公司来说，公司估值是对其最重要的衡量。在此之前，管理层往往依靠财务分析师的估值或者市值来作为公司价值的替代。现在，管理者拥有了自己的估值方法，它相比于来自公司外部的估值有三大主要优势。它们是：

■ 更精确
■ 更详细
■ 更灵活

1. 更精确

基线公司价值很可能成为比市值和分析师估值更为可靠的企业价值估计。正如我们在第3章中所讨论的，基线公司内部估值拥有内幕信息——它非常有价值以至于欺诈的股票交易者都对其趋之若鹜。没有人能确切地知道未来的财务状况将会如何。然而，每一个区域经理都处于最有利的位置，他能够对其所分管的部门经营情况作出较为可靠的预计并确定其波动范围。尽可能采用一致且无偏的方法将公司各个部门经理的估计和波动范围收集汇总，放入一个价值估计模型，这就产生了更为精确的公司价值估计的可靠方法。

基线公司价值的计算值也比诸如市值的外部价值估计的波动小。这是其高精确性的直接后果。市场往往更易对新消息产生过度反应，其中有正向的也有负向的，这就增加了额外的波动性。有时候，市场最初的反应比较笼统，过了一段时间后市场反应才在个股之间出现区别，例如关于行业方面的坏消息。管理层对于新消息对公司产生的影响有更清楚的了解，因此不容易出现过度反应的情况。

几乎每次我看到的都是基线公司价值的初次计算值要比市值高。这是很合理的。增加公司价值是管理层的职责所在。管理层制定那些实施后可以增加公司价值的战略和目标。然而，若战略规划预测过于乐观，就会使得基线公司价值比外部估值更不精确。企业风险管理循环中风险量化的后续活动，如计算企业风险敞口，就是用来加强战略规划过程的。这些活动也能帮助确定可实现的战略规划，以及最有可能的单独战略规划，它有利于公司价值的计算，使其对公司价值的衡量更精确。

关于公司价值更为精确的计算方法还有很多运用途径。其中的一个运用是能更好地为决策服务。例如，拥有比市场平均水平更精确的公司价值估算能在股票发行和回购决策上获得更有利的支持。完全由基于价值的企业风险管理模型演化而来的更为先进的公司价值定价模型将在第6章中进行讨论，它将有利于我们更好地做出决策。另一个运用就是方便与外部利益相关者更好地沟通。例如，拥有比股票分析师更为精确的内部股权估值有利于他们之间进行更有效的沟通。这部分将在第7章题为“与股票分析师的沟通”中进行进一步的介绍。

2. 更详细

同那些仅仅提供一个代表公司价值的数字的外部公司估值不同的是，基于价值的企业风险管理模型提供了更加详细的信息。基于价值的企业风险管理模型提供了一种用以估计企业层级以下的部分公司价值的功能。该模型下的每一个业务分部或者子分部都有足够详细的信息对自身进行价值评估。此外，如果愿意的话，我们可以计算出任何一个业务部门的价值，甚至是一个个别项目的价值，这是因为相应的财务信息可以被单独隔离出来并将其纳入基于价值的企业风险管理模型中。

这些信息也提供了一个全新的视角来看待那些能够导致管理的重心和注意力发生转移的行业。认真思考下面的一个虚构案例。SFX公司是一家生产计算机及其附件的高科技公司，拥有五个业务部门：

①笔记本电脑

②笔记本

③工作站

④服务

⑤附件

一直以来，SFX公司对于每个业务分部大致按照近期收益的一定比例对关注度和预算进行分配。这种强调上一年收益的相对法如图5—1所示。SFX公司将一半以上的注意力都放在笔记本电脑业务部，这也代表了它一半的收益，而剩下的部分则在其他业务部门进行平均分配。

然而，最近SFX公司采用基线公司价值计算方法，使用更多的详细信息对五个业务部门进行估值。计算结果反映在图5—2中。

将SFX公司价值归属于五个业务分部，反映出各部门真正的相对价值。笔记本电脑和工作站这两个分部的重要性相比于按照上一年收益所预计的占比有所下降，这也包括在SFX公司的战略规划预测中，即未来几年市场对笔记本电脑和工作站的需求将下降。服务与附件业务分部的相对重要性的变化反映了SFX公司对

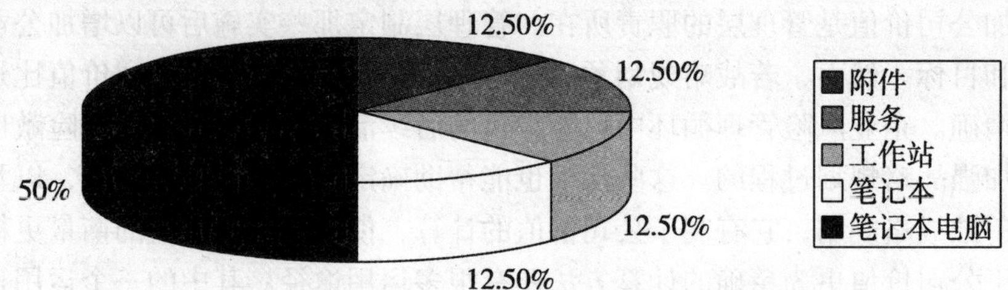

图 5—1 SFX 公司上年度业务分部利润的贡献情况

资料来源：Copyright © 2011 SimErgy. All rights reserved. 有改动。

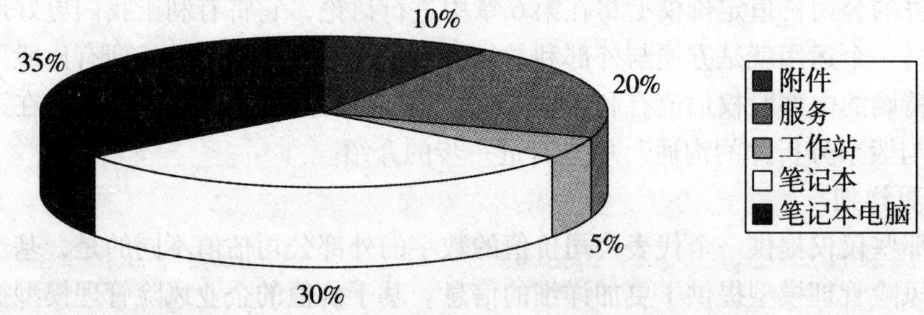

图 5—2 SFX 公司业务分部价值占公司价值的比重

资料来源：Copyright © 2011 SimErgy. All rights reserved. 有改动。

其收入增长和边际利润趋势预测的转变。

SFX 公司的管理层根据每个业务分部制定的业务部对公司价值的贡献分布图转移它们的重心。这种转移就反映在现今每个部门所获得的关注度和预算金额上。

更灵活

外部公司价值估计没有内部公司价值计算来得及时。外部估值仅仅反映的是在市场上能公开获得的信息，然而内部估值还反映了管理层所获知的内部消息。内部估值模型方便管理层根据那些影响未来预期的新情况或新决定修正基线公司价值。内外部环境的新变化可能是未被公众所获知也有可能是未被公众所重视，而没有看到它们对特定公司未来前景的重大影响。但是管理层也许就能掌握这些信息，他们处于更为有利的位置使其能更好地了解这些信息对公司未来的可分配现金流的影响，同时在必要时候修正基线公司内部价值的估计。

这种动态灵活的内部估值模型可很好的用于决策制定中。对任何决策，管理层都能确定其对预计可分配现金流的边际影响或者对折现率的影响，然后重新计算基线公司价值。在决策前或者决策后进行企业价值评估为决策制定提供了一个动态灵活的基础。

5.4 量化个别风险敞口

企业风险管理循环中风险量化的第二步是量化个别风险敞口。这涉及依据对基线公司价值的潜在影响来对每个关键风险的多个确定性风险情境进行量化。基线公司价值反映了战略规划中的预期。在基于价值的企业风险管理方法下，风险被定义为对预期的偏离程度。首先，我们来探讨一下个体风险量化的三个方面：

1. 输入数据和假设
2. 模型计算
3. 输出结果

讨论之后，我们将给出几个案例。

5.4.1 输入数据和假设

我们将探讨个体风险量化输入工作的以下几个方面：

- 确定性风险情境的作用
- 个别风险情境的变化范围
- 标识个别风险情境
- 设计个别风险情境的方法

1. 确定性风险情境的作用

风险情境的产生主要有两大基本方法：随机风险情境和确定性风险情境。随机的方法涉及一些自动化的类型。它的目的是产生大量除设立过程外无需人工参与的随机情境。设立过程包括制定一个公式，它能捕捉到风险分布情况并产生一个随机数字。确定性的方法则包括使用人为判断以挑选和定义每一个个别风险情境。

确定性风险情境相比于随机风险情境有四大优点。确定性的情境能带来更稳健和精确的情境，提升风险文化，并支持决策。

(1) **产生更稳健的情境。**自动生成的随机方法不需要额外的考虑。然而，额外的思考恰是设计稳健的风险情境所需要的。还有许多需要认真考虑的变量，它们需要行业专家对每一个风险情境都逐一分析。这也是确定性方法的优势所在。行业专家必须从风险源头开始，仔细思考，一层层剖析其后的影响。一个特定的确定性的情境将会成为引发与行业专家对话的导火线，也能提取应对特殊场景的重要知识。试想一个特定事件的实际发生将会使我们更易考虑可能性事件的进程以及对组织的影响。

我们需要考虑的一种变量即是每种风险情境都会引发不同类型的变量或不同水平的缓解措施。例如，不同水平或原因的公司财产损失都会启动不同水平的保险覆盖。另一个例子是，对于给定的风险，每个场景都包含一个不同水平的管理层反应：更高层次的严重性可能涉及更高层次的管理，这就需要使用更多的企业资源用以减轻风险事件的影响。

另一种我们需要考虑的变量是指某些场景可能引发通常与单个的风险来源相关的二次事件，尤其是那些极端严重的场景。这需要在风险情境本身之中，允许纳入和反映风险间的相关性。例如，一次糟糕的流行性疾病可能会引发经济衰退。

(2) **产生更精确的场景。**确定性的方法通过减少错误和偏差、避免不现实的情况以及产生更好的“尾”场景来获得更精确的风险情境。

①**减少错误和误差**。采用随机的方法，风险情境不易被记录以及与他人分享。风险情境会随着模型的每次运行而变化，其记录则包括提供公式而非特定的场景。然而，对于确定性的方法，风险情境能够很容易地被记录和广泛分享，因为它们是被明确定义的。这就减少了确定性风险的错误和偏差。确定性风险的宣传充分利用了更为广泛的群体知识，为识别和纠正错误提供了机会。例如，风险情境可能包括保险合同中关于缓解风险的假设，负责这些合同的风险经理可以审查文件并提供任何必要的更正（比如保险覆盖率的修改）。此外，透明度的增加可以减少偏差。研究风险情境领域的专家们知道他们的假设有一天会被其他人所审查，这可能促使其更加精确。

②**避免不现实的情境**。由于缺乏必要的数据，随机方法经常采用插值法，尤其是对战略风险和经营风险。随机公式通过依靠插值法在可获得的数据之间构建风险情境以自动产生未来的风险情境。然而，这会产生不现实的情境。一些风险或者说风险的某些方面只会在两种具体情况下发生。例如，一件丑闻要么被曝光要么被隐瞒起来。前者比后者要严重得多，这是因为媒体的报道会导致声誉受损。关于影响的严重性，在这两者间用插值法是不现实的。相反，确定性的方法可以避免产生这类不现实的情境。每个风险情境都由该领域专家自觉地、周全地、前瞻性地设计出来。

③**产生更好的“尾”场景**。自2007年起于美国的金融危机爆发以来，随机方法的运用就变得不那么普遍了。一个重要的原因是它们没能产生好的“尾”场景——特别是那些在分配图的末端的消极情境。随机方法依靠公式来表示风险分布的形状。当我们盲目地进入一个已有数据很少的领域时，公式与历史数据的不匹配性将会加剧，分布的尾端就是其中的一个例子。那些被随机方法描述为罕见的情境其发生实际上是有规律可循的，如金融危机，这也就暴露了该方法的一大缺点。确定性的方法并非按照数学统计这一愚蠢的方法，而是该领域专家对每个尾情境进行逐一分析并确定合理的可能性。虽然专家们可能回顾有限历史数据点，但尾场景更多的是依赖他们的判断，这能使尾场景更加合理。

（3）**加强风险文化**。随机方法的设计人员更少来自于业务部门。它更多地依赖一些财务人员，利用历史数据和数学公式创造出一种产生情境的机器。相反的，确定性方法涉及更多业务部门的人员。这是好现象。这能通过提高最接近风险领域的专家的知识利用率来改善风险情境，因为这些人员更加了解风险。而且，这同时也加强了组织的风险文化。确定性风险情境的方法涉及组织内广泛的人员，使他们处于企业风险管理模型下，并让他们在总体上更好地思考风险。这尤其适用于战略和经营风险，因为这些风险需要财务部门以外的其他领域专家，他们来自人力资源部、战略规划部、法务部、信息技术部以及其他的外部领域。除了对企业人员进行企业风险管理模型概念的普及，风险情境开发过程中的互动对话也有助于建立他们对ERM方案的支持。

（4）**支持决策制定**。能有效支持决策制定的情境有两大特点：

①**透明度**。随机场景不易被管理层获得。它们涉及对非财务人员来说非直观的

公式和数学方法。在一个嗡嗡作响的“黑箱”中，神秘的风险情境生产器产生了更多的情境……这令人产生怀疑。管理层无法“触摸或感受”到风险情境以及其如何运行的情况。由于无法仔细检查，管理层在使用信息进行决策的时候会犹豫不决。

然而，确定性风险情境是完全透明的。每一个特定的个别风险情境以及其假设，都通过简洁明了的文件清楚明确地表达出来。情境是无形的，也是和管理一体的。情境能被方便地检查到，管理层可以对任何假设进行质疑和敏感性测试。这会产生信任。因此，管理层能更放心使用这些信息并将其用于决策的目的。

②**稳定性**。由随机方法生成的风险情境往往会在每次企业风险管理模型运行的时候就发生改变。这是随机函数的性质。它给企业风险管理模型的结果带来了“噪音”。这使得管理层不安。当模型没有什么明显的修改而结果却出现大的变化时，会令他们抓狂。随机风险模型变化无常的性质一方面会引起缺乏稳定性的不安情绪，另一方面降低了决策对信息的需求。相反的，确定性风险情境更具稳定性。它们通常不会发生变化，除非必要的更新所导致的业务变化。这种一致性便于管理层将信息运用于决策制定中。

2. 个别风险情境的变化范围

每一种重要的风险往往有好几种风险情境。有些既有上行情境又有下行情境，有些则没有上下波动，但是所有的都是有一个基准值的。

（1）上行和下行情境。一些关键风险都会有上行和下行的情境，其中的一个例子就是竞争者风险。新竞争者的进入可以视为下行的风险情境，或者一个竞争者的失败可以看作上行的风险情境。这种风险可能会引起一些风险情境，诸如：

■ 极度悲观
■ 适度悲观
■ 基线（代表无风险发生）
■ 适度乐观
■ 极度乐观

（2）无上行情境。有些风险是没有任何上行情境的。这类风险一般是对事件的发生没有被预期（在战略规划中）。一个典型的例子就是恐怖袭击事件。一般情况下不存在关于恐怖袭击事件对公司直接影响的预期。风险情境可能包括如下几个方面：

■ 极度悲观
■ 适度悲观
■ 轻度悲观
■ 基线（代表无风险发生）

尽管恐怖袭击对多数公司的影响绝对不会是上行的风险情境，但这并不适用于所有的企业。在有争议的区域经营的公司在战略规划中也有对恐怖袭击事件发生可能性的基准预期，以及由此产生的可分配现金流预测。在这例子中，下行风险情境指的是那些事实比预期更为糟糕的情况——比预计的频率更高/或者比预计的影响更大。这里的上行风险情境指的是那些事实比预期更好的情况——比预计的频率较低/或比预期的影响更小。

另一个关于恐怖袭击事件将带来上行情境的例子是那些为这类风险提供安全覆盖的保险公司。保险公司在它们的定价、战略规划以及由此产生的可分配现金流预测中反映了对这些恐怖袭击事件的可能性及严重程度的预期。下行风险情境指的是在此期间事实比预期更差的情况，致使其损失比预期要高。上行风险情境指的是在此期间事实比预期更好的情况，致使其损失比预期要低。

(3) **基线情境**。所有的关键风险都有一个基线情境。基线情境是指无风险事件发生且战略计划预期与产生的可分配现金流的预测相吻合的情境。从技术上讲，这根本不算什么风险事件。然而，重要的是要保持一个占位符。它将会在风险量化企业风险管理循环的下一个步骤也是最后一个步骤（量化企业风险敞口）中发挥重要作用。由此，我们将同时关注多种风险情境发生的时间和地点。所需的输入值之一就是每个个别风险情境发生的可能性，基线情境也应考虑其发生的可能性。此外，如果基线情境能被当成另外一种个别风险情境，那么计算过程更易可视化和被执行。

3. 标识个体风险情境

个别风险情境的标签暗示了其等级，诸如最坏情况，可能并不总能被风险量化所证实。个别风险情境的标签最初是根据影响的严重程度的早期印象制定的。然而，它并不一定和实际计算出来的财务影响相吻合。风险量化是一个复杂的计算过程。它涉及对未来几年财务影响的预测、动态金融项目间的互动和多年后货币的时间价值的贴现效应。此外，不同的缓解安排也在发挥作用。最终，风险对不同的业务部门产生不同的影响。例如，一些监管条例对某一业务部门产生消极的影响但同时对另一个业务部门产生积极的影响。基于所有的这些复杂性，风险如何发挥作用并不总是在一开始就明显。

个别风险情境的标识并不重要，这对我们来说是个好消息。目前需要的是产生一组能够充分代表每个关键风险可能发生事件的个别风险情境。个体风险量化的结果——依据对公司的潜在影响量化每个风险情境——这将决定风险最终的级别。

4. 设计个别风险情境的方法

设计个别风险情境的方法有两种：

(1) **大多是客观输入的风险应对方法**。大多是在客观风险情境下输入的风险一般能获得大量客观的外部定量的现成数据。典型的如财务风险。其中的一个例子就是股票市场风险，该财务风险有长达十多年关于其波动的日（和日内）数据（例如，主要股票市场的波动）。

为这些风险设计离散的风险情境是相对简单的。丰富翔实的历史风险情境分布可以从离散风险情境中选择出来的。这一分布不仅给个别风险情境本身的设定还给其发生的可能性提供了参考。一些离散风险情境被挑选出来代表分布的形状，包括其拐点。每个离散情境的可能性都是通过与连续的历史分布的一部分相匹配以及合计其相应的可能性而获得的。[4]

（2）**大多数是主观输入的风险应对方法。**大多是在主观风险情境下输入的风险一般很难获得大量客观的外部定量的现成数据。典型的如战略和经营风险。其中的一个例子就是执行风险，它是一种没有外部客观数据可获得的战略风险。按照预期执行战略规划的能力对每个公司来说都是一个独特的风险。

为这些风险设计离散风险情境相对更为复杂，因为它需要特定的技术专长。专门用于解决这项问题的技术是来自制造部门的一个被称为“失效模式和效应分析”的改进技术，该技术在第3章中有详细介绍。该技术涉及确定相应的内部的该领域专家、采访他们并要求他们确定风险情境事件、分配的可能性，并估计定量影响。第3章的图3—3和图3—5显示了FMEA访谈的汇总结果。FMEA采访的结果包括所有量化个别风险情境所需的输入值，包括变化或震惊等影响可分配现金流预期的事件。对于多数关键风险，典型的包括以下几种：

■ 一年或多年的收入变化

■ 一年或多年的变动成本变化

■ 一年或多年的固定成本变化

对于那些显著改变公司风险概况的风险，折现率的变化也被包含于其中。

行业专家一般都会按照范围提供这些输入值。例如，他们可能估计下一年的收入会降低“将近10% ~20%”范围的中值一般被用来作为量化的主要输入值，端点则用来进行敏感性分析。

为了改善风险情境的设计，企业风险管理团队提供了合适的行业专家知识并从风险事件数据库中收集信息。对于谈及的风险，这一信息将包括公司风险事件的历史发生情况（有助于形成可能性假设），事件如何展开以及管理层的行动（有助于形成风险情境事件本身的可能性）和最终的财务影响（有助于形成影响假设）。

5.4.2　模型计算

基于价值的企业风险管理模型是沿着企业风险管理循环的风险量化步骤一步步演化而来的。在量化个别风险敞口这一活动下，模型从上一个步骤即计算基线公司价值开始就被拓展为包括两个新性能：（1）基线的冲击；（2）利益相关者行为。

1. 基线的冲击

我们最终找到了基于价值的企业风险管理方法的最为基本的因素：量化个体风险。个体风险是通过对基线公司价值的潜在影响或冲击来量化的（其他的重要的指标也是从可分配现金流预测中派生而来的）。我们对风险的定义是对预期的偏离。预期则被定义为基线公司价值（或者说预计可分配现金流的基线）。

基于价值的企业风险管理模型被拓展到能反映基线公司价值的冲击。这就涉及考虑基于价值的企业风险管理模型的任何要素对基线公司价值的冲击，它包括可分配现金流的预测和折现率。它提供了关于基线公司价值的前后对比（以及支持的关键指标）。

尽管可以手工编辑基线公司价值的模型，但这种方法较为粗糙、繁琐、容易出错。此外，它也不能对模型演化所需的下一个风险量化活动即量化企业风险敞口提供有力支持，而这需要一个有效的机制来运行包含多个同步冲击的众多模拟。因此，有必要修改基于价值的企业风险管理模型使其能以一个完美的方式有效的容纳这些冲击。

冲击基线的有效能力的一个重要方面是隔离和强调那些任何可能发生改变的因素。出于必要，它将随着工作进程演化为关键风险的风险情境。因为设计出新的风险情境，新识别的要素会对模型进行“冲击”。这样的例子是关于仅影响其中一个业务分部的一个子分部的风险情境，这一点上，该情况下的模型仅包括业务分部水平上的详细情况。在一些情况下，修改模型用来包含额外的细节，将一个业务部门分割为两个组成部分，以隔开风险情境对业务的影响是明智的。另一个例子是风险情境以不同的方式影响不同阶层的销售人员。我们假定阶层的不同是与经验水平相关的。可能有必要扩大模型对项目招聘、人员保留和每个阶层的生产水平的分别跟踪和预测，这样有助于有效处理相关的风险情况。

2. 利益相关者行动

量化个别风险敞口过程中，为了在风险情境设计工作中识别这些要素，我们需要改变基线公司价值。这已经不再是一个如同基线价值计算模型一样用于计算基线公司价值的静态推测了。我们不断改变这一系统，使其一个基线情境转化为一个新的后风险事件情境或者意外情境。然而，产生意外情境不仅仅是调整风险情境设计工作中需要识别的要素。我们还必须对利益相关者行为的动态情况进行调整。

利益相关者的行为是内部利益相关者（如管理层）和外部利益相关者（如评级机构）所采取的可合理预测的行为，它是对意外情境中所引发的问题的一种回应。关于内部利益相关者活动一个例子是，当可用资金下降到一个水平时，管理层就会采取措施筹集资金。基于价值的企业风险管理模型应当充分考虑这一现实，并修改计算结果以动态反映该现实。关于外部利益相关者的一个例子是，当收入下降到一定水平时，评级机构就会下调评级。再次，基于价值的企业风险管理模式不仅要动态地反映个别风险情境本身所引发的活动，还应当动态地反映诸如资本、收入、费用等其他主要财务项目。

5.4.3 输出结果

对于个体风险量化行为，我们将讨论三种主要类型的输出：

- 冲击的关键指标
- 冲击的属性
- 冲击的比较排名

1. 冲击的关键指标

来自量化个别风险情境的输出结果通常包括关于基线和意外情境的重要指标。

为了说明一些常见的输出值，我们继续以我们前面的例子梨公司为例，并考虑以下的个别风险情境：

风险：产品战略的执行

风险情境：InfinityG，即梨公司复杂的网络系统，发现存在技术问题。

对 FMEA 风险情境设计工作影响的部分总结：

■ 梨公司被迫将其平均价格从每单位 250 美元永久地降低为 225 美元

■ 每个销售人员的年销售额从 750 美元永久地降低为 725 美元

■ 梨公司被迫永久地增加 10% 的管理费用以支撑额外的市场开发

该风险情境常见的个体风险量化输出都在表 5—2 中表示出来。

表 5—2　**个别风险情境量化输出：梨公司产品战略执行风险情境**　单位：百万美元[5]

	企业价值	窗体顶端 五年的收入 CAGR[6]	五年 eps[7] 的 CAGR
基线情境	1 907	7.98%	10.86%
意外情境	1 571	5.03%	6.39%
绝对值变化	-336	-295bps[8]	-447bps
变化百分比	-17.60%	-37.00%	-41.20%

这时候我们所能做的事情就是对风险情境进行逐一量化。我们尚未计算风险情境间的任何交互性，因为这是风险量化活动的下一个活动——计算企业风险敞口。然而，这是非常有价值的信息，它促使管理层采取行动。一旦管理层发现了对公司价值的潜在影响，他们就会采取行动。这些行动我们将在之后讨论的属性信息中进一步说明。此外，稍后我们将通过几个案例研究来进一步阐释。

2. 冲击的属性

通过自身计算个别风险情境对公司价值的冲击影响是很重要的信息。它向管理层展示了风险和价值的关系，重点在于对一个商业案例涉及的缓解决策加以优先排序和说明。然而，特定的减缓行动是通过计算个别风险情境对公司价值的冲击来获得进一步了解的。这也揭示了风险驱动的每个部分对公司价值的整个冲击的贡献比例。例如，假定一个风险情境包括两大驱动——一个是减少收入而另一个是增加可变成本。该属性可以显示总的价值冲击分别由每个组件的驱动程序引起的程度：收入减少引起的价值冲击，或者可变成本增加引起的价值冲击。

计算每个驱动部分的属性的方法有好几种。下面我们将通过两个例子介绍一下这些方法：

Method#1. 每个组件的驱动程序将逐一引入到基线模型，其对价值的冲击需要分开记录。如果风险冲击的组成部分的加总不等于总的风险冲击（由于交互性），那么剩下的将按照每个风险冲击部分所占的比例分配到各个驱动部分。如果给一些驱动进行分配很明显是没有必要的，那么这些组件的驱动程序就会被明智地排除在外。

Method#2. 每个组件的驱动程序将累积到引入模型，按照确定的顺序，则每个边际价值冲击都可以归因于新引入的驱动程序。

我们将通过之前介绍的梨公司产品战略执行的风险情境的例子来演示属性计算以作为一个例证。该属性的信息详见表5—3，我们使用Method#1的属性。任何交互性分配前最初的属性结果都通过第一栏表示。个别组件的驱动程序的冲击总和加起来使公司价值减少了344亿美元，这与我们前面的例子中公司价值冲击后总的减少的336亿美元不相等。这是由于组件驱动程序的交互性。在这个例子中，联合的影响比各部分的影响总和要小。我们只分析前两个组件的驱动程序分配交互影响：每单位平均价格的下降和每个销售人员每年销售额的下降。交互性的起因有两个：第一个原因降低了销售上的平均收入，第二个原因减少了销售数量，这在某些程度上就进行了互相抵消。表5—3中的第2栏通过前两个组件的驱动程序值的大小显示了分配情况。第3栏中的数值最终验证了公司总价值受冲击的数额为336亿美元。第4栏中的数值通过百分比的形式显示了每个组件的驱动程序对公司价值的冲击的相对贡献率。这一属性也帮助管理层在考虑风险减缓的机会时提高其关注度。稍后的案例分析将详述这一点。

表5—3　**公司价值影响的属性：梨公司产品战略执行的风险情境**　单位：百万美元

	(1)	(2)	(3)	(4)
	最初的归属	**交互项的分配**	**最终的归属**	**百分比**
每单位平均价格的降低	−240	+6	−234	70%
每位销售人员每年销售额的减少	−80	+2	−78	23%
由于开发市场增加的管理费用	−24	—	−24	7%
组件驱动的合计	−344	+8	−336	100%

3. 冲击的比较排名

一旦所有个别关键风险情境的计算都完成了，相对结果也就出来了。这其中最重要的是有关基线公司价值的潜在影响的所有个别风险情境敞口的排名。这个已经在第3章的图3.2中阐述过了，我们这里在图5—3中再重复一下。一旦我们能获得公司价值的这一指标，我们也能很快获得其他基础上的重要指标。

正如第3章中讨论的那样，这是一个非常重要的输出。这是管理层第一次从一个全面的视角来看待所有的主要风险（包括战略、经营和财务的所有来源），依据其对一个统一指标的影响来进行量化。这将使管理层的注意力立即转移到排名最前面的风险。此外，这取代了企业风险管理循环中风险识别环节的定性风险评估所产生的最初的排名。初次完成的时候，往往会让人很惊讶：一些事先认为很大的风险结果是相当小或者说不值一提的，另外一些事先以为很小的风险最后排名却很靠前，有时候甚至位列前五名。

5.4.4　案例研究

这里我们通过五个案例分析来阐述如何采用基于价值的企业风险管理方法来量

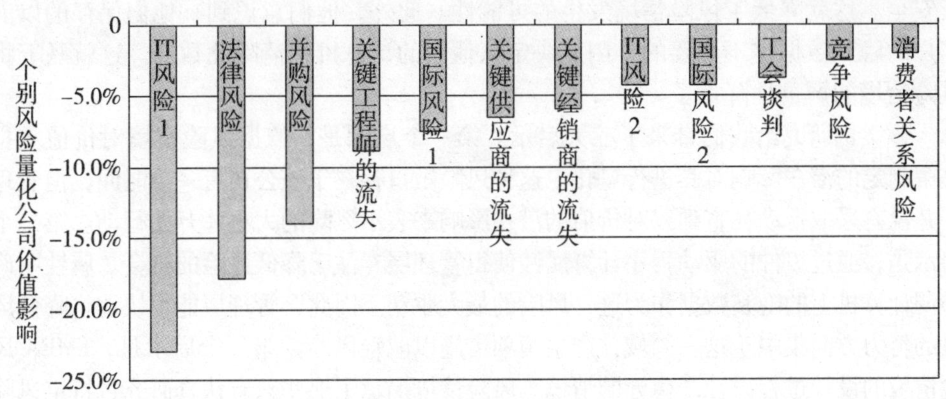

图 5—3　个别风险情境的排名

资料来源：Copyright © 2011 SimErgy. All rights reserved. 有改动。

化个别风险情境。这些案例研究不仅介绍方法也介绍信息产生的影响：量化对支持管理决策制定的作用，尤其是对基线公司价值的潜在影响。案例研究的重点放在战略和经营风险上而不是财务风险，这是因为对后者的量化相对简单，而到目前为止，前者的实用量化方法对多数企业风险管理的专业人员来说依然是难以捉摸的。

1. 案例 1：技术数据安全和隐私

该案例研究涉及技术数据安全和隐私的经营风险。一个中等规模的金融服务公司很惊讶地发现，其技术涉及外部攻击的风险情境在其对公司价值的潜在影响方面排名第 3。风险情境设想了一个电脑蠕虫病毒进入未受保护的设备诸如一个手持设备等。该公司已经制定好政策用于保护所有的此类设备，但也意识到该政策并没有被广泛地执行，导致这些设备易于受损。这里介绍的风险情境是一个极端消极的例子，它几乎囊括了所有的可以想象的坏情况：

- 整个电子邮件系统瘫痪
- 所有的程序和文件及其备份都被删除了
- 为了挖墙脚，客户清单被盗并出售给竞争对手
- 客户信用卡资料被盗并进行欺诈买卖
- 客户隐私资料被盗

然而，通过对属性的审查，我们很快发现对公司价值的影响中绝大多数是因为最后一项——客户隐私资料被盗，而这一项往往通过通知和监督[9]成本来反映。FMEA 风险情境开发过程中，其内在的逻辑如下：成千上万的客户隐私数据保存在几十台电脑中，公司也无法确定具体是哪些电脑。因为所有的程序和文件将被删除，所以无法确定是全部隐私数据还是部分隐私数据被盗。因此，公司就不得不为所有的在它们的电脑中保有隐私数据的客户支付通知和监督成本。

这样一个个体风险量化信息的结果是管理层马上做出了两个都有关减少影响的决定。他们发起了一项倡议，主动识别哪几十台电脑上存储了客户隐私数据并确保

其安全。这就降低了风险情境发生的可能性。此外，他们意识到，他们保存的以前客户的隐私数据是不必要的，因此决定从他们的计算机中清除此数据。这就马上将风险情境的严重性降低了一半。

该案例研究给我们带来了三大启示。第一个启示是，依据风险情境对价值支持决策制定的潜在影响对其进行量化。这种风险敞口存在于该公司有一段时间，但管理层并没有采取行动，直到以对价值的潜在影响来表示风险的大小才开始行动。第二个启示是，通过组件的驱动程序计算属性使得管理层专注于降低风险的机会。属性明确强调计算机上的隐私数据作为这一风险的最大驱动。因此，管理层能很快地将降低风险的努力方向集中于这一领域，产生两项措施以减轻风险。第三个启示是，FMEA 风险情境的设计过程设计了稳健的情境。风险情境揭示了那些只有认真研究过特定风险情境的内部行业专家才能获得的周密细节以及这项工作的宝贵性质。

2. 案例 2：重要员工的流失

该案例涉及重要员工流失的经营和人力资源风险。一家大型保险公司量化了有价值的员工高度密集易导致风险敞口的集中风险情境。他们开始特别地关注销售领导集体去参加一个会议的路上发生飞机坠毁的风险情境。该公司出台一项政策限制每一班飞机上重要员工的数量，但该政策并不能总是有效执行，尤其是对于销售领导人会议，因为销售精英往往想要乘同一班飞机去参加这些会议。此外，这些会议往往在具有异域风情的地点举行，而通往那里的航班也较少。该风险情境指的是流失以下几种类型的人员：

- 高级销售人员
- 销售经理
- 部分高级行政人员

在对属性的审查中我们发现尽管高级销售人员的流失影响重大，但是对公司价值产生更大程度的影响是销售经理的流失。FMEA 风险情境设计工作以及基于价值的企业风险管理模式的量化的内在的逻辑是：销售经理是最难以替代的。他们是极为宝贵的人群。销售人员对销售经理非常忠诚，甚至可能将公司置于销售经理之后。因此，当销售经理流失时，该区域的销售人员的保留率也将降低。该区域留下来的销售人员的积极性也将受到影响。

这样一个个体风险量化信息的结果是管理层决定立即做出有关降低风险的决定。他们决定加强限制关键员工乘坐同一班飞机出行的政策执行力度，尤其是对销售经理。此外，他们审查其他的出行政策，力图找到与其他交通形式有关的任何其他降低风险的机会。

该案例给我们带来三大启示。第一个是通过组件的驱动程序计算属性使得管理层专注于降低风险的机会。销售经理代表了这个风险敞口中的主要部分，这一点直到这次活动才得以明了。

第二个启示是基于价值的量化优于保险公司普遍采用的传统的基于资产的量化方法。如果保险公司用传统的方法即经济资本模型量化风险，它可能会显著低估这种风险情境的影响，导致它并未得到缓解。这是因为多数的经济资本模型在基线预测中忽视了与新业务相关的未来收入和费用，相反的是它们只是预测了目前的业务将会发生的收入和费用。然而，这类风险情境以及多数的战略和经营风险的风险情境，其所受到的影响多数是依赖于未来的收入和费用，而非资本。

第三个启示是，事实上基于价值的模型是非常简单的，只需要预测风险情境对价值的影响，将其贴现到当前时刻，计算出包含属性在内的最终结果。一个直观的估计是不够的。想要完全正确地对风险进行排序，识别最大的因素驱动，并采取适当的减缓措施，这在没有统计数字的情况下是不可能的。

3. 案例3：洗钱

该案例涉及潜在洗钱事件的经营和人力资源风险。美国一个知名的非上市保险公司为所谓的反洗钱活动（AML）花费了相当数量的资金。该支出使得高级行政人员叫停所有进一步反洗钱的缓解活动，等待分析结果。他认为这种减缓可能是过度的，尤其是对我们正在讨论的风险。他问：这种风险怎么会如此糟糕呢？因此，该公司要求量化这种风险。我们这里阐述的风险是非常消极的一种情况：

■ 发生严重的洗钱行动

■ 公司被罚款

■ 接下来的刑事诉讼

■ 引发媒体的报道

■ 客户保留率相比于其他公司显著下降，因为该行为违背了公司高端的品牌定位。

该量化揭示了该事件会使得公司价值损失近一半（45%）。当管理层了解了这一影响大小，他们的反应是决定性的：他们立即恢复对反洗钱活动的投入。他们很快就对这一决定感到满意。他们并未询问计算结果的准确性。他们也没有询问，甚至不关心估计的风险情境发生的可能性。因为它并不重要。直到这个风险量化活动后，他们才意识到他们之前认为的“零容忍”10的事项对价值的潜在影响也在这个排行中。

该案例强调了两点。第一个启示是，价值指标决定决策制定。最主要的是对公司价值产生了影响。价值是企业决策者的语言，当你讲他们的语言，他们明白：他们关心的事情遇到了一个明显的威胁。第二个启示是，虽然缺乏准确性，但风险量化活动增加了价值。在这个案例中，计算结果的近似性并不会影响信息对高级管理人员的有用性。他们为他们所做的决定感到满意，并迅速采取行动。

4. 案例4：供应商断货

该案例涉及潜在供应商断货的战略风险。美国一个知名的清洁用品制造商曾经量化过他们的风险。其中的一个风险是唯一的供应商遭遇火灾。此前，管理层曾经做出一个战略决策，决定减少其中一条小产品线的备用供应商。这就导致了企业陷入唯一供货渠道的境地，但这没有引起足够的关注，也使其很长时间不受控制。在风险量化工作开展之前，管理层询问过单一来源的供应商有关减轻火灾损失的程序。他们的回答是:“我们很擅长这个。事实上，虽然我们如此擅长这方面，但不能告诉你们细节问题，因为这是高度机密的。我们将其视为一种竞争优势。”鉴于此，管理层决定作为其受托责任的一部分，他们应当对这一风险进行量化。

对火灾将供应商全部的设备都烧毁的风险情境进行量化发现，迄今为止，这是该公司中对公司价值有潜在影响的风险中居于第一位的。其影响程度接近公司价值的12%，而第二位的最具潜在影响的风险只有9%。通过FMEA风险情境的设计活动以及基于价值的企业风险量化模型的量化，蕴涵的理由如下：独家供应商的损失会导致其中的一个小产品线被完全摧毁。此外，这还会导致其中一个主要的产品线的市场份额的损失。主要产品线处于一个竞争非常激烈的市场，强硬的竞争者就会乘虚而入，并带走一大部分他们的市场份额，一旦较大的市场份额被竞争者夺走，就永远无法完全恢复。市场份额的永久丢失对未来的预算年份的影响是很大的，即使是折现到当前时刻也是相当大的。

管理层对这一信息感到惊讶，同时也感到兴奋。这是好消息。他们马上做出一个降低风险的决定，开始对后备供应商进行量化。量化的结果是拥有后备供应商仅需要两年时间和200万美元，这些钱对他们来说并不多。这意味着他们能够向董事会汇报排名第一的关键风险以及其他风险，然后在一个相对短的时间内实际消除排名第一的关键风险。拥有后备供应商，该风险情境发生的可能性变得如此渺茫以至于可以从主要的风险列表中移除。

该案例阐明了两个启示。FMEA过程是一个非常宝贵的方法，它将那些最接近风险的行业专家的知识进行转换和共享。此外，价值指标需要用来全面地量化风险。这种情况下，需要通过对损失的收入的全面预测来恰当地量化这一风险情境。

5. 案例5：糟糕的战略规划

我经常问这么一个问题：“难道不存在某些不能被量化的风险吗?”传统观点认为一些风险是不能被量化的，这似乎渗透到许多的企业风险管理的文献中，这一观点也普遍存在于传统的企业风险管理从业人员中。正如本书通篇所讨论的那样，从理论上说，基于价值的企业风险管理方法允许对任何风险进行量化。这由实际经验所证实，而非单纯的理论。上述的案例为此提供了一些证据。然而，最难进行量化的风险之一是关于糟糕的战略规划。毕竟，如何能判断他们的战略规划是否设计不良？这也是为什么该案例能成为我最喜欢的案例研究之一。它说明了该情境及其运行方式。

该案例涉及糟糕的战略规划的战略风险。全球技术领域的领先者也开始实施ERM方案。他们刚刚完成企业风险量化过程中风险识别的环节，并希望基于价值的企业风险量化方法能在企业风险管理的风险量化过程中顺利运用。为了验证其可行性，他们选择了他们认为最困难的风险量化：糟糕的战略规划的风险。管理层意识到他们有着企业家的文化，这使得他们倾向于制订极为激进的战略计划。他们通常无法达到战略规划目标，但是这种失败是因为目标的不现实，而非战略执行力度不够。

该风险的量化难度被提升到前所未有的高度，就像一个奥林匹克高台跳水运动员需要再增加一个空翻转体，这是因为该公司，也就是他们的咨询顾问，拒绝给我们提供他们的战略规划。尽管我们已经签署了保密协议，但是其政策规定该战略规划是高度机密的不能对我们公开。基于价值的企业风险管理量化方法的第一步就是建立基线价值评估模型，这并不是一个好消息。然而，我们能够获得公开的财务报告，以及管理层关于未来增长预期的公开声明。使用这些信息，我们制定了该公司的高水平的基线公司价值评估以及基于价值的企业风险管理模型用于量化风险。

该风险情境的设计会议是在 FMEA 方法的指导下进行的。这里阐述的风险情境涉及有关四个特定战略规划元素的失败，管理层认为这部分的可行性是值得怀疑的。一方面是因为不可能在新开发的市场上实现和保持与主要市场相同的溢价。另一方面是因为与供应商的关系比预期中要差。剩下的两点则是无法完成预期的有关整合兼并的成本削减。该风险情境的量化揭示了基线公司价值潜在下降 20% 。

该案例研究有两个有趣的地方。第一个是发生在我们第一次展示基线公司估值的会议上的互动。当看到基线价值评估以及可分配现金流预测，项目负责人将其团队拉到一边进行了一个安静的讨论。在这个短暂的讨论之后，他们表示了他们的一项担忧，他们认为我们在某种程度上获得了一份其战略规划的副本。显然，我们是在比平时要简单的假设基础上进行高水平的估计，该基线价值评估与实际如此吻合，以至于他们难以相信我们并未获得他们真实的战略规划。事实上，我们能够使他们相信我们仅仅是使用了公开的信息。前面所提到的有趣之处在于，许多的模型设计者认为企业风险管理模型必须是详细并使用精确的假设才能使其完全有用。这在理论和实际中都是不正确的。

该案例研究的第二个有趣之处与风险情境量化有关。基线公司价值下降 20% 的震荡幅度几乎相当于它们的员工所持有的股票期权中的价外期权[11]。这就揭示了战略规划制定过程的偏误水平。增加公司的价值是管理层的职责所在。在这在情况下，其深层次的需求之一是提高股票的价格水平，使得股票期权处于价内状态[12]。换句话说，市场在含蓄地表达说，“我们不相信你的战略规划，我们认为你将无法实现这些关键要素”，在某种程度上市场会进行自我推断（也许这四个战略规划的要点也是管理层所怀疑的）。事实上，通过他们的战略规划，管理层在说，“我们认为我们值得该基线公司价值”，而市场在说，“不，我们认为它只值 20% 或者更低。” 谁是对的呢？如果管理层能完美地实施他们的战略规划，他们或许就是对的，那么他们的市场价值就会增加 20% 。如果我们这里讨论的风险情境最终发生，同时管理层错过了对这四个战略规划要素的认识，市场的估值最终很可能更精确。真相在某种程度上是介于两者之间的。然而，未实现战略规划的成本现如今已经被量化出来。此外，这个属性也揭示了我们所谈论的四个战略规划要素的每一个对实现战略的相对贡献。这使得管理层能更深刻地认识额外的努力为实现战略规划目标所增加的价值，它不仅体现在总体上，也体现在每一个单独的战略规划要素的边际相对贡献上。这有助于优化配置管理层的精力，以及使商业案例提出其他的方案以支持战略规划的目标。该案例强调了四个教训。第一，任何风险都能被量化，即使是像糟糕的战略规划这种非常具有挑战性的风险。第二，对个别风险情境的量化，包括对预测的基线公司价值的计算，但不需要非常准确地达到其目的。在这个案例中，尽管在构建基线公司价值过程中完全缺乏内幕信息，企业风险管理模式仍然对管理层产生了高度的共鸣。第三，使用价值指标度量企业风险管理信息与其他重要指标相关，例如这个例子中的员工期权（以及他们的行权价格）。这有利于将企业风险管理融入公司的主要过程，包括决策制定（第6章）和风险信息传递（第7章）。第四，对风险的组件驱动产生冲击的属性有利于管理层专注于一点或者对其行动进行优先排序。

5.5 量化企业风险敞口

企业风险管理循环中风险量化的第三步就是量化企业风险敞口。我们将从以下三个方面探讨如何量化企业风险敞口：

1. 输入数据和假设
2. 模型计算
3. 输出结果

5.5.1 输入数据和假设

企业风险以图的形式（见第3章的图3—3），展示了可能的结果范围：

■ 实现基线（无风险事件）

■ 一次一个风险情境

■ 一次两个风险情境

■ 一次三个风险情境，以此类推

该图是一种分布，其中横轴代表严重程度，或对基线公司价值（或其他一些关键指标）的影响，纵轴代表可能性。因此，企业的风险量化计算需要两种类型的输入——一种是与量化个别风险情境严重性相关；另一种是与可能性相关。有关严重性的数据和假设一般是已知的，因为它也是个体风险量化的输入值。

与可能性相关的输入值有两类：

■ 个别风险情境的可能性

■ 个别风险情境之间的相关性

1. 个别风险情境的可能性

与可能性相关的第一个输入值——每个个别风险情境的可能性——也是已知的。比较困难的部分是为每个关键风险，估计每个个别非基线风险情境的可能性，这些非基线情境是在风险情境设计工作中利用FMEA技术所设计的。比较容易的部分是估算其余方案的可能性——基线情境。它的计算值为其他个别非基线风险情境可能性总和减去100%。

2. 个别风险情境之间的相关性

与可能性相关的第二个输入值是个别风险情境间的相关性。这必须通过设计得出。多数传统的方法试图将相关性纳入风险模型，但都在2007始于美国的全球金融危机中暴露其弊端。多数的传统方法是对随机风险情境的结合，因此，这就需要一个通用的有关风险来源之间相关的假设，它假设所有的与其相对应的个别风险情境是有效的，而不是自定义每对个别风险情境的相关性假设。这意味着，传统的方法是试图采用一种单一的相关假设来概括两个不同的风险来源间的相关性。这就需要所有的由这两个风险造成的风险情境承担同样的相关性行为。这只是粗略的估计。在金融危机中证实了一点，当出现极端的风险情境时，这种相关性假设就不起作用了。风险间的相关性在“尾部”表现得极为不同，“尾部”是指在极端负面的边缘，对应着两个或两个以上的同时发生的强烈消极的风险情境。

与确定性风险情境相结合的基于价值的方法，使我们避免了这种困难。我们给每对个别风险情境制定假设，而不是因为它们是受同一个风险源的影响就试图将这一个关联性广泛推广。这初看起来是一项艰巨的任务，因为有可能需要超过100个个别风险情境。然而，绝大多数个别风险情境组合是独立的，但这意味着它们是不相关的，也就是说，它们的相关系数为零。大多数的关键风险是战略风险和经营风险，而不是财务风险。多数的战略和经营风险是相互独立的。例如，战略有缺陷的风险与信息技术的故障无关，这一故障与监管改革无关，等等。虽然有必要考虑配对，但是大部分工作都是用此瞬间完成的。

对于那些相关的个别风险情境对，相关性必须被估计。那些客观的外部数据是现成的，个体风险通常是财务风险，其相关数据可以从投资部门获得。对于其余的部分，一个简单的方法是通过合适的迹象和大概的范围进行简单的猜测。

这为什么是合理的呢？因为通常的相关性，甚至那些客观的外部数据是现成的风险的相互关系，都是神秘的关系。(a) 没有人可以非常明确地知道，在“尾端”的情况下他们的行为是怎样的；(b) 确实存在，并且在计算分配的结果时至少应该有一些说明，如企业风险敞口。

因此，如果两个个别风险情境被认为适度正相关，就给它们的关系赋值。虽然是相当任意的值，但它应该至少反映了相关的方向（在本例中，正向的），以及相对其他相关性的分配，相关性的大小至少要反映其相关程度（在本例中，适度的）。

5.5.2　模型计算

企业风险敞口的计算包括以下三步骤：

- 选择模拟
- 计算影响
- 计算可能性

1. 选择模拟

每一种模拟都代表着组织的一种可能的未来。一个模拟可视为一个向量，其长度等于关键风险的数量，每个向量的位置表示风险情境下选择的关键风险。以下就是一个例子：

$Simulation_i =（Risk_1 Scen_i, Risk_2 Scen_i \cdots Risk_n Scen_i）$

其中：

■ i = 模拟次数

■ $Risk_x$ $Scen_i$ = 模拟 i 中被选出的关键风险 X 的风险情境；这就包括一个悲观的场景和一个乐观的场景（如果存在的话）或者这一关键风险的基线场景（这意味着没有风险事件发生）

■ n = 关键风险的数量

对于选定的关键风险，模拟的数量必须包括每一个设计的可能风险情境的组合。一小部分的关键风险和风险情境就会产生相当大的模拟数量。采用快捷方式来选择一组模拟，这些模拟能表示出既健全又稳定的企业风险分布。这在某种程度上是一种艺术形式，并可以使用各种技术来做到这一点。

一个实际可行来选择适当但易于管理的模拟集的例子涉及以下三个步骤：

(1) **设置最大运行时间**。第一步是确定模型所需的最大运行时间。理想的情况下，虽然一些公司找到一个运行时间为 12 小时甚至 24 小时的可接受的时间框架，但基于价值的企业风险管理模型只能够在 6 至 8 小时执行企业风险敞口的计算，所以运行时间必须足够短，以在需要时实际运行多个迭代模型。此外，它必须足够迅速，以至于有效地支持决策的制定，尤其是在最高水平的决策制定时，其速度是最重要的。

(2) **确定最大的可行模拟数量**。在第一步中确定的最大运行时间是可以用来确定最大数量模拟的，它可以在时间框架内计算出来。例如，假设最大的运行时间是 6 小时。运行 10 000 个模型，并记录运行时间。如果运行时间为一小时，在最大运行时间是 6 个小时的时间框架下[13]，模拟的最大数是 60 000。

(3) **确定具有所需稳定性的模拟数量**。在这一步，使用随机技术生成一个初始的模拟数量（远低于可行模拟的最大数量），然后通过基于价值的企业风险管理模型运行计算企业风险敞口的第一个价值。值得注意的是这里所采用随机方法生成的模拟数量只是从确定性风险情境中随机选取的模拟数量，而不是使用随机技术来实际构建一种风险情境。第一个值被计算后，第二个值是使用一套新的随机生成的模拟数量计算。然后，它们要进行比较，看看是否在彼此的合理容忍范围内。如果存在合理的稳定性，模拟的最初数将成为最后的模拟数。但是，如果第一个值不是在第二个值可接受的容忍范围中，那么该进程必须是重复的模拟，不断增加模拟的数量，直至取得稳定。

如果具有所需稳定性的模拟最终数量超过了可行的模拟的最大数目，就会有几个选项。如果所需模拟的数量增加导致相应运行时间的增加，管理人员可以简单地选择接受。但是，如果运行的时间长得难以接受，一种方法是管理层拨出更多的计算资源，使用并行处理来缩短运行的时间至一个合理的水平。另一种方法是修改包括一些确定性模拟和随机模拟的计算，使计算更稳定，使用更少的随机模拟。这种确定性模拟通常包括在可能性或者严重程度上显著高的模拟。

一旦模拟被选定，它们就被锁定到模型中，并不允许从一个模型更改到下一个模型[14]。如果随机模拟是在每个模型运行的时候刷新，这进一步通过避免目前的“杂音”，增加了其稳定性。

2. 计算影响

一旦确定模拟，每次模拟都是通过基于价值的企业风险管理模型来计算对基线公司的价值的影响（以及其他关键指标）的，并将结果记录下来。同时有多个风险情境同时发生的模拟将使其冲击输入聚集到一起，这些输入来自对应于每个风险情境的FMEA设计活动。然后，基于价值的企业风险管理模型将计算集成多个风险情境发生的综合影响。这是模型功能强大的一个方面：能够看到多个风险的设想是如何相互作用的，并测量其对组织的净影响。

3. 计算可能性

一个模拟的可能性是通过将每个个别风险情境的模拟向量的可能性进行相乘计算得出的，这就要求初步假设所有的风险情境是独立的，然后乘以相关调整系数。

$$P(Sim_i) = P(Risk_1 Scen_i) \times P(Risk_2 Scen_i) \cdots \times P(Risk_n Scen_i) \times CAF$$

其中：

■ P（x）= x 的可能性

■ Sim = 模拟

■ i = 模拟数

■ $Risk_x Scen_i$ = 风险情境，来自关键风险 x，在模拟 i 中被选定；这就包含了一种消极场景，一种积极场景（如果存在的话），或者这一关键风险的基线场景（意味着无风险事件的发生）

■ n = 关键风险的个数

■ CAF = 相关系数

当模拟包括两个不独立发生的风险情境时，必须做出调整以说明它们之间的相关性。从简单到复杂，有很多方法可用于此。简单的方法或许更可取，因为它避免了打着真正的相关性一定能够确切地被知道的幌子。这是另一个例子中发挥作用的有效位数的规则。许多风险建模者花大量的时间和精力进一步改善其相关的方法和假设，仿佛这是ERM方案的成功和失败之间的区别。虽然多个风险之间的相互作用是企业风险管理的一个关键因素，有多个方法来反映风险的交互性，但相关性的调整是其中最不重要的一点。详见“获取相互作用。”

获取交互作用

传统的企业风险管理方法在确定和测量风险情境时一次只能确定和测量一个风险情境。之后，通过对可能性的相关调整，试图获取所有风险的交互性。但这还不够。关键的企业风险管理准则之一是要能完全获取两个或更多的风险之间的相互作用的综合方法。这在第2章和第3章中作为准则4已经被讨论过。基于价值的企业风险管理方法有三种技术用来解释这些交互作用：

1. 风险情境
2. 对公司价值影响的计算
3. 相关性的调整

风险情境

第一种解决风险交互问题的方法是直接在风险情境中反映出来。在基于价值的企业风险管理方法中，确定性风险情境是使用FMEA技术来设计的。这是一个令人深思的过程，在这个过程中要求行业专家通过其来源定义的关键风险思考个别风险情境。这使得专家们考虑风险来源对下游的影响，包括那些第一次的影响，第二次的影响，等等。这些影响包括引发与不同的风险来源相关的其他风险情境，然后将这些风险来源直接纳入风险情境中。例如，假设一个极度悲观的大型流行病的风险情境可能会引发经济衰退的风险情境，经济衰退本身也会产生一系列的影响后果，更为复杂的是其中又直接嵌入了大型的流行疾病的风险情境。

这是反映风险之间的相互作用的两个最有效的方法之一。它提供了一个风险相互作用的现实写照，以及它是如何在现实中发生的。这将引出最接近风险和业务的行业专家的知识。此外，这提供了一个量身定制的方法来研究风险的交互性。相对于一个采用单一的涉及一个特定风险的所有风险情境的相关性指标的公式化方法，这种方法使得我们能够为每一个具体的风险情境使用自定义的风险交互性假设。

对公司价值影响的计算

解决风险交互性的第二种方法是直接反映在对公司价值的影响（和其他关键指标）的计算上。基于价值的企业风险管理方法允许对两个或两个以上的风险情境直接在基于价值的企业风险管理模型中进行量化。

这是最能反映风险间的交互性的两大方法中的另外一种。这就为风险如何交互影响，包括有些组合可能相互抵消以及其他组合可能会加剧彼此影响提供了清晰的画面。我们可以直接观测到预期的可分配现金流、基线公司价值，以及其他关键指标的净影响。此外，一个计算的属性揭示了个别的驱动组件及其相应的对任何风险之间交互性的贡献。

相关性的调整

解决风险交互的第三种方法是风险相关性的调整。这些都是对模拟可能性的乘法修正。这些确实有助于识别两种风险情境关系的一个方面：是否有同时发生的倾向。不过，这是三种技术方法中最为不重要的。对于大多数相关的风险来说，这是一个高度任意的假设。这种方法的有用之处在于，就其相关的一般性质而言，在风险情境中有已知或持有强烈的信念，这至少允许进行方向上的正确调整。

一个简单的方法来执行这项调整是使用相关调整系数，它是个别成对相关系数相乘的结果。例如，如果模拟仅包含一对相关的风险情境，一个单一的个别配对乘法因子就要被应用到模拟的概率中去。当一个模拟包括不止一对相关的风险情境时，每个个别配对相关调整因子同样用乘法应用于模拟的概率中。作为个别成对相关调整系数的相乘的结果的相关调整系数公式如下：

$$CAF = IPCAF_{Risk_x Scen_i;Risk_y Scen_i} \times IPCAF_{Risk_r Scen_i;Risk_m Scen_i} \times \cdots$$

其中：

CAF=相关调整系数

$IPCAF_{Risk_x Scen_i;Risk_y Scen_i}$=个别成对相关调整系数，将i场景下的风险x和同时发生的i场景下的y风险相结合

有四种不同的情况，涉及个别的成对的相关调整系数（IPCAF）：

■ 如果两个风险情境正相关，那么IPCAF将增加模拟的概率（即IPCAF将大于1）。

■ 如果是不相关的两个风险情境，那么IPCAF不会改变模拟的概率（即暗示IPCAF将等于1，虽然在技术上没有IPCAF是适用的，除非该对是相关的）。

■ 如果两个风险情境有点呈负相关，那么IPCAF将减少模拟的概率（即IPCAF将大于0但小于1）。

■ 如果两个风险的情境是100%的负相关，这意味着它们是不可能一起发生的，那么IPCAF将使其模拟的可能性为零，完全清除它（即IPCAF将等于0，CAF也将等于0）。

5.5.3 输出结果

企业风险量化的结果输出有四种方式：

■ 企业风险——图形形式

■ 企业风险——表格形式

■ 下行标准差

■ 其他输出方式

1. 企业风险——图形形式

第一种也是最主要的企业风险输出方式是以图形的形式。这是完整的所有可能结果的表示形式（见“注意事项”，将在本章的稍后部分进行讨论）。这正是第3章图3—3所示的。其他与风险有关的结果都来源于这个图。从中可以得出的信息类型包括但不限于以下四个项目：

Item #1. 公司价值下降的可能性为X%或者更多

Item #2. 公司价值的可能性在基线公司价值的正负X%的波动范围内

Item #3. 公司价值上升的可能性为X%或者更多

Item #4. 每个个别风险情境对公司价值的影响

上述每个项目也可用于所有关键指标，而不仅仅用于公司价值的衡量。常用的关键指标包括以下内容：

■ 公司价值

■ 收入增长率（例如3年或者5年的CAGR[15]）

■ 净利润增长率（例如3年或者5年的CAGR）

■ 每股收益（EPS）增长率（例如3年或者5年的CAGR）

■ 资本比率（对金融服务公司）；例如，实际资本所需资金的比例，所需资金作为缓冲当前风险水平所需要的资本

Item #1、#2 和#3 通常构成企业风险表格形式输出的基础，它用来得出企业风险管理中最重要的起决定性的主数据：确定风险偏好。

Item #3 的子集是实现或超过战略规划目标的可能性。这可以通过百分比急剧下降为零看出来。这是一个非常有趣的结果。这是对战略规划的信心水平的衡量，换一种说法，是对实现计划目标和主动性的困难程度的衡量。第一次计算出结果时，管理层最初惊讶于这个指标的值。因为它通常是显著低于50%，并且在35%附近。不过，经审查，这是有意义的。错的总比对的要多。它作为“厚尾”分布以图形形式直观地体现在企业风险敞口中。垂直虚线的左侧（代表了战略计划已经完成的部分）比右侧的面积要大。

具有讽刺意味的是，也许是与我们的术语有点混淆，风险是通过对预期的偏离程度进行测量，而预期被定义为战略规划的完美实现情况及其对应的预计可分配现金流。然而，这并非是概率的预期或平均值。公司的价值或平均公司价值，实际的概率期望通常是略低于基线公司价值的。

Item #4 是前面讨论过的个别风险敞口集。然而，第3章（见“企业风险敞口”）所示个人的风险敞口在技术上是企业风险敞口的一个子集，因为它已包含了一次一个的风险情境。

2. 企业风险——表格形式

正如第3章所讨论的，企业风险的表格形式是从图形形式演化而来的。表格的形式很大程度是由前面列出的主要项目所构成的，表格形式包含了“企业风险敞口——图形形式”，如Item #1、#2 和#3，在其中将所选择的百分比的价值定义为痛点。这是用来得出企业风险管理中最重要的决策的主要数据：确定风险偏好。

3. 下行标准差

对特定分布来说，传统的波动性测量的简单计算就是标准差。标准差越高，平均值或平均价值分散的程度越高。标准差的计算公式如下所示：

$$\sigma = \sqrt{\frac{1}{n}\sum_{x=1}^{n}(x \quad \bar{x})^2}$$

其中：

■ σ=标准差

■ n=分布中的数据点的数量

■ x=分布中的数据点

■ $\bar{x}$=分布的平均值（注意，如果这里所用的指标是公司的价值，这是公司价值的概率期望）

标准差指标并不适合我们的目的。首先，标准差被定义为对均值的偏离程度。从企业风险管理目的的角度，风险指的是对基线或者战略规划预期的偏离程度。其

次，标准差包含了所有的波动，不仅包括低于平均值的偏差产生的波动，还包括高于平均值的偏差产生的波动。这是合理的，所有远离平均值的偏差，不管是高于还是低于平均值的值都同对称一样重要，例如正态分布中的钟形曲线。从企业风险管理角度，我们确实把一切的波动定义为风险。然而，不是所有的偏差都是相等的。下行波动——即所有使结果低于战略规划预期的风险，都是不好的波动，而上行波动——即将使结果超过战略规划预期的风险，都是好的波动。虽然事实上这两者是有关联的，但是管理层更愿意减少下行波动，并增加上行波动。此外，一般来说，企业风险敞口并不是一个对称分布。它通常是一种“厚尾”分布。因此，重要的是要区分上行波动和下行波动。

我们将定义一个新的波动性的度量指标，称为下行标准差（$\sigma_{downside}$，或DSD）。下行标准差越高，低于基线水平或者战略规划预期的离差水平越大。下行标准差的计算公式如下：

$$\sigma_{downside} = DSD = \sqrt{\frac{1}{m}\sum_{y=1}^{m}(y-\bar{\bar{x}})^2}$$

其中：

$\sigma_{downside}$ = DSD = 下行标准差

m = 对应的结果远低于基准的期望分布的数据点的数量

y = 分布中的数据点对应的低于基线预期的结果

$\bar{\bar{x}}$ = 基线或者战略规划预期

这是一个非常重要的指标，它有几个优点。它是一个单一的数字，具有前瞻性。它包含了所有的企业风险敞口计算的下行风险。它是现成的，并能容易地重新计算，以协助评价潜在的决策。

此外，下行标准差可用来指导将转变主要输入量并放入基于价值的企业风险管理模型：折现率。在修正基线公司价值（定期更新）、量化个体风险敞口或出于决策的目的时可能需要更改折现率。虽然不值得花费大量的时间来为折现率的绝对值建立假设，但获得一种周全的方法来确定折现率的相对变化还是非常重要的。无论折现率的绝对值是多少，基于目前公司的风险水平，以下两点是正确的：

- 任何公司的风险增加将提高贴现率。
- 任何公司的风险减少将降低贴现率。

这仅仅是表明，股东要求的投资回报率同风险水平是成正比的。这道理很简单。然而，更值得关注的是哪些变化实际上提高了企业的实际风险水平，按照下行标准差计量风险变化之间的关系属性是什么，以及什么才是变化的折现率的内在本质。无论管理层对这一关系如何进行决策，它应始终遵循在所有活动中的风险量化和风险决策的企业风险管理循环中的步骤。

4. 其他输出方式

企业风险敞口的两种形式（图形形式和表格形式）以及下行标准差是企业的风险敞口计算的主要输出形式。但还有另外两种有用的输出方式，都是现成的或者可以从企业风险敞口的计算中简单推演出来的：

- 失败的可能性
- 经济资本

（1）**失败的可能性**。有许多方法来定义不同程度的失败，通常，痛点也可以算作其中一种。痛点就是临界点，它被定义为未能实现公司选定的相关关键指标的目标，为此管理层想方设法尽可能使跨越痛点的可能性降低。然而，除了典型的痛点，也有其他类型的失败，其可能性是现成的而且是有用的，但并非总是列入被选定的正式痛点之一。这类失败包括以下内容：

- 一个级别的评级下调
- 两个级别的评级下调
- 破产，定义为偿还债务的违约
- 资本充足率低于一些极端的临界水平
- 所有资本被耗尽

（2）**经济资本**。经济资本是金融服务公司的一个关键指标。在第2章中，我们将经济资本定义为在给定时间范围内将破产概率限定在一个预先确定的很小的可能性内所需要的资本数量金额。对金融服务公司来说，基于价值的企业风险管理方法的主要好处之一是，基于价值的企业风险管理模型也可以作为经济资本模型的两种用途。这可以被称为“基于价值的经济资本模型。”由于基于价值的企业风险管理模型对于任何定义的破产都能产生结果的分布情况，它可以通过改变最初的资本水平，以决定将破产概率限制在预先确定的可能性内所需的资本水平上。

用基于价值的经济资本模型来代替，或者排除设计的需要，传统的经济资本模型具有三大优势：

①**加强协调**。大多数的金融机构，例如银行和保险公司，缺乏基于价值的模型和经济资本模型之间的有效协调。价值模型——例如战略规划的预测模型或者内含价值[16]模型，都是在一个部门，诸如企划部，而经济资本模型是在另外的部门，诸如企业风险管理部门。这意味着它们很可能有一定的差异，会发生冲突。这些模式可能有不一致的假设或计算。此外，由于不同的政治议程或动机，任何部门之间存在的摩擦都可能会导致模型在使用中缺乏协调性。

然而，推行基于价值的企业风险管理方法完全可以解决这个问题。使用基于价值的经济资本模型本身有一个单一的、综合的工具，它具有自动的协调性和一致性，因为两者的价值模式和经济资本模型存在于一个单一的模型中。

②**超越了尾部范围的事件**。传统经济资本模型通常只检查极端的风险情境或尾事件，例如，一个千分之一的风险情境。这种不太可能的风险情境基于最不可靠的数据。幸运的是这些历史事件并不多。此外，这至少是可操作的信息。（再次幸运的是）管理层处理这种情况的机会并不多。

然而，基于价值的经济资本的移动超过了尾部而包括风险情境的全部范围，包括有利因素和不利的方面，也包括那些附近基线的期望。这是更为可靠的信息，因为它基于的波动更多是实际存在的。此外，此信息对管理更具有价值，因为它涉及的波动很可能是会遇到的，而不是世界末日的情境。

③满足关键的企业风险管理准则。基于价值的经济资本模型满足企业风险管理的所有10个关键准则，特别是，它满足了传统的经济资本模型不能满足的几个标准或子标准，这里我们讨论五个最重要的标准：[17]

A. 完全量化战略和经营风险。大多数传统的经济资本模型大大低估了某些风险的影响。对于基线情况，它们使用目前的资本水平，或对未来分配现金流量的部分预测，而不是使用对未来分配现金流量完整的预测。[18]这是衡量战略和经营风险的一个特别差的方法，它往往对未来收入和支出的影响最大。基于价值的经济资本模型可以解决这一问题，因为它使用未来可分配现金流的完整预期作为其基线。

更多详细信息，请参阅第2章和第3章，“准则2：包括所有的风险类别。”

B. 整合多个同时发生的风险。大多数经济资本模型不使用整合的方法。它们一次测量一种风险，然后建构一个精心设计的相关矩阵，试图制定一个公式，获取风险的交互性。正如前面所讨论的（详见“获取交互作用”），这是次优状况。基于价值的经济资本模型通过获取交互作用（请参见同一栏）的三种方法可以解决此问题。

更多详细信息，请参阅第2章和第3章，“准则4：跨风险类型进行整合”。

C. 支持决策制定的指标。传统的经济资本模型没有充分支持业务决策制定的指标。这些模型不能支持涉及战略或经营的决策，因为它们要么不完全量化战略和经营风险，要么完全忽略它们。此外，这些模型通常只得出依据方程计算的风险（资本）方面，而且忽略回报（价值）方面。企业决策者需要风险和回报两方面信息作出决定。

然而，基于价值的经济资本模型能解决这两个问题。它们可以支持所有类型的决策，包括与战略和经营相关的决策，因为它们的量化方法完全能量化的所有风险，包括战略和经营风险。此外，这些模型综合考虑了风险和回报的信息，因为风险是依据其对价值的影响来表现的。所有的决策都是由对预期价值产生潜在影响的信息以及达到这一价值变化的可能性所支持的。而这些信息对任何决策来说都是一个严谨的业务案例。

更多详细信息，请参阅第2章和第3章，“准则6：包括决策制定”。

D. 实用的模型。大多数传统的经济资本模型并不实用。它们往往是不可靠的，因为它们响应缓慢、缺乏透明度，以及违反有效数字规则。作为与响应时间有关的一个例子，一些公司的模型使用数百台计算机，在几个星期的时间里，只管理一个单一的运行。

相比之下，基于价值的模型具有很强的实用性。它们是可靠的，因为它们有快速的反应时间，是高度透明的，并遵循有效数字规则。作为与响应时间有关的一个例子，基于价值的经济资本模型通常只需运行几个小时。

更多详细信息，请参阅第2章和第3章，“准则6：包括决策制定”。

E. 风险和回报的平衡。金融服务公司缺乏传统的经济资本模型同传统的基于价值的模型之间的联系，这在前面的章节“加强协调”中我们讨论过。这就导致提供给管理层的是一个不完整的图片，这会导致管理层的无所作为。那些提出价值模型结果的人也许会听到这样的疑问：“是的，我们很高兴能看到该企业所创造的价值，但是其风险呢?”那些提出经济资本模型结果的人也可能会听到这样的疑问：“是的，很高兴能看到企业在经济资本的形式下有哪些风险，但它会产生什么样的机会呢?”风险与收益，或者风险与回报，是一种业务中最常见的组合，然而在实际业务中，大多数金融服务公司并未将这两个方面很好地综合起来考虑。

然而，基于价值的经济资本模型将这两种模型整合在一起。因此，能够综合管理风险与回报，因为基于价值的经济资本模型不仅提供关于风险（经济资本或价值波动的变化）也提供关于价值（基线公司价值的变化）的信息，这些信息是由任何独资企业或者整个企业产生的。

更多详细信息，请参阅第 2 章和第 3 章，“准则 7：平衡风险和收益的管理”。

5. 注意事项

尽管要求符合实用性和预期用途，有几个注意事项还是需要在呈现其来自企业风险敞口信息的结果时进行披露。适用的注意事项类型的例子如下：

■ 代表关键风险（不是所有的风险）的波动性

■ 包括每一个风险事件第一次发生的可能性（不包括相同的风险事件在连续两年中多次出现，除非嵌入在一个特定的风险情境）

■ 包括具有代表性的模拟抽样（不是所有可能出现的风险情境组合）

5.6 本章小结

作为企业风险管理循环的第 2 步，风险量化是关键步骤，它是依据对价值的影响来量化风险，并将风险和回报联系起来的。基于价值的风险量化方法具备了许多优点。实用的建模方法是将确定性风险情境的使用以及通过影响企业价值来量化风险情境的能力进行强有力的结合，本章将通过几个案例研究以证明其价值。此外，基于价值的方法，也提供了一个在计算企业风险能力上获取风险交互作用的卓越能力。最后，基于价值的方法也改善了在金融服务公司使用的经济资本模型。

现在，我们准备进入下一章节，我们将讨论基于价值的风险管理方法的主要目标：更好地进行风险回报决策。

5.7 注　释

1. 阿图尔·加万德，“大买卖：分娩如何走向产业化”，《纽约时报》，2006 年 10 月 9 日。

2. 使用资本资产定价模型（CAPM），权益资本成本的计算公式如下：

$COEC = R_f + \beta_s \times (R_m - R_f)$

其中：

- COEC＝权益资本的成本
- R_f＝无风险利率
- β_s＝贝塔系数，即该股票相对一般市场的波动情况
- R_m＝市场的回报率

3. 这排除了与你的（投资者的）其他交易相关的协同效应（例如，税收优惠、自然对冲其他投资等）。

4. 如果连续的历史分布基本上是以图形方式表示的，例如一条曲线，与个别风险情境相对应的可能性将是曲线下的一部分，在具代表性的个别风险情境附近及周围。

5. 出于说明的目的，表格中显示的有效数字一般高于必要的数据。

6. 复合年均增长率。

7. 每股收益。

8. 基点。

9. 该公司将需要支付与执行身份盗窃有关的通知和监测的成本以防止隐私数据被盗。

10. 零容忍这一词之所以用引号是因为虽然经常使用，但是却常常是使用不当的。通常情况下，一件事的发生有一个非零的概率。它听起来似乎很不错，所以人们喜欢使用这个词。但人们往往暗示的是所讨论的事件几乎没有容忍度。

11. out-of-the-money 指的是股票期权的履约价格（即购买形式期权股票的价格）高于当前的股票价格。

12. at-the-money 指的是股票期权的履约价格（即购买形式期权股票的价格）等于当前的股票价格。

13. 事实上这并是非完全线性的。

14. 从技术上讲，这种将随机模拟转化为确定性模拟是因为尽管随机模拟最初是随机生成的，但是一旦它们被禁止在每次运行时改变，我们将确定地选择那些特定的模拟。

15. 复合年均增长率。

16. 在一家保险公司，一个按照书本上的保险政策运行的并将预计未来出售的新业务排除掉的完全基于业务的有效保单的内嵌模型是用于衡量组织的价值。

17. 此外，准则 9 和准则 10 也完善了传统的经济资本模型向基于价值的经济资本模型的转换。

18. 保险公司经济资本模型通常预测与分配现金流量对应的“有效保单”业务，其中包括已经在书本上的保险政策，但不包括预计将在未来出售的新业务。

第6章 风险决策

成功者和失败者的区别不在于前者有更强的能力或者更好的想法，而在于其有坚持自己的想法、承担相应的风险并付诸行动的勇气。

——安德烈·马尔罗

在一次由实施企业风险管理计划的美国领先企业的首席财务官和首席风险官参与的、关于实施 ERM 方案圆桌会议的休息间隙中，我偶然听到了几个与会人员的如下对话："你是否根据企业风险管理信息制定不同的决策？是否由于企业风险管理而采取了不同的措施?"不幸的是，就如前文讨论过的那样，大多数的 ERM 方案并没有将企业风险管理纳入决策制定中。然而，这应该是企业风险管理循环中最重要的一步。如果企业没有根据企业风险管理计划采取不同的行动，也没有制定不同的决策，那么企业就浪费了大量的时间和精力。如第 3 章所述，基于价值的企业风险管理方法解决了这些问题，并将企业风险管理完全纳入决策过程中。

我们将要讨论风险决策的两个主要类别：

1. 确定风险偏好和风险限额
2. 将企业风险管理纳入决策制定中

6.1 确定风险偏好和风险限额

我们将分别讨论下面两个问题：

- 确定风险偏好（企业层面的风险敞口临界值）
- 确定风险限额（低于企业层面的风险敞口临界值）

6.1.1 确定风险偏好

确定风险偏好是企业风险管理循环中风险决策制定的第一个也是最关键的决策。这有助于实现企业风险管理的基本目的，即将企业风险敞口控制在企业的风险偏好范围内。除此之外，在基于价值的企业风险管理方法下，确定风险偏好有利于企业风险管理最大限度地发挥对各类决策的支持作用。

很多人错误地认为确定风险偏好是企业风险管理循环中风险量化的一部分。也就是说，他们认为风险偏好能够通过计算来定义。这是不可能的。风险偏好是管理人员，更具体地说，是企业风险管理委员会对能使股东们满意的最大程度企业风险敞口水平的判断。风险偏好的确定需要经过深入讨论，并最终在企业风险管理委员会的委员中达成一致意见。

1. Sample公司的说明

为了说明确定风险偏好的过程，我们将采用一个关于财富1 000强公司的一个修正后的案例研究，我们称这个公司为Sample公司。我们将讨论以下几个方面的问题：

■ 企业风险管理委员会

■ 风险偏好共识会议所需的信息

■ 风险偏好共识会议

■ 风险偏好的确定

（1）**企业风险管理委员会**。Sample公司的企业风险管理委员会由12名成员组成：

■ 首席执行官（CEO）、企业风险管理委员会主席

■ 企业风险管理项目负责人，他发挥首席风险官的作用，在这里称之为首席风险官

■ 首席财务官（CFO）

■ 1号业务部门负责人

■ 2号业务部门负责人

■ 3号业务部门负责人

■ 4号业务部门负责人

■ 5号业务部门负责人

■ 首席法律顾问

■ 合规部门负责人，无投票权，每季度邀请一次

■ 税务处主管，无投票权，每季度邀请一次

■ 内审部门负责人，无投票权

（2）**风险偏好共识会议所需信息**。Sample公司的企业风险管理委员会举行风险偏好共识会议来确定风险偏好。为了帮助企业风险管理委员会定义风险偏好，企业风险管理小组给他们提供如下信息：

■ 企业风险敞口——表格形式

■ 个别风险情境敞口

■ 风险缓解的选择

①**企业风险敞口——表格形式**。Sample公司企业风险敞口的表格形式如表6—1所示。

表6—1所列信息只是作为衡量企业风险敞口表格形式的初稿。具体的衡量指标，尤其是由痛点构成的转折点，则是基于企业风险管理委员会关键人员的最初指导意见以及企业风险敞口的计算结果来确定的。对痛点所做的变更一般是在风险偏好共识会议上经讨论最终来确定。为实现该目的，进一步促使企业风险管理委员会在风险偏好确定上达成一致，企业风险管理小组成员积极参加会议，运用基于价值

的企业风险管理模型伴随其相应可能性为痛点提供动态的变更。

表6—1　Sample公司的企业风险敞口——表格形式（修正后的案例研究）

痛点	可能性
公司价值下降15%以上	8.5%
比今年预计的收入增长水平低200个基点以上	13.2%
比今年预计的每股收益低2美分以上	10.4%
评级下降一个级别	7.6%

资料来源：Copyright © 2011 SimErgy. All rights reserved. 有改动。

为了更好地说明问题，我们对该案例研究作了修正，这样信息的一部分内容包含在Sample公司企业风险敞口的表格形式中。除了列示的极端痛点，Sample公司还运用了一些较为温和的痛点。经理人员并不仅仅关心极端痛点，他们还关心经常发生的现实与预期相偏离的情形。比表6—1所示的痛点更为温和的一个例子是“公司价值下降10%以上”。

这是实施基于价值的企业风险管理的企业的常见做法，也是显著优于传统的企业风险管理方法的一点。传统的企业风险管理方法，尤其是在金融服务公司，没有构建产出结果的全分布，只是为极端事件设置痛点，这种痛点会出现在比表6—1所列的更加尾端的位置。然而，这不是最优的做法，因为还有其他一些更多的关于更加接近于基线结果的波动信息可以提供给管理层。基于价值的企业风险管理方法提供了这些信息，从而可以更全面地描绘出企业风险敞口。

②**个体风险情境敞口** Sample。公司的个别风险情境敞口已经依据其对公司价值的潜在影响大小来进行量化，并列示在图6—1中。个别风险量化也可以采用另外两个关键指标：收入增长率和每股收益增长率。

虽然公司价值指标是起主导作用的指标，但是其他指标也很重要，从多种关键指标角度来审视个别风险情境敞口可以对确定风险偏好有更深入的理解。这也有助于在确定风险偏好时达成共识，因为企业风险管理委员会的各个成员都有其各自的视角，不是每个成员都同时关注每一个关键指标。

除此之外，企业风险管理团队根据失效模式与效应分析采访过程所设计的风险情境的概括，对图6—1信息作了补充。风险情境的简洁性、有形记录可以增强对信息的放心程度，有助于达成共识。

③**风险缓解的选择。**有时企业风险管理委员会在没有事先量化企业风险敞口的情况下试图确定风险偏好。这包括跳过企业风险管理循环的风险量化步骤，直接进入风险决策步骤。但这是不可取的。如果没有量化企业风险敞口，企业风险管理委员会就无法获知企业风险敞口的大小。如果没有量化企业风险敞口，企业风险管理委员会也无法确定实际的风险偏好水平。在这种情况下，当企业风险敞口得到量化，企业风险管理委员会意识到最初定义的风险偏好水平不切实际时，他们就不得不修正其对风险偏好的定义。这会削弱各方对企业风险管理委员会以及企业风险管

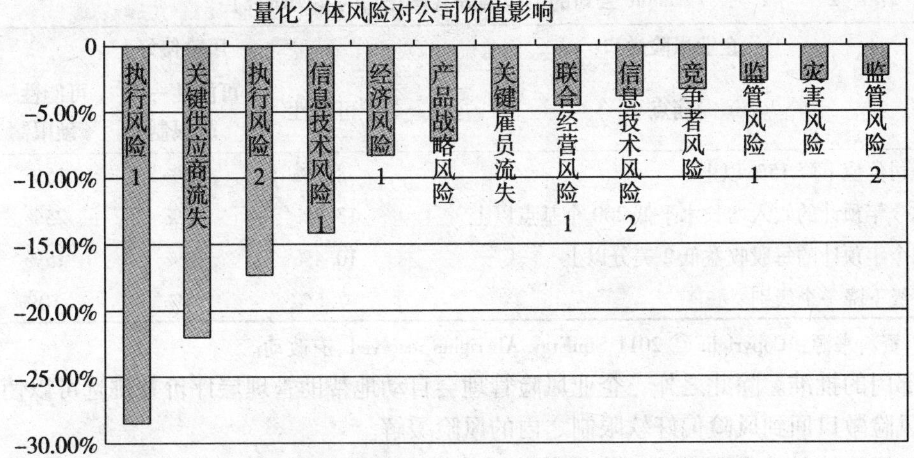

图6—1　Sample公司个别风险情境敞口——公司价值指标

资料来源：Copyright © 2011 SimErgy. All rights reserved. 有改动。

理循环的信心。

同样，这至少有助于量化一些风险缓解的选择并提供给企业风险管理委员以供其在风险偏好共识会议中使用。如果通过审查企业风险敞口的信息，企业风险管理委员会倾向于制定低于目前企业风险敞口的风险偏好水平，这有助于他们事先运用风险缓解决策将企业风险敞口控制在风险偏好水平内。如果企业风险管理委员会确定的风险偏好是难以实现的，那么企业风险管理项目将失去企业内外部股东的信任。为此，企业风险管理小组常常对风险缓解的选项降低企业风险敞口水平的能力作出说明。由于尚未确定风险偏好，企业风险管理小组不知道确切的需要降低的企业风险敞口水平。然而，企业风险管理委员会根据猜测以及一个或两个关键成员的意见，来对风险缓解选择提出合理可行的建议。

（3）风险偏好共识会议。根据已知的所有信息，Sample公司举行了风险偏好共识会议。企业风险管理委员会审阅了这些信息，并对此展开讨论。作为协调员的首席风险官以及作为其顾问的我在这次会议中起了关键作用，因为举行风险偏好共识会议是一项富有挑战性的工作。企业风险管理委员会的各个成员都各执己见。这是自然而然的，因为他们在公司中担任着不同的职位、承担着不同的责任、面临着不同的激励模式。然而最终，他们在确定风险偏好上达成一致。

（4）风险偏好的确定。风险偏好共识会议的成果是要求Sample公司降低企业风险敞口水平。表6—2列示了风险偏好声明的主要内容。

表6—2列示了风险偏好的定义，包括软限制和硬限制。硬限制是风险偏好的最大上限，不能超过这个上限，如果超过，那也是很少出现的情况。软限制是在当前的一段时间内偶尔可以超过的限度。软限制起到警示器的作用，需要给予它足够的重视、密切的监控，并最终将企业风险敞口降低至软限制的界限之内。例如，当超过软限制水平的时候，这意味着任何增加风险敞口指标的行为都要经更高一级主

表6—2 Sample 公司的风险偏好（修正后的案例研究）

企业风险敞口		风险偏好	
痛点	可能性	可能性——软限制	可能性—硬限制
公司价值下降 15% 以上	8.5%	10%	15%
比今年预计的收入增长水平低 200 个基点以上	13.2%	15%	25%
比今年预计的每股收益低 2 美分以上	10.4%	10%	15%
评级下降一个级别	7.6%	5%	10%

资料来源： 有改动。

管部门的批准。除此之外，企业风险管理会自动地帮助管理层评价并挑选可以使企业风险敞口回到风险偏好软限制之内的风险缓解。

风险偏好的定义表明，依据前两个痛点——涉及公司价值指标和收入增长指标，Sample 公司的企业风险管理委员可以对当前企业风险敞口水平感到放心。但是，他们并不放心后两个痛点。他们在确定风险偏好时，将“比今年预计的每股收益低 2 美分以上”的软限制水平由 10.4% 降至 10%。除此之外，他们还将“评级下降一个级别”的软限制水平由 7.6% 降至 5%。对硬限制不需要立即采取风险缓解的行为，因为硬限制水平高于企业目前的风险敞口水平。

除此之外，这份风险偏好声明还包括一个关键内容。根据对个别风险情境敞口的审查，企业风险管理委员会确定了一个硬限制水平，规定任何单个风险情境敞口对企业价值的影响不得超过 10%。他们主要是根据图 6—1 作出这种限制的，图 6—1 列示了四个对企业价值的影响超过 10% 的个别风险情境敞口。通过这种附加限制，Sample 公司能够立即对为这四个风险情境而进行的风险缓解的可行性进行调查。

6.1.2 确定风险限额

当企业层面的风险偏好水平得以确定时，就可以将其分配至低于企业层面的部门，我们称之为风险限额。很多人可能认为这类似于预算的分配过程，先确定风险预算，再将风险敞口的分配限定在预算范围内。为各个业务部门设定一个风险限额就是这样一个例子。我们将从两个方面来说明风险限额：

■ 为什么使用风险限额

■ 如何定义风险限额

1. 为什么使用风险限额

有四个方面的原因：

（1）分散化。企业风险管理信息特别是每条具体信息有诸多的不确定性，因此对待这些信息要格外谨慎。风险限额是分散风险敞口，这可以防止将注意力过于集中于一个领域的风险敞口，如某个业务部门或某个风险来源。

（2）风险与回报的管理。企业层面以下部门，如业务部门可以运用风险限额进行风险与回报的权衡决策。确定风险限额的过程可以为给定的业务部门产生一个下行标准差指标的属性。这是对业务部门所产生的下行风险边际水平的整体性衡量。管理层将分部的风险和回报联系起来进行分析，确定必要的行动，以更好地管理业务部门的风险与回报。例如，如果对分部的风险水平估计过高，管理层就对分部的收益水平有更高的要求；或者，业务部门制定降低业务部门的风险水平的决策，并且通过确定风险限额以便实现该目的。

(3) **企业风险敞口的管理**。在基于价值的企业风险管理方法中，企业风险管理模型是管理企业风险敞口并将其保持在风险偏好范围内的灵活动态的工具。管理层可以方便地运用企业风险管理模型，快速地评价任何潜在决策对企业风险敞口的边际影响，获取对企业风险管理和企业风险管理委员会等的评价信息，这二者起着将企业整体风险敞口保持在风险偏好内的重要职能。然而，传统的企业风险管理方法往往没有这样一个易获得的，灵活动态的工具。因此，企业运用风险限额来分配或者预算企业风险敞口。

(4) **习惯**。使用风险限额的第四个原因仅仅是习惯使然。企业风险管理方法是一个新概念。它的出现使企业风险管理发生了巨大变化，即从各职能部门中独立的管理模式转变为有组织的，自上而下的系统管理模式。直到企业风险管理被引入企业内，风险管理的重要性才被提升到企业层面。在企业风险管理综合指标尚未出现前，如企业风险敞口和风险偏好，企业一般利用风险限额来管理风险，这种风险限额是由业务部门或业务单元制定的。风险限额的使用由来已久，也是为很多企业所熟知的概念。即使风险限额已没有继续存在的必要，企业也很难将其丢弃。如前文所讨论的那样，使用风险限额确实有一些目的，而一种或两种分配形式，如根据业务部门和风险来源进行分配，可以满足其这些目的。然而，有些企业仍然保留着远远多于此的多组风险限额，尽管这难以理解，但其原因仅仅就是为保持这种旧的习惯。

2. 如何定义风险限额

实施企业风险管理的公司常运用广泛的实践活动来确定风险限额。然而，大多数公司所运用的这些实践是长期存在的历史实践，其存在远远早于企业风险管理的实施。有些公司运用简单修正后的这些实践活动将风险限额纳入到新的企业风险管理框架中。

这些实践的主要问题是其没有对风险偏好进行自上而下的分配。在引入企业风险管理之前，大多数公司使用的风险限额是由地方管理层基于宽松的经验法则制定的。由于综合性的衡量指标尚未出现，如企业风险敞口和风险偏好，这种风险限额不能够衡量企业整体的风险敞口。在这种情况下，大多数公司的风险限额不仅不是自上而下分配的，而且也不是自下而上分配的。它没有加总风险限额，实际上也是不能够加总的，因为不同的风险敞口有不同的衡量指标。没有一个通用的指标可以用于加总风险限额。

这个问题我们已经在第3章（参看准则5：汇总指标）深入讨论过。它产生的根源是对风险偏好定义不清楚，这同时也是顺利实施ERM方案所面临的三大核心挑战中的第二大挑战。第3章中图3—7说明了构造合适的汇总指标的过程，包括企业风险敞口和风险偏好，以及自上而下分配风险偏好并符合风险限额的方法。“自上而下分配：一个例子”可说明自上而下进行分配的过程。

自上而下分配：一个例子

一些公司已经实施了基于价值的企业风险管理方法，并构建了合适的汇总指标，如企业风险敞口和风险偏好，现在，它们面临着如何对风险偏好进行自上而下的分配来确定风险限额的问题。对这些公司而言，有许多方法可以解决这个问题，在此介绍其中一种方法。

在本例中，我们首先对公司做四个简单的假设：

1. 公司乐于给业务部门设定风险限额，这里，公司也被视为一个额外的业务部门。

2. 没有明确的硬限制和软限制，只有风险偏好限额。

3. 公司价值是唯一的关键指标，只有一个痛点：企业价值下降10%以上，目前企业价值是5亿美元。

4. 企业风险敞口的可能性是8%，风险偏好的可能性是15%，刚好达到痛点。

对风险偏好进行自上而下的分配的这个方法包括三个步骤：

1. 归因分析
2. 风险与回报的调整
3. 扩展

归因分析

第一步是进行归因分析，确定归属于各个业务部门的目前企业风险敞口的比重。归因分析有许多方法。我们在此只讨论一种方法，因为这足以说明其概念。下面，我们将介绍如何对一个特定业务部门进行归因分析，我们称之为Alpha业务部门。

在归因分析中，一个普遍存在的问题是如何说明普通员工之间的相互作用对整体结果的影响。换句话说，如果各分部的风险限额之和不等于整体的风险偏好水平，如何分配该差值？对Alpha业务部门对企业风险敞口的边际影响进行归因分析正是这样一个挑战。计算企业风险敞口中涉及的相互作用包括如下几个方面的内容：

■ 由于其他业务部门的存在，产生于Alpha业务部门的风险对企业价值有更严重的影响，例如，某种风险引发企业声誉问题，这将影响整个企业。

■ 由于其他业务部门的存在，产生于Alpha业务部门的风险有更高的发生可能性，例如，假如没有其他业务部门的存在，就不会有因媒体的负面报道而引发的声誉问题；换句话说，企业规模越大，越容易受到媒体关注。

■ 由于其他业务部门的存在，产生于Alpha业务部门的风险对公司价值有更小的影响，例如，如果Alpha业务部门作为公司整体的一部分并能得到来自集团的资金支持、优良评级以及其他来自集团的支持，其风险对公司价值的影响将会更小。

■ 由于其他业务部门的存在，产生于 Alpha 业务部门的风险的发生可能性更低，例如，其发生可能性与企业规模成反比的风险。

■ 影响整个企业的风险，例如，自然灾害。

■ 产生于 Alpha 业务部门以及产生于其他业务部门的风险间的相关性[1]。

■ 产生于 Alpha 业务部门以及产生于其他业务部门的风险间的相互作用，由于共同包含于模拟之中从而也构成了企业风险敞口的计算。

很难对上述每一种相互作用进行说明。一个不完美但是简单的方法是将各业务部门以固定价值纳入基于价值的企业风险管理模型中，撇开单独产生于某业务部门的风险，并重新计算企业风险敞口。这是在如果产生于 Alpha 业务部门与企业风险敞口有关的风险为零的情况下对企业风险敞口的一种测量，换句话说，如果 Alpha 业务部门的可分配现金流的预测始终等于基线预测。实际的企业风险敞口与将 Alpha 业务部门排除在外后重新计算的企业风险敞口之差就是我们所说的 Alpha 业务部门的企业风险敞口的初始值，其计算如下：

$$initialERE_{Alpha}=ERE_{Firm}-ERE_{Firm\ where\ Alpha\ has\ zero\ risk}$$

其中：

■ ERE=企业风险敞口

企业风险敞口归因分析的第二步是计算归属于每一个其他业务部门的企业风险敞口的初始值。剩余的企业风险敞口虽然归属于企业风险敞口但无法通过这种方法计算出来，其计算如下：

$$Remainder = ERE_{Firm} - \sum_{i=1}^{n} initialEREi$$

其中：

i=业务部门

N=业务部门总数

为了计算归属于 Alpha 业务部门的企业风险敞口，首先要将剩余的企业风险敞口对其余所有业务部门进行分配。这可以通过许多方法实现。其中一个方法是将剩余的企业风险敞口按初始企业风险敞口的分配比例分配给每一个业务部门。在本例中，将剩余的企业风险敞口分配至 Alpha 业务部门的计算公式如下：

$$Remainder_{Alpha} = Remainder \times \frac{InitialERE_{Alpha}}{\sum_{i=1}^{n} InitialERE_i}$$

现在，我们可以计算归属于 Alpha 业务部门的企业风险敞口，其计算如下：

$$ERE_{Alpha}=InitialERE_{Alpha}+Remainder_{Alpha}$$

企业风险敞口归因分析可以用刚好达到痛点的可能性来表达，可以用绝对数的形式或者百分数的形式。假定归属于 Alpha 业务部门的企业风险敞口占总企业风险敞口2%的可能性为8%。以百分数形式表达的话，Alpha 业务部门的企业风险敞口占总企业风险敞口的25%（2/8）。

对下行标准差（DSD）指标进行归因分析也可以采用类似的方法。

风险与回报的调整

在第二步中，管理层对 Alpha 业务部门进行风险与回报的权衡，通过归因分析中的两个指标计算将该部门的收益与对企业风险敞口的边际贡献进行对比，即归属于 Alpha 业务部门的企业风险敞口和其下行标准差指标。

根据 Alpha 业务部门的风险与回报状况以及整个企业的风险与回报状况，我们假设管理层不满意目前的风险和回报的平衡状况。因此管理层希望将 Alpha 对企业风险敞口的贡献从 25% 降为 20%。这不是一个临界点，但是提出了一个与 Alpha 所期望的回报相称的合适的风险敞口水平。为了实现这一目的，我们将 20% 作为 Alpha 对企业风险敞口的贡献的最佳水平。

扩展

至此，我们已经衡量了目前 Alpha 业务部门对企业风险敞口的贡献及其最佳水平。现在，我们将企业风险敞口扩展至风险偏好。这是因为我们要对风险限额进行确定，而风险限额是风险偏好的一部分，就如同归属于 Alpha 业务部门的企业风险敞口是企业风险敞口的一部分一样。我们将讨论点从企业风险敞口和风险敞口归属转向风险偏好和风险偏好的归属，也就是风险限额。

Alpha 业务部门风险限额的计算如下：

$$\begin{aligned}\text{Risk limit}_{\text{Alpha}} &= \text{Optimal ERE\%}_{\text{Alpha}} \times \text{Risk appetite}\\ &= (20\%) \times (15\%\ \text{likelihood})\\ &= 3\%\ \text{likelihood}\end{aligned}$$

6.2 将企业风险管理纳入决策制定中

风险文化是企业风险管理中的专有词汇，有多少人试图定义它，它就有多少种定义。有人认为，风险文化可以作为企业风险管理发展的一个支持性环境。还有人认为，风险文化包括风险治理，因为合适的层级组织有助于企业风险管理的引进和实施。

但是，文化不是纸面上的东西，如一份管理文件。文化应该有助于新想法和新理念在现实生活中的形成。风险文化也是如此。风险文化——企业员工拥护企业风险管理的程度——是以企业风险管理纳入企业内部关键管理流程的程度来衡量的。我们将下面两个内容结合起来对风险文化进行定义：

1. 企业风险管理纳入决策制定过程的程度（该部分内容将在本部分讨论）

2. 企业风险管理纳入业务绩效分析和激励报酬制度的程度（该部分内容将在第 7 章“内部风险信息传递”中讨论）

现在我们处于实施基于价值的企业风险管理方法最为关键的阶段。尽管实施基于价值的 ERM 方案有许多好处，但是最重要的一点就是利于做出更高质量的决策。在将风险（企业风险管理）和收益（基于价值的管理）全部纳入后，我们便可以进行风险与收益权衡的决策，这将提升企业价值。

关于将企业风险管理纳入决策制定过程，我们将讨论三个方面的内容：

1. 运用企业风险管理来作出决策制定
2. 优先考虑风险的决策制定
3. 优先考虑收益的决策制定

风险优先决策的首要目标是保证将企业风险控制在合适的水平（上或下），例如将企业风险敞口保持在风险偏好范围内的决策。优先考虑收益的决策的首要目标是提升企业价值，例如战略规划决策。

6.2.1　运用企业风险管理来作出决策制定

一般来说，无论是优先考虑风险还是优先考虑收益的决策制定，运用企业风险管理信息进行风险与收益之间权衡决策的过程都是一样的。这是很重要的一点。一种统一的决策制定的方法可以用于不同类型决策的制定过程——无论是管理风险的决策还是提升价值的决策——这表明基于价值的企业风险管理方法实现了将企业风险管理和基于价值的管理联系起来的承诺。一种统一的决策制定过程可以通过依据对公司价值的潜在影响来阐明风险，从而为优先考虑风险的决策提供一个很好的商业案例，并通过情境分析师提供更加严密的情境分析，从而也为优先考虑收益的决策提供一个很好的商业案例。

正如第3章及图3—1所讨论和描述的那样，在基于价值的企业风险管理框架的风险决策制定步骤中，管理层可以做出两种类型的决策：改变战略的决策或改变战术的决策。如图3—1所示，无论改变战略还是改变战术，过滤器都会改变，风险和收益指标的计算也随之发生变化，从而也可以认识到决策的潜在可行性。将该框架扩展至强调决策制定过程，并把两种决策纳入优先考虑风险决策和优先考虑收益决策中，我们就得到了修正后的基于价值的企业风险管理框架，如图6—2所示。

在图6—2所示的修正后的基于价值的企业风险管理框架中，我们对最初的、具有代表性的框架进行了扩展，并揭示了两个重要的细微差别。首先，无论决策类型（战略的或战术的）或主要目的（优先考虑风险或优先考虑收益）是哪一种，任何决策都会影响图6—2所示过滤器中的一个（或两个）。这意味着任何决策都会导致关键风险的选择（表现为第一个过滤器发生变化）以及对关键风险制定的风险缓解水平（表现为第二个过滤器发生变化）发生变化。优先考虑风险的决策会导致关键风险的选择发生变化（例如：收购一家国外公司会增加企业的主权风险，这是一项关键风险），或者对现存关键风险制定的风险缓解水平发生变化（例如：收购一家逆周期公司可以减少企业的经济风险）。优先考虑风险的决策会导致关键风险的选择发生变化（例如：反向合并可以消除供应风险），或者改变缓解水平（例如：飓风保险可以减少飓风风险）。

图6—2揭示的第二个细微差别是，除了会改变与两个过滤器相关的项目，一项决策还会影响一些附加项目，如关键风险情境和基线公司价值。在图6—2中，这用虚线箭头来表示。

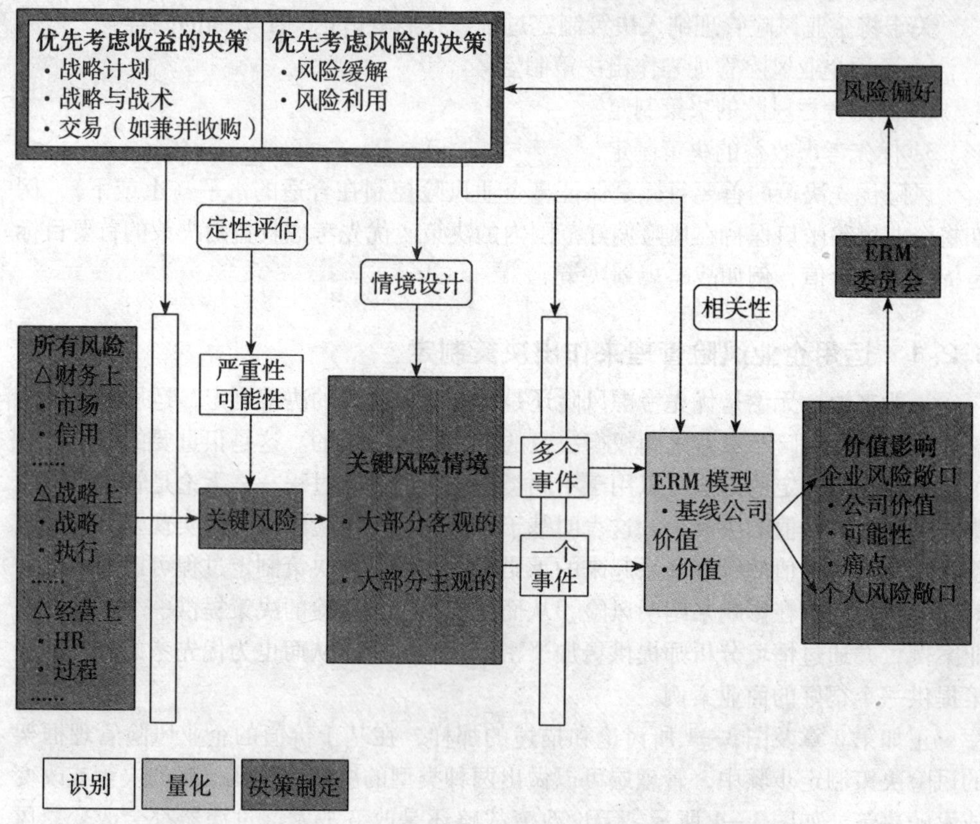

图 6—2 修正后强调决策制定的基于价值的企业风险管理框架

资料来源：Copyright © 2011 SimErgy. All rights reserved. 有改动。

无论是优先考虑风险决策还是优先考虑收益决策，决策制定过程都包括两个步骤：

- 重新计算风险和收益指标
- 对风险与收益进行权衡

1. 重新计算风险和收益指标

重新计算风险和收益指标包括五个步骤：

第一步：修正可分配现金流的预测。重新计算风险和收益指标的第一步是修正基线公司价值可分配现金流的预测。从中可以获知决策是如何影响企业未来收入和未来费用的。对于优先考虑风险的决策（通常是缓解决策），费用是唯一受到影响的项目。对于优先考虑收益的决策，收入和费用都会受到影响。

第二步：修正折现率。第二步是修正用于计算公司基线价值的折现率。折现率的变化会改变企业的风险水平。从这个层面上说，要谨慎估计折现率的任何改变，不轻易改变企业风险敞口以及下行标准差。这是因为对基线公司价值的重新计算先于企业风险敞口和下行标准差指标的重新计算，并且由于客观需要，要反复计算（一次）。

第三步：重新计算基线公司价值。第三步是运用修正后可分配现金流的预测和修正后的折现率谨慎地（谨慎地确定折现率）重新计算基线公司价值。（尝试地）重新计算基线公司价值是重新计算企业风险敞口的基础。也就是说，现在所有的风险都被定义为对修正后公司价值的偏离。

第四步：修正关键风险情境。第四步是修正关键风险情境。一个方面要检查公司目前的关键风险情境，看是否需要对其做出修正，如果需要，那么对行业专家进行失效模型和效应分析访谈，及时对其作出修正。另一个方面是识别新的关键风险，如果存在，那么运用失效模式与效应分析技术[2]为其设计关键风险情境。除此之外，还要删除一些关键风险和关键风险情境。

第五步：重新计算企业风险敞口。这包括运用修正后基线公司价值和修正后关键风险情境在整个基于价值的企业风险管理模型中运行模拟。运行结果包括以下几个方面：

■ 企业风险敞口[3]
■ 下行标准差
■ 公司价值的概率预测

现在，将对下行标准差的影响与用于重新计算公司价值的修正后折现率进行比较。下行标准差的增大（或减小）应与折现率的增大（或减小）相对应。例如，如果企业的波动性变大，那么投资者就会要求更高的回报率，这就等价于用更高的折现率来评估企业价值，这就降低了企业价值。如果折现率的初始变化不能恰当地反映下行标准差的影响所表现出的风险水平的变化，那么就需要对折现率做进一步调整。当折现率得到调整后，要从第二步开始重新进行一遍上述过程。

2. 对风险与收益进行权衡

重新计算风险和收益指标后，管理层就获得了对风险与收益进行权衡所需要的信息。对决策的评价要从其对风险指标（下面内容的前两点）和收益指标（下面内容的后两点）的影响两个方面考虑：

（1）对企业风险敞口的影响。 在优先考虑风险的决策中，首先要考虑的就是决策对企业风险敞口的影响，无论企业风险敞口超过风险偏好（硬限制或者软限制）或远低于风险偏好。在上述情况下，管理层根据决策是否有效地将企业风险敞口保持在合理水平来对决策（在前一种情况下，是风险缓解选择；在后一种情况下，是风险承担选择[4]）作出评价。在优先考虑收益中，也要考虑决策对企业风险敞口的影响，保证企业风险敞口不超出风险偏好的范围，但是这不是优先考虑收益的决策首要考虑的内容。[5]

（2）对下行标准差的影响。 某项决策对企业风险水平的影响还反映在其对下行标准差的影响上。如果下行标准差的变化超出了一定范围，尤其当对折现率和基线公司价值产生了影响时，该决策可能是无效的。

（3）对基线公司价值的影响。 在优先考虑收益的决策中，首先要考虑的就是对基线公司价值的影响，这也是最重要的内容，即使是在优先考虑风险的决策中，也是如此。管理层应做出使公司价值保持不变或提升的决策，也就是能使基线公司价值保持不变或产生正向变化。除此之外，不出意外的话，管理层应做出能够使公司价值产生最大增长的决策。

(4) **对公司价值概率预测的影响**。对公司价值概率预测的影响也是应该考虑的内容，因为从这个角度也可以评价决策能否提升公司价值。在完美的世界中，与基线公司价值指标相比，该指标是制定基于价值的决策的主导指标。根据概率理论，这是公司所期望的价值。然而，虽然概率提到“期望”，但是管理层总是致力于完成战略规划目标，这必须是他们的工作期望；因此，在进行决策取舍时，管理层特别关心基线公司价值的变化。

风险与收益的权衡分析为管理层提供了在选择最佳的风险与收益的权衡决策时所需要的信息，并且提升了公司价值。在最终确定一项决策前，管理层获得了企业风险管理政策和流程的必要审查和批准。

风险与收益的权衡分析中的各要素是基本的财务原则。然而，企业风险管理循环中所获得的信息，以及随后严格计算的基线（决策前）和修正（决策后）的风险和收益指标，这都是前所未有的。企业风险管理循环为作出任何决策提供了一种统一的方法，不仅适用于优先考虑风险的决策（增加了保持或提升企业价值这一要求)，也适用于优先考虑收益的决策（增加了敏感性分析的稳健性)。将风险和收益信息相结合提高了风险管理决策的质量，如风险减轻决策，也提高了日常业务决策的质量，如战略规划、战略和战术决策及交易决策。

6.2.2 优先考虑风险的决策制定

我们将讨论关于优先考虑风险的决策的两个问题：

- 将企业风险敞口控制在风险偏好范围内
- 风险减轻决策

1. 将企业风险敞口控制在风险偏好范围内

一旦确定风险偏好，企业风险管理的主要功能——将企业风险敞口控制在风险偏好范围内——就可以开始实施了。从这里开始，为了方便起见，除其他特殊的要求，我们将用风险偏好同时表示风险偏好（企业层面的风险敞口临界值）和风险限额（低于企业层面的风险敞口临界值）。当首次衡量好企业风险敞口并确定风险偏好后，管理层便发现其处于如下某一种情形中：

①企业风险敞口超过风险偏好的硬限制。

②企业风险敞口恰好处于或超过风险偏好的软限制，但是低于风险偏好的硬限制。

③企业风险敞口远远低于风险偏好的软限制。

④企业风险敞口低于风险偏好的软限制，并保持在一个合理的范围内。

上述四种情形是根据管理层对企业风险敞口进行调整的程度，按照优先顺序的降序排列的。在第一种情形下，管理层迫切需要采取措施降低风险敞口水平，使其保持在硬限制之下，因为通常情况下是不能超过硬限制的，即使有，这种情况也是很少的。在第二种情形下，管理层可以立即采取措施降低风险敞口水平，使其低于软限制，并保持在一个合理的范围内，虽然管理层也可能在短时间内，放任风险敞口水平稍稍超过软限制，但这是出于其中蕴含上行机会的考虑。在第三种情形下，管理层会采取措施提高风险敞口，称之为“风险挖掘”（参见“风险挖掘”）。在这种情形下，甚至在此之前，管理层意识到企业承担风险不足，故而没有得到具有竞争力的回报，当确定了企业可以增加的风险水平后，管理层就会主动采取措施使企业承担更多的风险。在第四种情形下，管理层不会采取优先考虑风险的决策行为，因为企业风险敞口水平正处于最佳水平。

风险挖掘

从形式上看，风险挖掘与其他会使企业承担更多风险的日常业务决策没什么差异。但是，从内容上看，风险挖掘指作为优先考虑风险决策的一部分，使企业承担更多风险敞口的有意识的决策行为。采取风险挖掘可能是出于下面某一种动机的考虑。风险挖掘可以提高企业的风险敞口，使其更接近风险偏好的软限制，从而形成更好的风险与收益的状况。另外，风险挖掘可以提高个别风险敞口，使其更接近风险限额，从中企业可以获得竞争优势，也可以形成有利可图的风险与收益权衡状况。但是，只有当管理层发现有合适的风险与收益权衡的商机时，才能实现上述目的。

在前两种情形下，管理层要采取措施降低企业风险敞口，并将其控制在风险偏好范围内。从传统观念来说，这些措施属于企业风险管理的范围[6]，而且显然是优先考虑风险的决策。然而实际上，对前三种情形都需要采取措施或制定优先考虑风险的决策，因为这些情形下的企业风险水平并不符合管理层的期望水平。对上述三种情形下决策的评价采用我们之前介绍过的方法（参见“运用企业风险管理来作出决策制定”）。在第四种情形下，企业的风险水平是合理的，这是管理层期望的水平，大多数重要决策都属于优先考虑收益的决策，与其他决策一样，对这些决策的评价也采用之前介绍过的方法（参见“运用企业风险管理来作出决策制定”）。[7]

有两类企业风险管理信息有助于使企业风险敞口保持在一个合理的水平：

（1）敞口信息

（2）关键风险指标（KRIs）

（1）敞口信息。通常情况下，定期将敞口信息和相应临界值报告给董事会、管理层及企业风险管理团队，这有助于使企业保持合理的风险敞口水平。敞口信息包括企业风险敞口与风险偏好的对比，还有低于企业层面的风险敞口（如个别风险敞口、业务部门风险敞口等）与相应风险限额的对比。将这些信息报告给具有相应监管、指导以及可采取行动将风险敞口控制在可容许限度内等职权的管理当局。报告频率随着企业风险敞口的波动而变化，并提供日后行动的合理时间表。

（2）关键风险指标。与敞口信息一样，关键风险指标（KRIs）也被定期报告给有关部门，这有助于使企业保持合理的风险敞口水平。最有用的关键风险指标是起主导作用的指标，它与企业风险敞口指标高度相关，当企业风险水平逼近风险敞口时，它可以给管理层起到警示作用。

表6—3列示了可能成为主导指标的关键风险指标及相应的风险敞口。

表6—3　关键风险指标举例

关键风险指标	相应风险敞口
对信息技术的攻击	数据安全风险
给售后服务部的电话	产品/服务质量差的风险
公司面临的法律诉讼	诉讼风险
失业率	伤残保险风险[8]
某个业务部门内部对于人力资源问题的抱怨	与雇佣相关的诉讼或舞弊风险

资料来源：Copyright © 2011 SimErgy. All rights reserved. 有改动。

从表面看，日常使用的大多数关键风险指标是差不多的，实际上其中有些是比较特别的。但是，无论它看起来多么奇怪，只要该关键风险指标与企业风险敞口水平高度相关，它就是一个有用的可以起到早期警示作用的指标。一个看起来奇怪但是很有效的关键风险指标的例子来自于公司外部。参见“直观的关键风险指标”。

直观的关键风险指标

坐落在纽约公立公园后面的纽约Bryant公园是一个很受纽约市民欢迎的景点。商务人士在公园周围的桌子旁享用午餐，躺在草坪上享受日光浴，许多社交庆典也选在此处举办。这所公园是由当地企业主私人出资建立的。根据《纽约客》[9]报道，为了使公园保持良好状态，人们对可以预示公园状态恶化的一个关键风险指标进行日常监控。在每个工作日的午餐时间，检察员就会携带发声器在公园巡逻，该发声器可以分别计算男女人数。关键风险指标就是女人人数与男人人数的比率。合适的比例应超过50%。当该指标低于50%时，公园的管理部门就认为这预示着应采取措施改善公园的环境卫生、安全状况及其他条件。这样做的原因是女人一般对一些指标更加敏感，比如当公园附近的桌上出现碎屑、公园内出现流浪汉时，女人就不愿来公园，这便预示着管理层应立即采取措施改变公园的环境。

2. 风险减轻决策

我们将讨论关于风险减轻决策的以下四个方面的问题：

(1) 风险减轻决策的类型

(2) 充分利用现有的风险管理模型

(3) 确定现存风险减轻决策的价值

(4) 将企业风险管理纳入内部审计计划

(1) 风险减轻决策的类型。风险减轻决策可以降低关键风险情境发生的可能性及其影响的严重程度。

风险减轻决策可以降低关键风险情境发生的可能性。在大多数情况下，风险减轻决策也会减轻其影响的严重程度。例如，游说可以阻止有害法案的通过，也可以减轻其通过后带来的不利影响。表6—4列示了风险减轻决策的一些例子及其可以降低发生可能性的风险类型。

表6—4列示的一些例子可能看起来不像风险减轻决策，而更像日常经营业务的一部分。这反映出设立一个统一的决策制定方法的必要性，该方法适用于制定各种类型的决策，不论是单纯的风险减轻决策、部分的风险减轻决策，还是日常的业务决策。这样一个过程已在前文介绍过（参见“运用企业风险管理来作出决策制定”）。

表6—4 可以减轻关键风险情境发生可能性的风险减轻项目举例

风险减轻项目	发生可能性降低的关键风险情境
游说	立法/监管风险
主动发现关键雇员，并设计人才保留方案	关键雇员流失的风险
用流程图方法识别并保护财务报告中的薄弱点	财务报表重述的风险
对雇员使用数据和无线设备安全作严格规定	私人数据泄露的风险
改善继任规划	领导权弱化的风险
全体雇员对规章制度的严格遵守	监管罚款的风险
对雇员进行有关知识产权保护的培训	知识产权保护失败的风险

除了试图防止关键风险情境一开始就发生（降低可能性）外，风险减轻决策也可以在其仍旧发生的情况下，降低影响的严重程度。例如：

■ 购买飓风保险可以部分减轻飓风摧毁公司总部这一关键风险情境

■ 投资部门的对冲项目可以减轻外汇风险这一关键风险情境

■ 恰当实施业务持续经营计划可以部分减轻普遍性关键风险情境

■ 在某个特定国家的非持续经营可以完全减轻有关当地骚乱的关键风险情境这是风险规避的一个例子

在第5章中，我们讨论了关于个体风险量化的五个案例研究。下面让我们简要地验证一下，五个案例中的风险减轻决策是否可以降低关键风险情境发生的可能性或其影响的严重程度。

案例1涉及与技术数据安全及隐私有关的经营风险。关键风险情境是对信息技术的外部袭击。管理层作出两项风险减轻决策。一是识别并确保存有隐私数据的计算机的安全。这降低了关键风险情境发生的可能性；安全性更高的电脑可以进一步降低其发生的可能性。而且，这也降低了关键风险情境一旦发生的影响严重程度；如果隐私数据仍旧泄露，附加安全协议可以降低其影响严重性。二是清除电脑中存有的先前客户的隐私数据。这降低了关键风险情境发生的影响的严重程度，如果关键风险情境仍旧发生，这只会影响小部分客户的个人数据。

案例2涉及一个经营风险，即与关键雇员流失有关的人力资源风险。关键风险情境是销售主管在飞往会议途中的飞机忽然失事。管理层作出的风险减轻决策是加强对限制关键员工集中在同一架飞机的政策的实施，特别是销售经理。这降低了关键风险情境发生的影响的严重程度；一旦飞机失事，事故只影响小部分销售人员，特别只影响小部分销售经理。

案例3涉及一个经营风险，即与洗钱事件有关的人力资源风险。关键风险情境是洗钱事件。管理层作出的风险减轻决策是重新启动反洗钱运动（AML）。这降低了关键风险情境发生的可能性；反洗钱运动可以起到预防的作用。而且，这也降低了关键风险情境发生的影响严重性；如果洗钱事件仍旧发生，由于反洗钱运动的有效控制机制，这将不会给整个企业造成大范围的影响。

案例4涉及与供应商失败有关的战略风险。关键风险情境是由于火灾而失去唯一的供应商。管理层作出的风险减轻决策是设置备用供应商。这降低了关键风险情境发生的影响严重性；如果火灾仍旧发生，企业将失去唯一的供应商，但企业可以迅速地转向备用供应商，这意味着最小的供应商中断损失。

案例5涉及与低质量战略规划有关的战略风险。关键风险情境是由于管理层能力不足，管理层所做的战略规划的四项特别要素值得怀疑。风险减轻决策包括为完成战略规划付出更多的努力，优先关注更具影响的战略规划要素。这降低了关键风险情境发生的可能性，上述风险减轻决策可以起到预防的作用。而且，这也降低了关键风险情境发生的影响严重性；如果管理层在四个战略规划要素中的一个或多个上面失败，由于付出了更多的努力，其影响不会太大。

在上述讨论的每个案例中，关键风险情境的个体风险量化对公司价值都有很大的潜在影响，这促使管理层立即采取相应措施，制定一个或多个风险减轻决策。无论是优先考虑风险的决策（例如：风险减轻决策）还是优先考虑收益的决策（例如：战略规划），其决策制定过程已在前文介绍过（参见“运用企业风险管理来作出决策制定”）。然而，在上述每个案例中，管理层无疑都遵循了决策制定过程，但是没有执行全部的重新计算过程。在这种情况下，个别风险敞口水平很高，需立即采取行动，管理层只需要下列信息来选择风险减轻决策：

■ 风险减轻的成本

■ 风险减轻所降低的可能性

■ 风险减轻所降低的严重程度

当某项风险减轻决策本身成本较适中，并且有令人满意的效果时，管理层会选择执行该风险减轻决策。令人满意的效果包括以下几个方面：

■ 由于可能性或其影响严重程度的降低，使某一个别风险情境相对应的关键风险消除

■ 由于可能性或其影响严重程度的降低，使某个别风险敞口的评级下降

■ 风险敞口进一步低于某一个别风险情境的风险限额[10]

有人将上述行为解释为管理层无法容忍企业风险敞口超过风险偏好或风险限额水平。可以从另一个角度看这个问题，管理层只是做了一个判断，即如果不对企业风险敞口进行核查，这将导致折现率升高，从而降低公司价值。所以管理层遵循了前文介绍过的决策制定过程，虽然上面的例子中管理层明显省略了一部分重新计算过程。

（2）**充分利用现有风险管理模型**。企业风险管理并不等价于风险管理。企业

风险管理是一个战略性的，涉及关键风险的综合过程，关键风险是指对企业的影响排在前20~30名左右的威胁性风险。可以认为，企业风险管理是一个高层次的，自上而下的管理方法。企业风险管理模型较简单，可以处理多样化的相互作用的风险，但并不用来评价低层级的风险减轻决策。

与之相反，风险管理是战术的、基于“筒仓”的方法，其涉及大量的风险，这些风险中的大多数不会对企业构成严重威胁。可以认为，风险管理是一个更为具体的管理方法。许多风险管理模型都很具体，只关注于某一时期的某类风险，但是不能将风险敞口汇总至企业层面。

但是，企业风险管理模型与风险管理模型是互相联系的。在某种程度上，企业风险管理模型充分利用了现有的风险管理模型。这种相互作用表现在有效的分工上，即每一种模型分配到最合适的任务。

企业风险管理模型可以优先配置管理层的精力。企业风险管理模型运用自上而下的综合方法，可以量化企业风险敞口，具体包括量化关键风险的个别风险敞口，也可以确定企业整体的风险偏好和风险限额。可以将其称为战略风险管理，因为其制定了一个高水平的风险战略。这一过程解决了“做什么”的问题，即应关注哪些关键风险情境，按什么样的优先顺序进行。

风险管理或战术风险管理关注于由企业风险管理排序后的关键风险情境。风险管理解决了“如何做”的问题，即如何尽可能地减轻关键风险情境。风险管理模型更适合对某些风险详细分析比较其特定的可替代减轻决策。

但是，风险管理模型不能正确地衡量某项决策对企业整体的边际影响。这是因为风险管理模型是基于“筒仓”的方法，通常只能一次处理一个风险。企业风险管理模型可以衡量风险间的相互影响，包括加剧和抵消。因此，个别风险管理模型通常只用于针对每个潜在减轻决策的企业风险管理模型设计输入信息。这包括影响个别风险情境及基线公司价值输入的任何变化。故企业风险管理模型可以衡量风险和收益概况的边际变化，进而指导决策。然而，有些决策很简单，可以直接用个别风险管理模型来决定。

图6—3说明了这一过程。第一步，企业风险管理模型计算出企业风险敞口，与风险偏好及风险限额作比较，并对风险减轻决策的优先顺序进行排序。第二步，管理层识别潜在风险减轻的选择方案。第三步，充分利用现有的风险管理模型，使个别风险情境和基线公司价值产生变化。第四步，将个别风险情境和基线公司价值重新输入企业风险管理模型中进行评价。第五步，涉及运用企业风险管理来进行决策制定，其中，第五步a是重新计算风险和收益指标，第五步b是进行风险与收益的权衡，并最终做出决策。

考虑下面的例子。企业风险管理模型表明企业目前面临的风险属于关键风险，其风险敞口超过了风险限额，需要制定相应的风险减轻决策。将这一信息放入现有的风险管理模型中考虑，可以评价可供选择的风险减轻决策，如购买何种类型的对冲基金以在最大程度上减轻汇率风险。这样做是恰当的，原因在于投资部门的风险

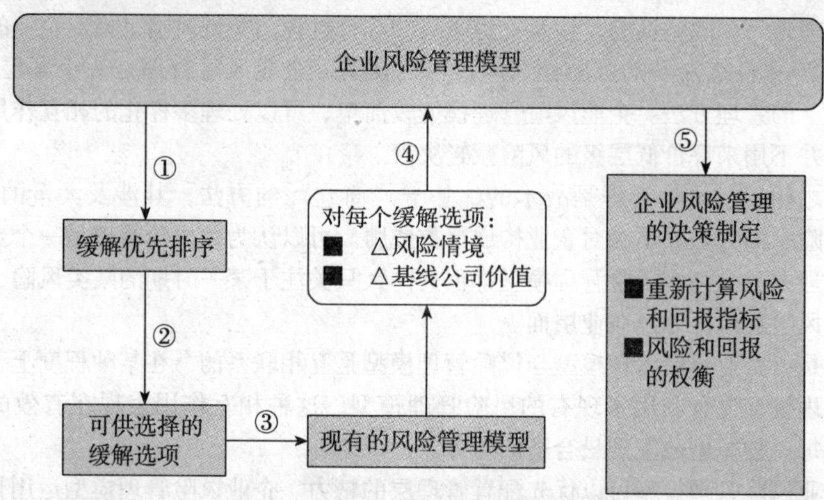

图 6—3　充分利用现有的风险管理模型

资料来源：Copyright © 2011 SimErgy. All rights reserved. 有改动。

管理模型比企业风险管理模型在评估汇率风险方面更加详细。每一个风险减轻的选择都依据其怎样改变汇率风险情境（改变的可能性和严重程度）以及基线公司价值（可分配现金流和折现率的变化）来进行评价。将各个风险减轻决策产生的变化重新放入企业风险管理模型中考虑，从而作出有关风险与收益的最佳决策。企业风险管理模型重新计算了对风险和收益指标的净边际影响的价值，这反映出各个风险减轻决策的多个关键风险间的相互影响。对每个风险减轻决策的风险与收益的权衡进行了评价，并最终作出决策。

(3) *确定现存风险减轻决策的价值*。在第 3 章，我们讨论了基于价值的企业风险管理方法可以衡量现存风险减轻决策的这一功能。这是一种严格的量化方法，可以解释任何与风险减轻相关的决策带来的公司价值增加或特定风险减轻的价值。反过来，也可以说，这包括运用决策制定过程（参见“运用企业风险管理来作出决策制定”）。换句话说，我们不是将目前的风险和收益指标与潜在的未来决策作比较，而是与之前决策的一个假设的取消进行比较：选择一项现存的风险减轻决策。对任意一个现存的风险减轻决策来说，无论它是关乎整个部门的风险减轻决策（合规、风险管理等），还是特定的风险减轻项目（保险政策、金融性套期保值等），都是在假定风险减轻项目不存在的情况下来考虑的。

该技术带来了两个主要好处：

①**确定与风险减轻决策相关的部门的价值。**该方法首次实现了确定与风险减轻决策相关的部门的价值。该价值可以直接用于对公司基线价值的影响的测量。计算如下：

$$\text{Value of mitigation} = \text{CoValue}_{\text{Baseline}} - \text{CoValue}_{\text{Excl Mitigation}}$$

其中：

■ $\text{CoValue}_{\text{Baseline}}$ = 基线公司价值

■ $CoValue_{Excl\ Mitigation}$ = 排除风险减轻所重新计算的公司价值

如果风险减轻决策由于降低风险敞口（如较低的下行标准差，或更直接地说，较低的折现率）使公司价值增加的量大于风险减轻项目本身成本使公司价值减小的量，那么现存减轻的价值就为正。如前面讨论过的那样，另一个指标是概率公司价值，这一个指标从不同的视角来看待价值增加，有时也可以用这一指标。

这是该领域的一次重大飞跃，对那些试图有效管理风险的公司来说也是如此。在基于价值的企业风险管理方法建立并且其价值重新计算之前，管理层很难获取一个合理的方法来制定目标、业绩评价以及制定与风险缓解相关的个人激励报酬。然而，基于价值的企业风险管理方法提供了一套通用的风险和收益指标，这些指标适用于与风险减轻决策相关的决策制定，也适用于企业的其他所有决策，无论是优先考虑风险的决策还是优先考虑收益的决策。

②评价特定风险减轻项目的适当性。该方法也可以用于评价个别现存风险减轻项目，如保险单或套期保值工具。该方法假定企业不存在风险减轻决策，并重新计算了风险和收益指标。该方法没有使用基于价值的企业风险管理方法的严格量化方法，而仅仅根据经验原则或主观判断对过去的风险减轻决策进行评价，这造成不同企业部门所做的评价在质量上存在差异。

这种评价方法可以确认一项特定减轻项目的适当性，或者确定过度减轻的数量。管理层常常怀疑对特定风险减轻决策的投入大于其发挥的作用。该方法使管理层可以验证上述观点，如果这一点被证实，这就为减少投入并将资源投入到可以发挥更大作用的地方提供了很有力的定量的商业案例。

（4）将企业风险管理纳入内部审计计划。基于价值的企业风险管理方法为优化配置风险管理的努力提供了一个单一的集中点（对基线公司价值的潜在影响），无论它们处在企业中什么样的位置。可以通过调整加以改善的一个主要的风险管理领域是内部审计功能。内部审计在发现和阻止一些特定类型的风险方面有很大作用，如舞弊、财务报告差错等。然而，就以往的情况看，内部审计没有发挥其最大效用。管理层常感觉内部审计总是关注过于细小的事项。但是基于价值的企业风险管理方法改变了这种情况。将企业风险管理信息纳入内部审计过程后，内部审计计划可以将更多资源用于对公司价值有更大潜在影响的关键风险上。内部审计小组将更多精力放在对公司有战略重要性的事项上。这是有价值的，因为公司可以从更有效的风险减轻决策资源的分配中获得好处。

在其领域排名位于前三并且实施基于价值的ERM方案的一家制造公司就是一个例子。内部审计机构负责人，即实际的首席风险官，根据基于价值的企业风险管理信息，对内部审计计划重新排序，并在之后做出下面一番评论："这太棒了！我老板这些年来总是说我'只见树木不见森林'，责怪我将资源用于小事项上。基于价值的企业风险管理使我改变了以前的做法，更多地关注对公司价值有更大影响的事项。"

6.2.3 优先考虑收益的决策制定

基于价值的企业风险管理方法为人所称道的最重要的功能之一是可以提升公司日常业务决策的质量。我们已经在前文介绍过可用于各种决策类型的决策制定方法（参见“运用企业风险管理来作出决策制定”）。我们将讨论将企业风险管理纳入如下的优先考虑收益的决策制定过程：

- ■ 战略规划
- ■ 业务决策制定

1. 将企业风险管理纳入战略规划

基于价值的企业风险管理方法可以从以下三个方面提高战略规划质量：

（1）调整基准假设

（2）调整情境假设

（3）将静态文件转化为动态的规划工具

（1）调整基准假设。在企业风险管理循环的风险量化这一步中，有五种不同的活动，它们是基于价值的企业风险管理方法的组成部分，可以在战略规划中更好地调整基准假设。

①汇总预测。汇总支持战略规划的个别业务部门预测的过程以及其他详细的支持文件，并将它们纳入基线公司价值模型中，这有利于对互相矛盾的假设和分析进行详细的检查。这一过程有利于调整与外部环境以及内部环境有关的假设。

一些很重要的假设与外部环境（如未来经济状况、股票市场和债券市场的预期等）有关，并能影响整个企业。对与外部环境有关的假设进行调整，如关于市场走向的选择，有利于保证任何与业务部门相关的决策制定，能提高公司的内聚力并且是合理的，不存在相互矛盾。

将各个业务部门的预测结合起来并将它们纳入有效的基线评估模型中，这有助于发现与内部环境相关的假设间的不一致之处。下面的一个案例将说明这个问题。

一个中等规模的公司通过专业销售人员销售产品。其战略规划过程并不严格。该公司设计了高层次的自上而下的战略规划财务预测，它可以反映三年规划期内缓慢但稳定的增长状况。然而，公司还有一个独立的，与销售人员情况有关的更为具体的财务预测，包括销售人员的雇用、销售人员的保留和生产能力。当关于销售人员更为具体的规划纳入动态的战略规划财务预测时，不一致就显现出来了。更加详细的与销售人员情况有关的预测揭示接下来的三年中，公司收入将减少。除此之外，综合模型还揭示为了实现最初高层次战略规划财务预测中的增长目标，管理层需要采取关于销售人员的更为积极的策略，如雇用更多的销售人员，加强保留以及发挥更高的生产力。首席财务官和首席执行官如果面临这样一种不一致的情形，他们的反应常常是，“我们知道在企业的某一环节存在着断层，但是我们不确定具体在何处，也不知道其有多严重。”他们持续修正关于销售人员的战略，使其与支持增长的规划相一致。

②**分析趋势。**作为基线价值模型的设计的一部分，趋势分析往往可以揭示公司经营的潜在不连续性情况，并根据这一情况需要进一步检查。通过将战略规划周期性预测与最近的财务状况以及超过常规规划期的预测进行对比，可以发现企业经营的不连续性情况。将这些趋势与公认的行业增长率进行比较，可以提供其他更深入的理解。最后，将不同业务部门的趋势进行比较可以产生更多的信息，或者可能的变化，这可能使管理层对其假设更加放心。

③**分析评估结果。**对基线公司价值的计算可以促成关于基线假设更多的讨论和思考。评估过程可以将基线战略规划假设转换成业务决策制定者的语言：价值。依据最终的公司价值，说明基线假设的影响，可以激起管理层本能的反应，即促使管理者进行基本的但是有用的分析。管理层将基线公司价值与可能具有价值的先入为主的观念进行比较。除此之外，管理层进行合理性检查，将基线公司价值与市值进行比较。最后，管理层复查由业务部门及下属子部门作出的评估结果。这些评估结果分析可以澄清一些可疑的结果，可以对有问题的假设进行更深入的分析，特别是那些增长速度过快和费用减少的假设。

④**记录与传播。**从传统来说，支持基线战略规划和由此产生的可分配现金流预测，通常只被少数财务人员所考虑和理解。这阻碍了基于对基线战略规划的理解而制定决策的基线假设的广泛理解和接受。基于价值的企业风险管理方法中的量化过程所指的管理概念涵盖很多内容，并以一种更易被人们接受和理解的方式以及语言来传递信息。基线公司价值计算，包括可分配现金流的预测以及所有相关的假设，都在企业中以统一的方式加以记录和共享。由于其与广泛的企业风险管理工作相联系，更加广泛的管理与产生这一信息的行为是一致的，并且会加强对其的关注。除此之外，从价值角度定义的基线战略规划使得信息更容易被管理者所获取。共同的理解能使更多的人受益，尤其是在关键业务决策人员中，有利于梳理和解决基线假设中一些有争议的问题。

⑤**设计压力测试。**设计关键风险情境的过程，实质上也是压力测试的过程，这也促使了基线战略规划假设的调整。设计并检查上行和下行关键风险情境，包括在基线假设之中，这是失效模式与效应分析中的后一个步骤，这也增强了对是什么和不是什么的理解。这是在大部分处于业务部门的行业专家考虑的各种情境，并考虑在业务规划中的关键部分产生详细的信息以及其在不同的压力情况下是怎样变化的情况下发生的。无论什么时候发现问题，都要反复重新回到基线公司价值的计算。

(2) 调整情境假设。企业风险管理循环风险量化步骤的基于价值的企业风险管理方法可以以三种方式改善对战略规划中的情境假设的调整：

①**在设计风险情境中保持一贯的严谨。**在任何一家公司中，行业专家包括拥有不同水平的企业风险管理知识和技能的个体。如果让他们每个人根据各自的方法设计风险情境，参差不齐的质量会影响信息的有用性。基于价值的企业风险管理方法通过一个指导过程——失效模型与效应分析访问，避免了这一问题。失效模型与效应分析访问可以确保以一致的方法设计风险情境。它适用于所有的业务部门（和

公司）和所有的关键风险。除此之外，精通失效模型与效应分析技术的访谈者的不断出现进一步增强了访问的一致性。

②**风险情境的标准定义。**一般来说，设计风险情境作为战略规划过程的一部分，包括敏感性分析、压力测试和/或 SWOT 分析。设计风险情境的这些传统方法在定义风险情境方面缺乏一贯性。一个人对一个极端悲观的压力测试往往与另外一个人的定义不一致。相比之下，失效模型与效应分析访问方法广泛地征求风险情境的设计，并依靠更多的客观要素来确定每一个风险情境，而不是依靠行业专家赋予其一个主观标签，如一个消极悲观的定义。将对风险情境的等级划分作为其自动标准标签，且其评级取决于一些定量的指标，其包括的指标主要是影响的严重程度——如对公司价值的潜在影响，其次是发生的可能性——如 1% 的可能性。

除了可以确保一贯性以外，以更加客观、标准的方法定义风险情境还有另一个功能：避免出错。在失效模型与效应分析采访过程中，可以经常看到一个行业专家把一个风险情境定性为极其悲观的，而把另一个则定性为乐观的，到后来才发现前者的影响没有后者严重。这是因为基于价值的企业风险管理模型的风险量化过程虽然建立在基本财务理论的基础上，但是很难在一个人的头脑中实施。计算包括预测和折现，有时这些结果会与最初预期不一致。幸运的是，失效模型与效应分析方法不是根据行业专家的主观想象，而是收集广泛的风险情境，并运用标准量化指标来定义风险情境的。

③**统一外部环境假设。**失效模型与效应分析方法可以确保关于外部环境假设的一贯性，如未来经济状况、对股票和证券市场的预期等等。失效模型与效应分析访问方法是由那些能够持续地识别所有这些假设的用处并确保这些假设在整个企业都是统一的个人来主导的。除此之外，将失效模型与效应分析访问记录下来并在公司内共享，这为识别任何不一致的外部环境假设并使其一致提供了另一个机会。

除了可以对假设进行适当调整以确保企业风险管理风险量化步骤的有效性，现有的外部环境假设的一致性，还可以使管理层获得一个有用的假设模型。管理层可以获知一些问题的答案，例如，“如果经济环境恶化（到一个特定的水平），它将怎样影响企业整体及业务部门的关键指标?”

(3) 将静态文件转化为动态的规划工具。在大多数公司中，战略规划过程是一项年度事项。战略规划的制定需花费数周时间，并消耗许多资源。最终的结果是一本厚厚的战略规划。一个关键问题是如何保证战略的所有方面，包括支持战术或措施，能够实现管理层所承诺的财务成果。这些财务成果以战略规划财务预测的方式加以表述，常常涉及未来三年或五年的时间。战略规划是一种静态文件，所以当它完成时，在某种程度上可能已经过时了。大多数首席执行官都希望有朝一日他们的管理层能够持续地制定策略规划并使用一种更有效的、持续的、灵活的方法来制定并执行战略决策，而不是使用一种静态的、每年一次的、繁琐的方法。这将成为一项真正具有竞争力的公司优势。

基于价值的企业风险管理方法的一个最具价值的结果就是实现上述目的。基于价值的企业风险管理方法将企业风险管理与基于价值的管理联系起来。也就是说，基于价值的企业风险管理方法将战略规划的核心——战略规划财务预测——从静态的预测转换为动态的模型。外部或内部环境的变化或者战略或战术的变化可以容易地在基于价值的企业风险管理模型中反映出来，这揭示了预测财务成果的影响。除此之外，任何假设的改变或决策也能容易地在该模型中反映出来。更重要的是，基于价值的企业风险管理模型将战略规划从一个单一情境预测转换为代表若干定义明确的关键风险情境组合的可能性与严重程度的分布。这意味着其为一个基线公司价值可能的走向以及围绕基线公司价值变化范围的置信区间提供了一个更加全面的画面。

当基于价值的企业风险管理循环完成后，公司便利用这一点，开始进行更加动态的战略规划过程，提高战略规划活动的频率，从按年制定改为按季度制定，在条件允许的情况下，也可以全年内随时制定。战略规划频率的提高并不是对这种做法予以支持，而是恰恰相反。灵活的基于价值的企业风险管理模型存在于一个基于单一电子表格的工具中，它很容易实现更新。除此之外，设计假设的一贯方法——包括基线假设和情境假设——风险情境的设计和维持更容易保持一致。

企业风险管理方法有一个很重要的优势，那就是它不是将风险视为单独存在的，而是认为风险和收益，或风险和回报之间是相互联系的，实际上，它们是不能脱离彼此而存在的。不考虑对基线公司价值结果的偏离就无法定义风险，不考虑折现率就无法定义价值，价值是下行标准差的函数，反过来，下行标准差又是通过企业风险敞口及其潜在的关键风险情境所获得的。这将风险管理与战略规划及决策制定联系起来。基于价值的企业风险管理方法和模型提供了严谨的战略规划过程，增强了战略规划过程的可信性和动态性。

2. 将企业风险管理纳入业务决策制定

基于价值的企业风险管理方法可以容易地纳入广泛的业务决策制定过程，包括战略决策制定、战术决策制定和交易决策制定。基于价值的企业风险管理循环改善业务部门日常决策的基本方法与其用于支持战略规划过程的方法没有太大差异。其原理是一样的。因此，我们仅仅强调将企业风险管理纳入业务决策制定的如下几个方面：

- 速度的要求
- 涉及软假设
- 股票回购或发行
- 利益相关者之间的优先排序
- 兼并和收购

（1）*速度的要求*。许多重要决策要求迅速地做出，管理层没有很多的时间进行他们所偏爱的细节分析。这是因为大多数能够进行细节分析的财务模型都太繁琐了，不适用于这种要求在短时间内做出的决策类型。因此，管理层往往凭直觉、经验和一个数字粗略的计算的分析来采取行动。

基于价值的企业风险管理方法和模型宣告了决策支持新时代的到来。基于价值的企业风险管理模型实现了稳健性和灵活性之间的平衡，它提供了一个“假设”工具，该工具支持任何决策类型，甚至包括要求在短时间内作出的决策。

一个修正过的案例研究可以说明这一点。在一家大型科技企业中，一个关键的业务问题产生了，该企业正处于进行风险量化的早期阶段。该公司的一些大客户集合到一起重新商议合约的内容，并提出突然的要求。这些大客户认为，由于公司负责传输他们的私人数据，如果发生数据泄露，他们希望公司承担相关责任。除此之外，这些客户还表明他们不会为该责任付费。企业风险管理人员获知，在十天内，市场部和销售部的负责人将与首席执行官商议并做出应对措施，企业风险管理人员也要考虑能否为应对措施提供支持。

如果该公司不是一家科技公司，而是一家典型的提供金融服务并实施传统、复杂的企业风险管理模型的公司，它们的回答可能是这样的，“当然，我们有一些想法。我们可以重新雇用授权软件的顾问，对模型做一些修正，进行一些平行测试，并运行某些风险情境等。如果时间紧急的话，我们可以在 10 至 12 周内准备好。”如果企业风险管理团队作出这样的回答，你认为高级管理层在同样的情形下还会去找企业风险管理人员吗？当然不会。一旦企业风险管理团队被邀请并被问及能否在规定时间内提供帮助时，企业风险管理小组必须做出正面肯定的回答，这是至关重要的。幸运的是，企业风险管理小组认识到了他们所处的境况，他们可以灵活地运用基于电子表格的基于价值的企业风险管理模型，在更短的运行时间内迅速地适应新业务决策的需要。

企业风险管理团队的工作始于制定决策选项并明确相应结果。第一个选项是拒绝满足需求。从有利方面看，这将使公司免于承担潜在的由于泄露这些客户的私人数据所带来的无限责任。从不利方面看，这将导致客户流失，客户流向愿意承担该责任的竞争对手手中。这有一个重大风险，因为这些客户代表着数亿美元的利润。第二个选项是另一个极端，即与需求相符。从有利方面看，这将不会导致业务流失。从不利方面看，公司将承担很大一部分责任，而且无法预知其大小。第三个选项是只有在特定条件下才承担责任，这是介于前两个选项之间的选项。

一旦决策选项及其相应结果的类别确定下来，公司就尽可能地按照前文介绍过的“运用企业风险管理来作出决策制定”步骤执行。由于没有完全量化企业风险敞口，因此他们未能完全执行所有的步骤。然而，对每一个决策选项，他们都修正了可分配现金流量预测、折现率并重新计算了基线公司价值。除此之外，他们运用失效模型与效应分析访问技术设计了数据泄露风险的风险情境。所有的初始风险情境是在头两个营业日内设计出来的。他们依据对基线公司价值的影响，量化了每个决策选项下风险场景的影响。

一旦所有的风险与收益的权衡信息在规定时间内收集起来后，企业风险管理团队的资深成员及其助手就可参加决策制定会议，提供企业风险管理信息以支持决策制定过程。当决策制定之后，来自首席执行官的反馈是企业风险管理信息非常有用，能够帮助制定决策，这也是唯一的难以从企业内部其他部门获得的信息。你可以想象，在此之后，企业风险管理团队开始更多地参与具有战略意义的决策过程，这进一步扩展了企业风险管理的影响并为企业风险管理工作争取了更多的资金支持。

（2）**涉及软假设**。在做出决策选择时，管理层不仅仅要从量的角度思考两个选项间的不同之处。业务决策制定者还需要数据。他们偏爱硬数据——人们对其精确度有很高的信心，但是缺少硬数据时，估计是基于软假设作出的——人们对其精确度有较低的信心——它也能支持决策过程。当然，企业风险管理信息的本质——关注未来的预期及其不确定性——是它必须涉及一些基于软假设所做的估计。在第 3 章"但这些不只是猜测吗?"，我们反驳了那些反对使用软估计的观点，并且讨论了软估计的优点。我们现在将以一个修正过的案例来说明基于软假设制定决策的其中一种方式。

一家大型电信公司采用了基于价值的企业风险管理方法，开始运用企业风险管理信息去发现机会并做出更好的决策。企业风险管理团队在企业中一个业务部门发现了一个机会，该业务部门即将实施一项新提案和一套安全协议的决策。企业风险管理团队向管理层建议作出一项包含与前面不同的安全协议的决策。在审阅企业风险管理信息后，管理层断然拒绝了企业风险管理小组的建议。管理层认为，"这项建议是基于一系列软假设做出的，并且在很大程度上是基于一个关键假设的预测，这使企业风险管理小组不得不凭空捏造，无中生有，因为他们不能非常精确地对关键假设作出评价。"

尽管企业风险管理团队仍坚持自己的观点，但他们也认同管理层所持的观点，并最终成功地使管理层接受了他们的建议。没错，企业风险管理小组的建议是基于一些软假设所做出的。没错，最关键的假设也是这项建议的关键。没错，实际上，企业风险管理小组不能精确地对关键假设做出评价。但是，企业风险管理小组不需要非常精确地去验证他们的案例。企业风险管理团队所做的敏感性分析可以说明以对关键假设的评价来否定该建议是多么错误。敏感性分析的结果揭示了企业风险管理团队将在脱离实际情况 10 倍的情况下才能使其建议无效，当管理层看到敏感性分析的结果后，管理层最终接受了企业风险管理团队的建议。管理层回复说，"好吧，我们接受建议。我们已经达成一致。我们知道你们不会出现那种使建议无效的情况。"

（3）**股票回购或发行**。对采用了基于价值的企业风险管理方法的很多企业来说，该方法的一个重要优点是使企业获得了作出股票回购和发行决策的能力。企业风险管理循环的风险量化这一步为作出这种决策提供了两则有用信息。第一则信息是基线公司价值。如第 5 章所讨论的那样，如果做法得当，它可以比市场价值方法更精确地评估基线公司价值。如果管理层对基线公司价值的量化结果有很高的信心，那么当市值低于基线公司价值时，这意味着公司有了一个回购股票的机会。市价与股票的真正价值是弱相关的，股票的真正价值会随着管理层战略的成功执行而得到证明，实现未来可分配现金流的内部股价预测。与之相反，当市场资本化价值高于基线公司价值时，这意味着公司有了一个发行新股的机会。市场会给公司新发行股票一个溢价，该溢价就是市场价值高于管理层所认为的股票真正价值的部分。

第二则可以支持这种决策的信息是企业风险敞口。企业风险敞口提供了围绕在基线公司价值附近的置信区间。例如，管理层可以评估市价会达到或超过基线公司价值的可能性。除此之外，管理层还可以评估公司评估值偏离其真实价值的10%或15%的可能性。这是非常有用的，因为管理层不可能完全精确地计量基线公司价值；这等于是说，管理层可以100%地说他们可以达成或超过战略规划目标。

通过一个直观的例子可以说明管理层是如何运用企业风险管理信息获得回购优质股票的机会的。普通股市场下降了25%。大多数部门的股价下降了，该公司的股价也不例外。管理层认为这是没有理由的，公司股价的下降没有一个有效的理论依据。意识到面临着回购股票这样一个机会，管理层将公司目前的市场价值与基线公司价值相比较。前者比后者低30%左右。管理层相信企业风险敞口可以很好地预测基线公司价值的范围及相应发生的可能性。企业风险敞口预示着管理层只有40%的机会完成或超过目标要求。基于这样的估计，管理层并不完全放心于仅仅将基线公司价值作为比较的基础来衡量股票回购机会。然而，管理层运用企业风险敞口来衡量公司价值是否达到或超过公司目前的市场价值，并确定其发生的可能性是75%。这进一步增强了管理层作出回购股票决策的信心，管理层确实也这么做了。

(4) 利益相关者之间的优先排序。公司经营所面临的挑战之一是对多重利益相关者进行优先性排序。股东们要求得到与风险水平相当的收益。评级机构、债券持有人要求其具有保证支付利息和偿还本金的安全性和到期偿还的能力。监管机构要求其具有高水平的合规性。还有其他股东的要求也要考虑。一些决策可能符合某些利益相关者的利益，却损害了其他利益相关者的利益。尽管股东是主要的利益相关者，但是他们并不清楚怎样去权衡这样一种关系，即获得一部分利益相关者的支持的同时导致了另一部分利益相关者的反对。这是因为他们之间是互相联系的；例如，如果评级机构对公司管理层不满，他们就会降低公司评级，这将降低公司价值，进而损害股东利益。

基于价值的企业风险管理方法可以帮助管理层做出这类难度较大的决策。它是通过评价权衡来实现的，直接以基线公司价值的变化程度来衡量股东满意度。不存在能够最大限度地满足次要利益相关者的内在价值。只要公司价值上升，满足了主要利益相关者的利益，那么次要利益相关者也必定得到满足，这是基于价值的企业风险管理方法的核心和关键指标。一个修正过的案例将说明这一点。

一家大型私营企业正实施基于价值的企业风险管理方法，第一次处理企业风险管理循环的风险决策步骤。管理层决定运用基于价值的企业风险管理模型评估高级管理人员即将实施的一项决策的可行性。高级管理人员认为，实施一项新的战略措施将使公司的一个产品市场的收入水平大幅提高。然而，如果该决策被采纳，管理层确信公司评级将下降并持续五年保持该评级。评级下降将给公司的较小的市场造成打击，公司可能被迫降价，并且会导致资本成本的增加。在不同的利益相关者和他们之间的利益冲突都已确定之后，管理层仍然不清楚该计划是否具有可行性。

基于价值的企业风险管理方法可以灵活地解决这些问题。管理层遵循前文（参见“运用企业风险管理来作出决策制定”）所介绍的步骤。管理层对基线公司价值作出修正，以反映某一市场销售收入的增加情况（视为永久变化）、较小市场售价降低和资本成本升高情况（视为五年内变化）以及更高的折现率的结果。除此之外，管理层对一系列关键风险情境进行修正，以反映评级的降低。最后，管理层重新计算公司风险敞口，并对折现率的初始改变进行合理的检查。风险与收益的权衡评估结果清晰地表明该决策是可行的，它可以大幅提升公司价值。

（5）兼并和收购。基于价值的企业风险管理方法可以有效地提高兼并和收购决策的质量。大多数研究表明，大部分的兼并和收购交易通常会损害股东价值。那么，哪里出了差错？为什么这类决策的以往记录如此差呢？

一个原因是由于内部压力或可预见的压力，为了达成该交易，有关交易产生利益的内部财务预测被持续扭曲为乐观的假设。另一个原因是这些假设以及产生这些假设的来源从未为此承担责任，因为它们的责任被混乱的整合和重组过程掩盖了。

基于价值的企业风险管理改变了这种情况。因为主要决策都是遵循一个标准化且详尽记录的方法（参见“运用企业风险管理来作出决策制定”），该方法是共享的、有效的战略规划模型的一部分，这使得它们的责任无法再被掩盖。在制定决策的早期，任何支持交易决策的假设不会那么轻易通过。因此，那些制定假设并知晓若交易不能产生预测的利润将承担责任的人会有动力制定更加合理的假设。

这将导致公司对收购和兼并进行更为精确的定价，尽管比竞争对手更低的报价将导致公司较少达成并购交易，但是与损害股东价值的交易相比，这种情形更能让人接受。

为了更好地制定兼并和收购决策，为交易的财务预测制定假设的人必须获得与公司价值提升相符合的激励报酬。一个修正过的案例强调了这一点。一家在其所处领域占主导地位的科技公司分析公司在收购业务中的低效表现，而该收购业务是其前五年增长战略的一部分。公司在以往一系列收购中都付出了过高的对价，这给公司造成了极大的损失。在一项大型收购业务中，问题根源迅速地成为焦点。

公司以一个估计交易价值（可以提供的最大出价）的10×10的表格来记录在决策制定过程中使用过的假设，这基于两个不同的假设。其中，10列列示了收入增长假设的范围，包括从最左边的最悲观的到最右边的最乐观的。类似地，10行列示了费用节约假设的范围，包括从最底端的最悲观的到最顶端的最乐观的。因此，所有组合中的最乐观的组合是右上角格子中的组合，它代表该公司能够提供的最大的合理出价。该值是20亿美元。

在表格上部靠近右侧的位置，即刚超过最大出价的位置，是手写的“24亿美元”。我问：“该数是指什么？”他们回答说：“喔，这是我们在收购中的实际出价。”我又问：“为什么你们会付出比其真实价值高的收购价，该价甚至与假设最佳组合不相符?”他们的回答透露出他们的绩效报酬是基于各业务部门收入增长总和而不是公司价值制定的。虽然他们的激励报酬增加了，但是利润并没有增加。

6.3 本章小结

企业风险管理循环过程的第三个步骤，即风险决策制定是基于价值的企业风险管理方法中最关键的一步。该方法的首要目的是通过综合考虑风险（企业风险管理）和收益（基于价值的管理）做出更好的决策，进而提升公司价值。风险决策制定的第一步是确定风险偏好和风险限额。之后，我们就得到了一个将风险敞口控制在风险承受能力范围内的坚实框架。然而，我们还得到了其他的东西：一个适用于所有决策制定过程的统一草案，即无论是优先考虑风险还是优先考虑收益的决策。纳入企业风险管理的决策制定协议对于提出的决策背后的初始驱动因素是不可知的。它运用一条统一的标准来衡量任何决策：该决策能否提升公司价值。这使基于价值的企业风险管理方法具有很多其他优点，如提高战略规划过程的质量、支持股票回购和发行决策、提高兼并和收购决策的质量、更好地安排内部审计的资源、量化合规管理部门和其他风险减轻项目的价值、给股东进行优先排序、支持决策制定过程（即使在事件很紧急和基于软假设的情况下）。

风险文化是实施企业风险管理项目中的一项决定性考验，因为它可以衡量企业风险管理纳入公司的关键流程的程度。本章已介绍了将企业风险管理纳入战略规划过程和业务决策过程。在下一章中，我们将讨论将企业风险管理纳入业务绩效分析、激励报酬制定以及与外部股东沟通等方面的内容。

6.4 注 释

1. 这里的风险是个别风险敞口的简称，因为这是与基于价值的企业风险管理方法有关的风险水平。

2. 当新的关键风险产生后，企业风险敞口计算需要一个附加步骤，即修正用于计算企业风险敞口的模拟。

3. 企业风险敞口包括图形形式的企业风险敞口和表格形式的企业风险敞口以及个别风险情境敞口。

4. 也称作风险挖掘（参见“风险挖掘”）。

5. 需要对企业风险敞口进行监控，以保证它不会过大地低于风险偏好的软限制水平，这对优先考虑收益的决策会降低企业风险敞口等一些非常见事项来说是必需的。

6. 在基于价值的企业风险管理方法中，这些内容很容易混淆，因为它们适当地综合考虑了风险和收益因素。

7. 这并不是说没有制定任何优先考虑风险决策。管理层作过这类决策。然而，管理层并不急于作出这类决策，他们更热衷于将企业风险敞口保持在适当水平。

8. 失业率和伤残索赔之间存在着某种联系，这是因为职工将残疾视为防止被解雇的避风港。

9. Nick Paumgarten，《纽约客》，2007年9月7日。

10. 在这一阶段，管理层没有正式地确定风险限额。管理层根据关键风险情境对公司价值的潜在影响作出风险减轻决策。这发生在量化个别风险敞口阶段，先于确定风险偏好和风险限额。然而，管理层对高水平个别风险敞口的反应在一定程度上反映了风险限额的可能水平，而风险限额最终将在企业风险管理实施过程中得以确定。

第7章 风险沟通

沟通的最大问题是其已经完成的假象。

——乔治·萧伯纳

风险沟通是企业风险管理循环的第四个步骤。在本章中，我们将要讨论风险沟通的两种类型：内部风险沟通和外部风险沟通。

7.1 内部风险沟通

内部风险沟通是指将企业风险管理信息纳入业绩评价和管理中。

内部风险沟通包括两方面内容：

1. 将企业风险管理纳入业绩分析
2. 将企业风险管理纳入激励报酬

将企业风险管理信息纳入业绩分析和激励报酬预示着各个层面的管理都遵循企业风险管理项目的要求。有效的内部风险沟通对于恰当地进行风险识别、量化、决策制定等企业风险管理活动来说是必要的。如果内部风险沟通无效或不存在，管理层将意识到衡量其工作绩效的基础与实施企业风险管理前毫无差异；他们因此会减少企业风险管理活动或者彻底无视它的存在。

内部风险沟通——将企业风险管理纳入业绩评价和管理——和将企业风险管理纳入决策制定过程一起（第6章中已讨论过）构成了风险文化的内容。

7.1.1 将企业风险管理纳入业绩分析

我们将要讨论企业风险管理是如何改善两种传统的业务绩效分析方法的：财务成果和平衡计分卡。

1. 财务成果

我们首先研究运用财务成果进行业务绩效分析的传统方法以及其不足之处，然后讨论基于价值的企业风险管理方法是如何改善这种业务绩效分析方法的。

(1) 传统方法。评价业务绩效的最主要的传统方法是分析前一期的财务成果。这主要包括利润表、资产负债表和现金流量表。通常将前一期的财务成果与战略规划目标或“计划”进行比较。将实际收入与计划收入比较，将实际费用与计划费用比较，将实际利润与计划利润比较等等。

基准（计划）是以风险调整形式制定的。在制定计划目标过程中，管理层或隐晦或明确地为高风险业务制定更高的目标。然而，这种传统方法有两个缺点：它缺乏严谨性和完整性。

缺乏严谨性 管理层或隐晦或明确地制定根据风险调整的目标。两种方式都缺乏严谨性。在一些管理层隐晦地为高风险业务制定高收入和利润目标的情况下，他们所采用的方法往往是主观的，且是不一致的。在这种情况下，管理层常常发自内心去思考他们应从高风险业务中要求什么回报。管理层不是根据量化信息作出决策。这也是一种不一致的方法。不同管理层可能为不同业务制定不同的目标，而且每个人对风险都有不同的主观看法。除此之外，在缺乏客观标准的情况下，其他要素也会影响目标制定，如谈判筹码，它随业务部门的不同而变化，进而扭曲暗含的风险调整。

在大多数情况下，管理层会明确地为高风险业务制定更高的目标。目标是根据不同的目的而制定的，如资产回报率或投资回报率的最低要求。我们将用一个例子说明这一点。考虑这样一家公司，它的国际业务比国内稳定增长的业务具有更高的风险性，而其成熟业务比国内稳定增长的业务具有更低的风险性。因此，管理层决定调整其原来一直沿用的适用于各业务部门的15%最低回报率的要求。管理层决定为风险性较高的业务制定高于15%的最低回报率要求，为风险性较低的业务制定低于15%的最低回报率要求。通过调整，与风险量化分析相反，管理层明确地为其业务部分制定了如下的最低回报率要求：

■ 国内稳定增长的业务部门：15%的投资回报率

■ 国际高增长的业务部门：18%的投资回报率

■ 成熟的业务部门：12%的投资回报率

然而，常常存在未恰当地制定这些目标的情形，主要有两种情形：

■ 对最低回报率的制定常常过于武断。由于没有量化风险，对最低收益率的制定常常未考虑各业务部门的实际风险水平。在上面的例子中，管理层一开始为各种业务制定统一的15%的最低回报率要求，然后对风险高于平均水平的部门提高3%，对风险低于平均水平的部门降低3%。

■ 投资指标——用于确定目标利润的最低回报率——没有定义好。在非金融服务公司，投资指标常常被定义为对权益资本的配置。在金融服务公司，投资指标常常被定义为既定的资本要求。无论是哪一种，这只代表股东投资的一部分。总投资是公司价值。公司价值计算包括所有未来可分配现金流的现值。无论是权益或既定的资本要求，它只代表公司价值的一小部分。

然而，即使我们假设金融服务公司的权益或既定资本是投资的一种恰当的定义，该定义仍然存在一些其他的问题。

在非金融服务公司，投资常被定义为对权益资本的配置，在某些情况下，它等于包含业务部门在内的法人实体持有的股权资金数额。这可能与实际所需的投资水平无关；例如，目前法人实体可能持有过量的股权。

在金融服务公司，投资常被定义为既定的资本要求。既定的资本要求是金融服务公司预留的一部分资金，除了作为资本公积金以外，其还作为对关于公司现有承诺糟糕表现的固有风险的一个缓冲，其通常要考虑如下一个或多个方面：

■ 监管资本

■ 评级机构资本

■ 经济资本[1]

然而，上述任何一点都不是定义业务部门投资指标的好方法。

监管资本和评级机构资本不是基于公司的风险计算的。它们是根据很多行业统计数据用公式计算的。它不是根据某公司的具体特点而自定义的，更不用说考虑各业务部门[2] 的特点。

传统的经济资本模型是做出正确决策的第一步，但是仍然存在缺陷。这些模型仅仅用公司专用方法衡量风险，运用风险情境并预测它们对公司财务的影响。然而，用传统的经济资本模型计算风险敞口存在两个主要问题：

■ 忽视未来新业务。大多数经济资本模型没有考虑未来新业务。它们原本就是设计用来关注于资产负债表中的资本（因此得名），并考察在压力条件下资产的变化情况。因此，传统经济资本模型并不向前看，不包括公司持续经营的未来可分配现金流。这导致经济资本模型忽视了大部分的风险敞口。大部分的风险敞口来自于战略风险和经营风险。战略风险和经营风险主要影响未来收入和费用。运用传统经济资本模型不能够恰当地获取以上信息，因为这些模型不能在基线情境中预测未来新业务收入和费用，也不能在风险情境中反映未来新业务的收入和费用的变化情况。

■ 忽视综合影响。大多数经济资本模型不能获取两种或多种风险情境同时发生所带来的综合影响。相反，它们一次只能衡量一种风险，然后再试图通过相关性对其交互作用进行调整，然而这是不够的，正如在第 5 章“获取交互作用”所讨论的一样。对同时发生的多样化风险的忽视导致不能对一些重大损失事件进行控制（参见第 2 章“遗漏最大威胁”）。

不完整 该方法存在的比缺乏严谨性更严重的问题是不完整。它只衡量了以往期间的变化，如收入、费用、利润等。与基线战略规划预测相比，这完全忽视了可能会改变未来收入费用轨迹的变化情况。同样地，它也忽视了可能会改变公司风险的变化情况，这些变化情况进而改变企业风险敞口、下行标准差以及折现率。这些被忽视的内容可能比以往结果更重要。

(2) **基于价值的企业风险管理方法**。基于价值的企业风险管理方法提供了一套多时期指标，可以提供一个兼具严谨性和完整性的业务绩效分析方法。

严谨性 在基于价值的企业风险管理方法下，通过将前期公司价值的增加值与战略规划的预期增加值比较来衡量业绩。这是非常严谨的，因为基于价值的企业风险管理方法强化了战略规划和战略规划过程。除此之外，基于价值的企业风险管理方法提供了严谨的风险和收益指标。

完整性 基于价值的企业风险管理方法是完整的，原因在于它涵盖了影响未来价值和前期价值的所有因素。该方法能获取以下信息：

- 当年发生的会影响同年可分配现金流的变化情况
- 当年发生的会改变未来可分配现金流轨迹的变化情况
- 当年发生的会改变企业风险水平的变化情况

除了严谨性和完整性，用公司价值变化作为绩效分析指标还有两个好处。第一，除了可以用作企业层面的指标，类似计算的信息也可以用作业务部门层面及其他任意层面的指标。第二，归因分析可以确定有助于去年业务绩效提升的各因素所做的贡献。例如，可以量化顾客保持率的提高对收益增长所做的贡献。

2. 平衡计分卡

平衡计分卡常用于评估业绩。平衡计分卡的关键特点是同时运用非财务方法和财务方法来分析业绩。该方法有一个前提，那就是有许多不可见的因素会影响业务的价值，仅仅达成前期的可以满足（或者超过）战略规划目标的财务成果是不够的，因为还有其他因素影响公司价值；即便不影响现在，也会影响不久的将来。该假设是有效的。然而，平衡计分卡的运用方面存在一个基本的缺陷，这给公司价值带来了损失。

平衡计分卡的运用方面存在的基本缺陷是对计分卡的每个要素都赋予一个相对权重或强调各公司任意地分配这些权重。一些企业给予财务指标更多的权重，将剩余权重给非财务指标。一些企业给予所有指标相等的权重。还有一些企业给予不同指标以不同权重。但是，所有公司都没有以一种严谨的方法分配权重。它们或多或少是凭主观意愿做出的。

我们假设高级管理层十分看重平衡计分卡各要素的权重。这意味着管理层认为那些权重（与平衡计分卡目标相对应）在某种程度上——或隐晦或明确地——反映在其业绩评价和激励报酬中。在这种情况下，管理层将努力达成与平衡计分卡上各要素权重相对应的财务成果目标。然而，在一定程度上来说，各要素的权重与各要素对公司价值的真实的相对贡献不相符，这将导致若给予各要素恰当权重时公司价值仅有更小幅度的上升。这是因为对平衡计分卡要素强调的权重分配是任意确定的，并没有按照一套严谨的方法来衡量每个要素对公司价值的贡献大小，因此讽刺的是，从根本上说平衡计分卡是不平衡的。

基于价值的企业风险管理方法可以解决这个问题。基于价值的企业风险管理方法可以直接计算应赋予平衡计分卡各要素的恰当权重。它将无形的、非财务指标转化为依据财务后果而量化的具体指标。

首先，我们建立假设，即对公司来说最重要的指标是可分配现金流，更确切地说，是所有未来可分配现金流的现值，它与平衡计分卡假设是不冲突的。这是股东唯一关心的结果。除非某结果影响现在或将来的可分配现金流、折现率，否则股东并不关心该结果。平衡计分卡将非财务指标考虑在内的原因是前期的财务成果没有包含所有方面。只参考前期的财务成果忽视了去年发生的将影响未来可分配现金流或折现率的变化情况。

内嵌在基于价值的企业风险管理模型中的动态的战略规划工具可以依据其对公司价值的边际影响来量化平衡计分卡中每个要素。例如，假设在平衡计分卡中，一项非财务指标是“员工满意度的增加”。管理层可以运用类似失效模型与效应分析的方法，为量化基线公司价值的影响设计风险情境。员工满意度指标的一定增长相当于员工保留度和/或员工生产能力的提高。这些都是动态的基于价值的企业风险管理模型中的价值驱动因素，对其进行改变将转换为对基线公司价值产生的影响。每一个平衡计分卡要素都有这种作用。即使是“财务成果”要素本身，也要经过简单计算，转化为它对基线公司价值的影响大小：用折现率折现到现在时刻。

一旦计算出每一个平衡计分卡要素每一单位的改进所带来的公司价值相对边际增加后，就可以更加合适地对每一个要素进行权重分配。各要素的权重是按照各要素对公司价值的相对贡献来分配的。这将使各要素的权重发生重大变化。对权重由任意分配转变为有意义的分配，这也将提升管理层运用平衡计分卡进行管理的信心。对那些重视平衡计分卡的公司管理层来说，这将进一步提升公司价值。

我们应注意到，如果将“公司价值的变化”指标作为分析业绩的首要因素，那么就没有必要使用平衡计分卡了。这时候，判断是否需要平衡计分卡有这样一个经验法则：平衡计分卡中各要素的权重增加值与公司价值增加值之间是否达到近似平衡。参见“平衡还是分散注意?”

平衡还是分散注意?

一些人认为，平衡计分卡通过改进每一个要素，帮助管理层关注到很多价值驱动因素。然而，这是一种不真实的贡献。股东并不关心可以提升公司价值的来源。他们只希望公司价值能够增长并在一段时间内保持这种增长。刻意地使企业试图紧紧抓住导致公司价值增长的这样或者那样的来源，不一定是好事。实际上，这可能导致公司价值增长速度放缓。管理层应该从各种机会中获取公司价值最大可能的增长。人为限制这些机会可能导致提升公司价值机会的丢失，反之则会产生意想不到的效果。

7.1.2 将企业风险管理纳入激励报酬

业务实践的一条基本原则是运用激励报酬使管理层与股东之间的利益保持一致。股票和股票期权均能有效地实现这一目的。理论认为，如果管理层被授予股票或股票期权，他们就有动力努力提升股价。如果“股票激励”理论是有效的，为什么我们仍然看到许多这样的例子：管理层获益了，而股东利益却遭受了损失？这种不匹配的其中一个原因是该理论存在两个缺陷：

- 激励价值的信息不匹配
- 没有较好地计算激励数额的指标

我们将分别讨论这两个漏洞，以及将企业风险管理纳入激励报酬如何填补这两个漏洞。

1. 激励价值的信息不匹配

"股票激励" 理论的第一个漏洞是管理层所掌握的信息与管理层可以利用的股票市场信息之间的不匹配。股票或股票期权的价值建立在股价的基础上，但它不是计算公司价值的最好基础。正如第5章（参见"计算基线公司价值"）讨论的那样，从内部企业进行评估更精确。在很大程度上，这是因为更容易获取内部信息的管理层比股票市场对公司价值有更好的认识。拥有大量股票或股票期权的管理层，有时在很长一段时间内，运用不匹配的信息来提升公司价值，而不是通过努力工作，提高未来可分配现金流或降低企业风险水平来提升公司价值。

一个解决方法是用基于企业风险管理信息的虚拟股票代替股票和股票期权，衡量虚拟股票价值的基础正是基线公司价值。为了发挥虚拟股票的作用，负责计算虚拟股票价格的部门必须具有很高的独立性，能便捷地获取信息，而且要受到内部和外部审计师的监督和独立评估公司的审查。另一种方法是聘请独立评估公司计算虚拟股票价格。任何一种方法都能在很大程度上消除信息不匹配现象。管理层仍有很强的动机保持这种信息不匹配，但是在企业内部掩盖这种信息不对称比在股票市场要难得多，尤其当有人想要揭露这种行为时。

2. 没有较好地计算激励数额的指标

"股票激励" 理论的第二个漏洞是没有较好的可以计算激励数额的指标。我们已在前文讨论过用于计算这些激励的传统方法（参见"将企业风险管理纳入业绩分析"）及其缺点。这些传统方法包括将前期的财务成果与计划目标作比较以及运用平衡计分卡。

之前我们也已经讨论过消除这些传统方法缺点的办法：使用企业风险管理指标，该指标可以依据基线公司价值的变化恰当地反映实际绩效（企业层面、业务分部层面、业务单元层面及个人层面）。激励的数量与其价值一样重要，我们已在前一部分讨论过。然而，根据基线公司价值计算出激励数额和激励价值后，管理层与股东间仍需要进行利益协调。管理层在前期对公司价值的贡献大小决定了对他们的激励数额，他们在未来对公司价值的贡献大小决定了对他们的持续激励价值。

7.2 外部风险沟通

外部风险沟通指将企业风险管理信息传递给外部利益相关者。我们将要讨论四种外部利益相关者：

1. 股东
2. 股票分析师
3. 评级机构
4. 监管机构

7.2.1 与股东沟通

与股东或者潜在投资者及公众的沟通统称为风险披露。我们将讨论两类风险披露：

■ 自愿的风险披露

■ 强制的风险披露

1. 自愿的风险披露

自愿的风险披露指管理层自愿将企业风险管理信息与公众分享，例如每年提供给股东的年度财务报告，这是基于对ERM方案具有竞争性优势的认识做出的。实施先进的ERM方案的公司，如基于价值的企业风险管理方法，应该在自愿的风险披露中描述企业风险管理活动。这可以向投资者传递一个信号：公司在恰当地理解并平衡风险和回报方面有卓越的能力并且成功地执行了战略规划的内容。

提供给股东的信息随具体情况而变化。除此之外，应谨慎地确定信息披露的方式。应提供足够的信息以传达某种消息，但是不需要太具专业性。一些自愿披露的例子一般包括如下内容：

■ 从整个企业层面，涵盖所有风险来源角度，全面说明ERM方案的综合特征

■ 从一个单一的风险事件或者从多个同时发生的风险事件，来考虑ERM方案的战略重点以及它是如何使管理层关注于大型潜在威胁的

■ 管理层对综合指标的运用情况（从企业层面理解风险敞口并确定企业层面的风险偏好），从而有效地将风险敞口控制在风险偏好范围内

■ 基于价值的ERM方案的实际业务运用情况，以及通过将企业风险管理与基于价值的管理相结合来更好地制定风险与回报的决策所获得的竞争性优势

■ 使用企业风险管理信息是如何提高业绩评价质量的

■ 通过使用企业风险管理信息，管理层激励是如何更好地实现管理层与股东间利益协调一致的

■ 风险治理如何加强和便于更好地理解和管理关键风险敞口

除此之外，把关于通过实施ERM方案以及如何推动风险文化发展所获得的经验包括在内是明智的。从企业风险管理中取得的提升先进性的具体例子可以增强投资者的信心。所谓竞争性优势的泛泛而谈往往会达不到预期效果，而实实在在成功的例子才能证明一切。这些例子应包括，依据企业风险管理信息，管理层做出了更好决策的事件。包括以下的一些例子：

■ ERM方案发现了先前隐藏的风险敞口，立即对其优先排序，进而对其进行风险缓解

■ 将被认为风险很高并已经量化的企业风险敞口降低到一个可接受的水平

■ 所识别的风险敞口过度缓解而造成了不必要的浪费，管理层通过减少缓解水平从而显著降低了成本

■ 做出一个趋向于更加能抵抗冲击的组合的业务战略比例改变，用以抵消

风险来源；例如，发现了一个反周期且能策略性改善其企业风险敞口水平的商业机会

■ 调整避开被识别为欠佳的风险回报业务和朝向可接受的或是绝佳的风险收益业务的战略比例

2. 强制的风险披露

我们将要讨论美国证券交易委员会（SEC）规定的风险披露的三项内容：

（1）风险因素的披露

（2）风险治理的披露

（3）具有风险性的激励报酬方案的披露

（1）风险因素的披露。美国证券交易委员会要求在表10–K，第1A项，风险因素[3]中每年都进行风险披露。美国证券交易委员会要求“讨论将导致投机性或风险性的重要因素”，基于价值的企业风险管理方法可以满足这一要求，并且确保合规，因此提供了一个竞争性优势。除了可以强调影响股东价值的最大威胁，基于价值的企业风险管理方法还可以通过风险来源分类和定义风险，识别关键风险情境最有影响的驱动因素，评价并选择符合成本效益的风险缓解。风险披露为管理层展示其在处理风险、维护股东利益方面的领导能力提供了又一次机会。这些技巧可以通过使用以下三种技术展现出来：

①通过风险来源分类和定义风险。大多数风险披露混淆了风险来源与风险后果（财务影响）。如声誉风险或降级风险，它们看起来都代表个别的风险来源。除此之外，大多数风险披露由于混淆了风险来源多样性和单一性的讨论，造成了对风险的考虑杂乱无章。如单独的一个段落应该讨论风险的一个来源或一组来源，但是它却漫谈风险的多种来源，从战略风险到经营风险再到战略风险，如此重复。对于这样的例子，参见“混乱的风险披露”。

混乱的风险披露

作为风险披露中以单独的段落讨论多种风险来源的一个例子，思考下面摘自一家饮料行业龙头企业风险披露的内容：

出于肥胖或其他健康考虑，可能降低对我们产品的需求。

消费者、公共健康机构和政府机构越来越关心公众与肥胖有关的健康问题，尤其是年轻人的肥胖问题。除此之外，一些研究人员、健康倡导者和膳食指南都倡导消费者减少对加糖饮料的消费，包括使用高糖果浆或其他营养性甜味剂的饮料。公众对该问题关注度的提高；对市场、商标、我公司饮料等可能设置的新税种和政府新的监管要求；针对处于饮品行业的我公司，其他公司在市场、商标或销售含糖饮料等方面发起的实际或有威胁的法律诉讼对我公司造成的负面公开报道，会减少对我公司饮料的需求量，这将影响公司利润。

仔细阅读公司风险披露的这一段后，可以识别出几个风险来源，其中一些是战略性的，一些是经营性的。我们将其中一些段落的关键词挑选出来并把与其相对应的风险来源列示在表7—1中。

表 7—1　**与风险披露段落相应的风险来源**

短语或句子	风险类别	风险子类别	风险
“消费者……越来越关心”和“公众对该问题关注度的提高”	战略性	外部关系	消费者关系
“有关市场、商标、我公司饮料的新税种和政府监管要求”	战略性	立法/监管	与产品/服务相关
“实际或有威胁的法律诉讼所造成的负面公开报道”	经营性	诉讼	诉讼风险

最好分别讨论和考虑上面的每一个风险来源。从不同的来源明确划分各类风险有利于量化风险；以个体风险来源及其产生的影响作为起点，有利于设计风险情境与访谈的顺利进行；必须分别对每个风险来源进行风险减轻的处理。

相比之下，基于价值的企业风险管理方法强调按其来源分类和定义风险的重要性。这对风险识别、风险量化以及企业风险管理循环中风险决策制定来说都是很重要的。同时，它对企业风险管理循环中风险披露也是很重要的。分别讨论每一个风险来源可以使公司的风险沟通远比竞争对手要更加清晰。沟通的清晰度反映出管理层对风险有更高水平的理解。

②按优先顺序列示风险。传统的企业风险管理方法没有提供给管理者站在股东角度对风险的优先排序。因此，对风险因素的披露没有按照股东期望的优先顺序进行排序。如在第 2 章（参见“准则 8：适当的风险披露”）讨论过的那样，对风险因素的不恰当披露是公司内所有部门最容易忽视的问题。

相比之下，基于价值的企业风险管理方法为管理层提供了站在股东角度的按降级顺序排列的关键风险。这向股东传递了这样的信息，那就是管理层具有竞争对手所不具备的一种能力：按照其对公司价值的潜在影响量化风险的能力。除此之外，这也满足风险披露的要求。最后，风险管理方案可以识别并处理对股东的最大威胁，这使董事会和高管们感到放心。

对风险的优先排序是综合考虑个别风险情境发生的可能性和影响的严重程度后确定的。然而，由于信息的敏感性和个别数据点的不确定性，披露发生的可能性和影响严重程度的数据是不恰当的。相反地，这些信息只能在企业内部使用。风险披露以能够反映风险的相对重要性的方式来指导工作。这是通过将风险按重要性由大到小的顺序排列，对重要性更大的风险进行更多的讨论，并通过相对的语气来描述管理层对风险的关注等实现的。

③讨论最有影响的风险驱动因素。大多数传统的 ERM 方案没有突出强调关键风险最重要的个别驱动因素，因为传统方法没有恰当地衡量这些驱动因素。这可以从那些只是对风险泛泛而谈的公司风险披露中看出来。另一方面，基于价值的企业风险管理项目通过归因计算，按照风险驱动因子对公司价值的潜在影响来量化重要的风险驱动因素。风险披露的这部分内容显示出管理层对风险更深入的理解。

(2) **风险治理的披露**。美国证券交易委员会要求在年度风险披露中披露董事会在风险管理中扮演的角色。[4]对该要求的规定较模糊，其目的是给公司提供一个机会来讨论以下内容：

■ 主要风险监管责任是由全体董事会承担还是由一个董事委员会承担，如风险委员会或审计委员会

■ 风险监管具体是如何操作的，包括监管的信息（关键风险敞口、关键企业风险管理决策等）是什么，谁来提供这些信息以及提供信息的频率

■ 对企业风险管理的主要责任是由全体董事会承担还是由一个董事委员会或管理层承担（如，企业风险管理委员会）

■ 企业日常风险管理责任人直接向全体董事会报告还是向一个董事委员会或者管理层报告

(3) **具有风险性的激励报酬方案的披露**。美国证券交易委员会要求年度风险披露包括激励报酬方案的信息。[5]如果一家公司的激励报酬政策和实践（面向所有员工，而不是仅仅针对管理层）产生了对公司有"重大不利影响"的风险，则公司应对造成风险的激励报酬方案进行讨论和分析。"重大不利影响"指净（或减轻后）风险敞口，而不是总（或减轻前）风险敞口。

为确保满足风险披露的要求，管理层必须做到如下事项：

■ 依据对价值的影响衡量由员工承担的风险[6]

■ 依据对价值的影响定义"重大不利影响"[7]

■ 将上面两项纳入激励报酬的计算公式

基于价值的企业风险管理方法可以做到上述三点。它能从对公司价值的潜在影响角度，衡量企业层面到个体员工层面的风险敞口水平。除此之外，通过对风险偏好量化角度的定义，它能对"重大不利影响"作出严格的定义。最后，该方法将这些指标都纳入激励报酬制定：两种指标都是可获取的并且是定期更新的，可以支持激励报酬的计算和发放。

如果管理层发现公司的激励报酬政策和实践产生了"相当可能发生的重大不利影响"的风险，或者管理层不能肯定不会产生这种风险，公司必须对激励报酬方案的相关部分进行公开讨论和分析。该讨论和分析的披露应包括以下四个方面内容：

■ 从对员工承担风险的影响角度，实施目前激励报酬政策和实践的理由

■ 风险评估，如果有的话，依赖于激励报酬政策和实践的设计

■ 在一项风险事件发生后，及时调整激励报酬政策的能力（例如，收回条款）

■ 根据公司风险情况（即企业风险敞口）的变化调整激励报酬政策和实践

7.2.2 与股票分析师沟通

基于价值的企业风险管理方法特别有助于公司与股票分析师之间的沟通。基于价值的企业风险管理方法与传统方法相比，具有两个关键优势。首先，在设计风险

情境过程中，基于价值的企业风险管理方法运用失效模型与效应分析技术，结合内部行业专家的知识，来设计彼此分离的确定的关键风险情境。依据风险事件如何发生，对公司的初始影响和由此带来的二级和三级影响以及包括事项后风险减轻计划在内的管理层可能采取的行动（如持续经营计划），可以使设计的关键风险情境得到很好的考虑。其次，基于价值的企业风险管理的量化方法为计算公司价值提供了一个动态的内部评估模型，正如第5章（参见“计算基线公司价值”）中讨论的一样，这样一个内部评估模型要比股票分析师使用的外部评估模型更加精确。

当一个风险事项发生在整个行业内部，股票分析师询问管理层该事项对企业价值的影响时，股票分析师便同时具备了这两个优势。管理层运用基于价值的企业风险管理方法能够像以下那样做出回复：

虽然我们大体上认同您对这次风险事件对我们行业其他公司潜在影响的估计，但是我们认为您高估了这次事件对我公司的影响。我们已经深入详细地思考过这次偶然事件。我们已将这次风险事件作为关键风险，并通过采访行业专家设计了几个“假设”的风险情境，包括对公司业务潜在的财务影响。虽然事态发展的情况与我们制定的风险情境不完全匹配，但是我们确实考虑到了与之类似的风险情境，而且它正沿着我们所预计的那样发展。两年前，由于ERM方案突出强调这种风险，并将量化这种风险减轻决策作为一个有效的风险与收益权衡，我们已经制定了如下的风险减轻决策［提供详细信息］。除此之外，在那次事件以后，我们已经启动了下面的事件后的风险减轻计划［提供详细信息］。

此外，根据与公司战略经营计划预测相符的折现可分配现金流，我们运用内部评估模型确定这类事件对公司价值的潜在影响。我们认为您高估了这次事件对如下几个业务部门的影响，理由如下［提供详细信息］。

这样的一个对话可以清晰地向股票分析师说明该公司管理层能比竞争对手更好地运用企业风险管理方法。在一项风险事件发生之初，公司的大多数竞争对手不能确定该风险事件将如何、在何地以及多大程度上影响公司。持续一段时间后，类似的与股票分析师进行的沟通可作为一个有力的驱动器，其最终导致产生对公司股票评估的一个更高的市盈率倍数。

7.2.3 与评级机构沟通

每一家主要的评级机构对企业风险管理都有其独特的理解。因此，每一家评级机构对公司都有不同的期望。不仅不同的评级机构如此，不同的行业，不同的地理位置以及评级机构的不同分析师也是如此。为了有效地与评级机构进行风险沟通，管理层必须采取以下措施：

- 理解正式的立场
- 理解分析师间的差异
- 从公司角度设计风险沟通
- 从评级机构和分析师的视角，设计风险沟通

1. **理解正式的立场**

为评级机构设计有效风险沟通的第一步是全面理解其在企业风险管理方面的正式的立场。评级机构和行业部门可能有也可能没有关于企业风险管理专门的出版物。这些文件通常传递出评级机构所关注问题的主题。然而，一些关键问题只能通过阅读这些文件的字里行间发现。评级机构的文件常常是一个或两个主要作家主笔，但它也反映出其他合作者的投入，这可能会造成对一些关键要素理解的混乱。

正式的评级机构关于企业风险管理的声明是定期更新的，因此，我们不讨论某一篇文献的具体细节。但是，有两篇文献值得关注。如第1章中讨论的，2005年10月，标准普尔（S&P）将企业风险管理引入保险行业，产生了一个额外的不同评级的考虑要素，促进了企业风险管理实践的发展。2007年12月，标准普尔出版了一本包括9篇企业风险管理论文的专题著作，还包括保险业企业风险管理评估指引。这本著作很重要，它确立了标准普尔在评级机构中企业风险管理评估理论方面的领先地位。这本著作的题目是"金融机构的企业风险管理：评级标准和最佳实践"。这本著作是定期更新的；关注关于评级机构立场声明的最新的版本。

另一篇值得关注的文献是穆迪公司发表于2007年3月的一篇文章，题目是"风险管理评估：非人寿保险公司"。这篇文献不再是穆迪公司关于级别评估的一个组成部分。然而，我提到它是因为这篇论文提出了一些超前的思想、卓越的观点和最佳实践。

2. **理解分析师间的差异**

并不是某一家评级机构的所有分析师对该评级机构发表的与企业风险管理相关的论文都持有相同的观点。要谨慎地看待将评价本公司的分析师具有不同观点的这一现象。管理层可以与分析师会面，直接征求他们的看法。从某种程度上说，这是有用的。从与行业内具有直接经验的分析师沟通中收集信息会更加有用。

3. **从公司角度设计风险沟通**

与评级机构进行风险沟通的内容一般包括两类：

（1）常规报告

（2）专门的企业风险管理报告

（1）常规报告。评级机构常设法评估公司实力以及公司失败的可能性。评级机构获得的信息大多数是历史信息，但是他们必须以未来的视角来考虑，试图预测公司在未来失败的可能性。在这一点上，企业风险管理发挥了很大作用。企业风险管理提供了关于未来情境的全面信息，描绘了公司抵抗其主要威胁的特征。

管理层应该审查交给评级机构的常规报告，以识别利用企业风险管理信息的机会。一个主要的例子是讨论公司战略以及管理层成功执行公司战略的信心。基于价值的企业风险管理方法为进行这种讨论提供了许多材料，改善了战略规划过程，同时也识别了关键风险，并依据未来可分配现金流的战略规划财务预测，量化了关键风险以及关键风险的组合。它帮助管理层确定风险减轻决策的最佳组合，以保证达成战略规划目标。它可以量化管理层达成或超过战略规划目标的程度，也可以量化公司在未来失败的可能性（使用失败的不同的定义）以及采用其他的战略或战术情况下会发生怎样的改变。最后，它将平衡的风险与收益同激励报酬紧密联系在一起，通过使管理层和股东目标一致从而提高达成战略目标的信心。

对金融服务公司来说，另一个将企业风险管理纳入常规讨论的例子是包含法定资本需求计算的讨论。虽然法定资本需求的计算应该是 ERM 方案的一部分，但是它在引入企业风险管理前就存在了。将 ERM 方案与法定资本的计算（如经济资本）有效地结合起来，能说明 ERM 方案广泛运用于业务决策的制定，显著地增加了 ERM 方案的可信度。

(2) 专门的企业风险管理报告。某些行业的评级机构会针对企业风险管理举行单独谈话。一个例子是标准普尔论文中提到的保险业，它将企业风险管理作为评级的一个独立要素加以考虑。在这种情况下，就需要提供专门的企业风险管理报告。

此时，从公司角度而不是评级机构角度（下一个步骤）来设计这些谈话是很重要的。对评级机构来说，其主要的利益相关者是债券持有人，然而管理层的首要受托责任是针对股东而言的。评级机构分析师认为一家经营良好、很有希望达成其战略目标、公司价值不断增长的公司不太可能违背其对债券持有人的承诺。除此之外，评级机构更偏好管理层按照与公司内实际运用的业务实践相一致的方式报告企业风险管理的信息。只按照管理层认为的评级机构喜欢的方式（实质上是持有了企业风险管理的一面镜子）报告企业风险管理信息是不恰当的。评级机构希望听到这样的说法，“我们明白你们（评级机构）对企业风险管理有不同的看法，我们将向你们解释我公司是符合你们制定的企业风险管理准则的，但是，这就是我们对企业风险管理的定义，这就是我们对企业风险管理的理解，这就是我们相信企业风险管理的理由，这就是我们如何运用企业风险管理作出更好的决策并达成战略规划目标的方式。”

这些报告的一个关键问题是它的可信度问题。评级机构分析师常常告诉我，一些公司很明显地只报告企业风险管理理论而不报告企业风险管理实践。评级机构寻找 ERM 方案实用性的证据。ERM 方案也是管理层所信奉的，并运用于决策制定。风险偏好（一个企业层面的计算）常以定量的方式定义。企业风险管理常用于风险治理，将企业风险敞口实际上控制在风险偏好范围内。提供现实生活中的案例研究很大程度上建立了 ERM 方案的可信性。适用于这些报告的一些案例研究的类型如下：

■ 由于企业风险管理活动，风险优先升级
■ 风险减轻使风险敞口降低，并将它保持在风险限额水平以下
■ 运用企业风险管理工具和技术提高战略规划过程的质量
■ 运用更好的风险与收益权衡的信息作出不同的决策
■ 运用风险量化信息提高披露质量

4. 从评级机构和分析师的视角，设计风险沟通

从公司角度提出 ERM 方案以及将其纳入关键公司流程后，根据评级机构和具

体分析师的观点，设计专门的风险沟通是很重要的。必须将风险信息转换为使用者的术语。这对企业风险管理而言是非常重要的，因为即使在企业风险管理专家之间，也存在许多截然不同的定义和术语。

除此之外，公司必须提供一个清晰的映射图，来说明评级机构制定的企业风险管理关键准则得到满足以及不同分析师所作出的不同解释。一个有效的映射图包括从评级机构和分析师角度（使用他们的术语）来看的企业风险管理关键准则的列表，并用每一点公司术语与公司企业风险管理活动的一点或多点对应起来。这有助于分析师清晰地了解公司实施 ERM 方案的成果。缺少这一步将导致评级机构认为公司在某些方面做得不好，而不认同公司为企业风险管理所做的努力。

7.2.4 与监管机构沟通

在写这本书时，我不清楚在2010年7月21日生效的《多德—弗兰克法案》最终对风险信息作何要求。为防止2007年美国开始的全球金融危机再次发生，《多德—弗兰克法案》可能最终需要大型银行的风险数据。该规定使获得更广泛数据的想法成为空想，从而不能对美国经济风险有全面的认识。对美国经济构成威胁的风险不仅存在于银行业，更是存在于每一家公司、每一个行业，特别是那些“太大以至于失败”的公司或行业。

7.3 本章小结

企业风险管理循环的第四个也是最后一个步骤，即风险沟通，具有很多的优点。内部风险沟通强化了绩效评价和管理。如果说将企业风险管理纳入战略规划和业务决策制定过程是风险文化的核心，那么内部风险沟通就是使风险文化具有活力的强有力刺激。将企业风险管理纳入业绩分析和激励报酬在公司内部传递了一个信号，即必须同时对风险和收益进行管理。这就是推动风险文化发展的动力。除此之外，将基于价值的企业风险管理纳入业绩分析弥补了平衡计分卡方法的缺陷，并使管理层专注于提升公司价值。最后，基于价值的企业风险管理方法通过提高激励报酬方案的质量可以更好地使管理层和股东的利益协调一致。

外部风险沟通同样有很多优点。基于价值的企业风险管理方法遵循了强制风险披露的要求，而且通过自愿风险披露向市场传递出公司在企业风险管理方面具有竞争优势。在股票分析师的先进评估工具和其他先进的企业风险管理技术帮助下，使高级管理人员在与股票分析师进行沟通时处于一个强势的位置，从而产生一个更好的评价，因此基于价值的企业风险管理方法对高级管理层十分有利。最后，基于价值的企业风险管理方法有利于与评级机构进行沟通，从而提高评级级别。

现在，我们已经在第1部分（1~3章）讨论了企业风险管理的基本结构，在第2部分（4~7章）讨论了企业风险管理循环，我们将在下1章讨论企业风险管理基本结构的最后一部分内容：等级结构，也就是风险治理。

7.4 注 释

1. 这里指传统的经济资本模型。

2. 关于用评级机构资本来衡量投资有一个争论：对于很多金融服务公司来说，其评级机构资本要远远大于监管资本和经济资本，因此，在默认情况下，公司必须保持该水平，而不考虑公司实际风险水平和降级风险，否则它可能有降级的危险。这有一定的优点。但是，即使在这种情况下，公司常以实际风险水平作为衡量业务部门的基础，如经济资本，并把剩余风险分配至公司层面。

3. 《美国联邦法规》，第 17 篇（商品和证券交易），第Ⅱ章（美国证券交易委员会），第 229 部分（S-K 规定），第 503（c）条。

4. 《美国联邦法规》，第 17 篇（商品和证券交易），第Ⅱ章（美国证券交易委员会），第 229 部分（S-K 规定），第 407（h）条，2010 年 2 月 28 日生效。

5. 《美国联邦法规》，第 17 篇（商品和证券交易），第Ⅱ章（美国证券交易委员会），第 229 部分（S-K 规定），第 402（s）条，2010 年 2 月 28 日生效。

6. 这必须从对公司价值的影响来衡量，因为风险披露是站在股东的角度。

7. 同上。

第三部分
风险治理与其他议题

第 8 章 风险治理

宪法应该只由一般性的规定构成。其原因是这些规定必定是永久性的，而且也不可能预测各种可能的变化。

——亚历山大·汉密尔顿

风险治理和企业风险管理框架构成了企业风险管理基础结构的两个基本要素。企业风险管理框架提供功能性结构，这是企业风险管理基础结构的一个基本组成部分，必须在执行企业风险管理循环的四个步骤之前就已经具备。风险治理提供了等级结构，包括企业风险管理的角色和职责在个人和团体中的分配方式；组织结构，包括企业风险管理所涉及的报告关系以及相关部门；指导企业风险管理流程关键要素的政策和程序的记录文件。只有当公司完成一个完整的企业风险管理循环后，最基本的风险治理结构才能得以保证。企业风险管理体系发展的方式，以及公司所采纳的将企业风险管理融入公司关键流程的方式均因公司不同而不同。明确了企业风险管理活动的实质状态，我们才能容易地界定出用以支持它的综合风险治理结构。既然我们已经完成了企业风险管理框架和企业风险管理循环的讨论，现在开始准备讨论风险治理。

8.1 关注共同主题

我们必须为每一个组织专门定制一个风险治理结构，主要基于两方面原因：首先，每个组织风险管理形成的方式是不尽相同的。每个组织介入风险管理活动的程度不同，可能在某些方面比别的组织更加深入，而风险治理结构必须围绕着该组织采用的风险管理活动来确定。其次，风险治理应该在条件允许的范围内，通过已经在组织中发挥作用的常规治理途径进行。对组织来说，有一些风险管理的组成部分是新的且独一无二的，它们在治理过程中需要增加不同的要素。然而，在很大程度上，应该把企业风险管理融入到企业文化中：融入到包括决策制定和业绩评价与管理的关键流程中。因此，许多的风险治理可以通过现有的治理结构和现有的公司流程来得到覆盖。然而，有一些企业风险管理的主题对所有的公司而言是普遍的，这些共同点将是本章的重点。

8.2 风险治理的构成

在这一章中，我们将讨论风险治理的三个组成部分：

1. 作用与职责
2. 组织结构
3. 政策和程序

8.3 作用与职责

我们将讨论以下个人和团体的风险管理的作用和职责：

■ 全体企业风险管理成员
■ 企业风险管理委员会
■ 风险专家
■ 业务部门
■ 董事会
■ 内部审计

8.3.1 全体企业风险管理成员

全体企业风险管理成员，或者说企业风险管理团队，包括首席风险官(CRO)，或居于同等地位的 ERM 方案的负责人，以及企业风险管理团队的支持后援。企业风险管理团队有六种主要作用和职责：

■ 建立、维护和完善基础结构
■ 获取支持
■ 确保一致性
■ 作为集中结算机构
■ 监控风险
■ 报告董事会

1. 建立、维护和完善基础结构

企业风险管理团队有责任带动新的企业风险管理能力的形成，维护现有企业风险管理基础结构，并在此基础上逐步改进。企业风险管理团队用于建立、维护或完善 ERM 方案基础结构的要素排列如下：

(1) **建立**。企业风险管理团队必须建立以下 ERM 方案要素：

■ 设置

- 构建企业风险管理框架，包括企业风险管理主要流程步骤的详细信息
- 设计企业风险管理实施的方案
- 勾勒初始的基本风险治理结构

- 至少在经过一个企业风险管理循环后设计一个综合的风险治理结构

■ 风险识别

- 设计风险分类和定义（RCD）的工具
- 为定性风险评估设计过程、工具和材料
- 通过定性风险评估，引导关键风险清单的形成
- 设计风险事件数据库，该数据库在风险识别过程中设计但在风险量化中使用
- 设计新风险识别的工具和过程

■ 风险量化

- 建立基于价值的企业风险管理模型
- 计算基线公司价值
- 设计风险情境形成的过程和技术
- 通过实施风险情境的设计流程，如失效模式与效应分析访谈，促进关键风险情境的设计
- 计算个别风险敞口
- 推动关键风险情境相关假设的形成
- 计算图形形式的企业风险敞口
- 推动初始痛点的设计，制造图表形式的企业风险敞口

■ 风险决策制定

- 通过风险偏好共识会议推动风险偏好和风险限额的确定
- 设计自上而下配置风险偏好至风险限额的方法
- 制定将企业风险管理信息融入决策制定的协议
- 监测风险敞口，以确保它们保持在风险可容忍的限额之内
- 促使将企业风险管理融入到战略规划和商业决策制定过程中

■ 风险沟通

- 促使企业风险管理融入到企业业绩分析与激励报酬中
- 为股东、评级机构以及监管机构设计风险沟通形式

（2）**维护和完善**。随着时间的推移，企业风险管理团队必须保持和完善以下ERM方案要素：

■ 风险识别

- 维护风险分类和定义（RCD）工具，偶尔增加风险子类别
- 定期进行风险定性评估，有时每年，通常至少每两年，或者重大内外部环境变化时；定期识别或开发补充信息以协助调查参与者，如对比分析竞争对手所披露的风险
- 在每一个定性风险评估之后或在决策或内外部环境出现重大变化之后，更新关键风险列表
- 根据公司发生的风险事件更新风险事件数据库

• 协调持续的新风险识别活动，包括监测已知风险和对未知风险的环境扫描；定期识别新技术来补充现有的活动

■ 风险量化

• 维护、更新，并提供适当的途径获得基于价值的企业风险管理模型；随着时间的推移，进行修正以使模型适应新的应用环境

• 以至少与战略规划过程相同（或更高）的频率，重新计算基线公司价值

• 通过再次实施风险情境设计的流程，如失效模式与效应分析访谈，来更新决策或者内、外部环境发生的显著变化对关键风险情境的影响

• 以与战略规划过程相同的频率重新计算个别风险敞口，当关键风险情境更新时也需要重新计算个别风险敞口

• 当决策或内、外部环境发生显著变化时，更新关键风险情境的相关性

• 用与战略规划过程相同的频率重新计算企业的风险敞口，当关键的风险情境或者风险情境相关性更新时，也需要重新计算企业的风险敞口

■ 风险决策制定

• 利用战略或者内外环境的显著变化，通过另一个风险偏好共识会议来更新所确定的风险偏好，但不经常这样做

• 利用风险偏好或者重组的变化，通过另一个风险偏好共识会议来更新所确定的风险限额，但不经常这样做

• 按照可容忍的风险限额来监测风险敞口，并确保决策制定者采取恰当的优先考虑风险的行动

• 为业务的变化更新企业风险管理信息来支持战略规划和业务决策制定

• 随着时间的推移，推动将企业风险管理纳入业务决策制定的应用

■ 风险沟通

• 随着时间的推移，推动将企业风险管理纳入企业的绩效分析应用的扩展

• 随着时间的推移，推动将企业风险管理纳入激励薪酬的发展

• 以与每年 10-K 风险披露相同的频率更新与股东的沟通，随着时间的推移，为适应监管披露规定的改变，以及行业部门有关披露惯例的变化修正沟通方式

• 引领评级机构沟通的日常发展，以及进行针对评级机构分析师的专门的企业风险管理报告；更新沟通方式以适应评级机构对企业风险管理准则的改变

• 更新与监管机构的沟通以适应管制规则的改变

2. 获取支持

作为 ERM 方案的支持者，首席风险官的主要责任是为其采用 ERM 方案建立足够的支持。对于传统的 ERM 方案，这通常是最具挑战性的任务。公司业务方式的任何改变都会遇到一些阻力，需要改变管理工作。然而，正如这本书中讨论的，这种改变如此困难的原因是，传统 ERM 方案使用的方法有许多缺点。传统的企业风险管理往往使业务部门认为这是公司强加的一层繁琐手续，限制它们从事商业活动的自由。

基于价值的企业风险管理方法截然不同。它的一个主要优点是首席风险官可以相对轻松地获得支持。最重要的是以一个商业个案作为企业风险管理的对象，将企业风险管理纳入到业务中来，通过提供有效的风险和收益管理的能力，提高商业案例中决策的严谨性，这点受到了业务部门的欢迎。

为ERM方案获取支持，设计基于价值基础的企业风险管理方法有几个方面。首先我们将通过首次执行基于价值的ERM方案，讨论一些有关的例子。[1]

（1）**建立**。建立一个基于价值的ERM方案，初始的步骤都是相当低调地进行的。对于采用基于价值的企业风险管理方式，企业风险管理团队保持在一个很小的规模，往往由首席风险官和一小部分队员组成就已经足够了。此外，只需要最小程度地干预以获得关键的内部利益相关者的投入，企业风险管理团队自己就可以起草大部分的企业风险管理实施计划。总之，初始阶段几乎不需要风险治理结构，而在至少完成一次企业风险管理循环后，就自然形成一个更为正式的风险治理结构。风险治理的定义主要限于首席风险官的作用和职责，以及报告关系，且直到需要一个更正式的风险治理结构之前，剩下部分可以根据企业风险管理活动非正式地自然演变。这种无关痛痒的方式，尤其是最初阶段，意味着可以几乎不用花费多少的政治资本和实际资本。

（2）**风险识别**。下一个步骤是企业风险管理循环的第一步：风险识别。企业风险管理团队基本上能自己制定风险分类和定义工具，他们从内部审计获取各种有关风险的数据，由于这样的数据可以轻易获得因而是无负担的。企业风险管理团队识别出定性的风险评估调查的参与者，产生一个事前沟通的方案，并发送给所有的参与者。

尽管调查过程要求调查参与者花费相应的时间，但这使得传统意义上对ERM方案负面的第一印象变成了一种积极的经验，它有利于建立起各种各样的关系、善意，以及企业风险管理中所需要的支持。这一点尤其重要，因为这样一个首次的活动涉及了与企业中所有关键领域中力量强大的利益相关者之间的互动。从获取支持的角度来看，基于价值的企业风险管理的定性风险评估与在传统的企业风险管理中所执行的定性风险评估相比，有以下四个方面的优势：

①**有限的数据要求**。基于价值的企业风险管理方法保持对数据的要求仅限于当时需要什么（详见第4章“关键点4：恰当地收集数据”）。传统的定性风险评估调查包括一些从来都不需要的数据和那些直到风险量化阶段才需要的数据，而在量化阶段，这些数据只用于少数风险。这是因为通常情况下传统的企业风险管理方法在应对大多数风险的时候，甚至缺乏一个风险量化阶段。然而，基于价值的企业风险管理方法只需要通过使用风险识别，以将更大范围的风险清单缩小至随后将会被量化的那些关键的风险。

②**一对一的访谈**。与传统方式下使用模板来进行企业风险管理不同，这种基于价值的企业风险管理方式应用一对一的访谈方式，并且它还具备以下五个关键特点，有利于获取支持。

A. 人性化。访谈方式避免了采用发送邮件等没有人情味的闯入方式，以免让调查参与者觉得将依靠他们自己独自去解决问题；相反地，企业风险管理团队成员将单独指导调查参与者。这是一种相当人性化的接触方式，它可以营造出亲切善意的氛围，产生一种对企业风险管理团队良好的第一印象。此外，面对面的（或直接通过声音的）交流方式是从建立企业风险管理团队和内部利益相关者之间的关键联系开始的。

B. 合作感。不需要调查参与者填写复杂的模板，企业风险管理团队成员将在访谈中做笔记、在会议中作纪要，并给调查参与者提供机会去修改以上记录，这些将产生一种相互协作的氛围。

C. 尊重感。虽然调查过程要求调查参与者付出他们的时间和精力，但是企业风险管理团队成员也要付出相应的努力出席并完成访谈，这些都表明了在调查过程中，尊重调查参与者们所付出的时间。

D. 简洁性。采用这种访谈，而并非模板的方式，将数据进一步精简地限定为所必需的数据，因为任何额外的数据收集都将需要企业风险管理团队做出更多的工作。

E. 保密性。访谈可以使调查参与者更加确信企业风险管理团队有能力去确保机密性，使得调查参加者在访谈中感到更加放心，同时有利于建立起企业风险管理团队与调查参与者彼此之间的信任感。

③共识会议。第三个方面的优势是定性风险评估共识会议。将调查参与者作为一个团体聚集在一起，无论是以个人方式或者利用便利的网络方式，对于关键风险和一般风险展开访谈，这些都是建立起与企业风险管理活动相关的某种意义上的团队合作的开端。此外，调查参与者作为一个团队，已经选择了将会被用于定量企业风险管理循环步骤的关键风险。这些都让调查参与者们觉得他们在这个关键步骤上拥有了自主权，而事实上，人们往往支持那些他们拥有自主权，并通过他们曾经付诸努力所作出的选择。

④提升内部审计的价值。第四个方面的优势是首次交付使用所产生的一种基于对公司价值潜在影响的定性风险评估，它对内部审计团队有重要价值，提供某种水平上的支持。内部审计团队可以利用这些信息去调整他们对企业风险管理的努力。此外，审计小组可以利用它们来优化审核计划，更好地区分审核计划的优先次序，将他们的注意力集中在对企业价值更有影响的风险上。最后，它有利于内部审计自己将更多的注意力放在与公司议事日程相关的战略项目上。

(3) 风险量化。我们将讨论如下在风险量化过程步骤中的三个项目以获取支持。

- 计算基线公司价值
- 设计关键风险情境
- 量化个别风险敞口

计算基线公司价值 风险量化过程的第一步是构建一个基线评估模型。企业风险管理团队连同战略计划金融项目相关负责人员的关键性投入基本上能自己建立基线评估模型。所以，再一次，这包含了在前面早些时候就进行的一个微小步骤，即避免了搅入任何将阻碍支持的负面情绪。

此外，一旦计算出基线公司的价值，企业风险管理团队将产生第二个早期的交付产品：一个更准确、详细和动态的企业评估。这提供了诸多好处，包括给企业风险管理活动带来积极的广告效应，获取更多的支持。它有助于明确股票发行或回购的时机，还能增强与股票分析师的沟通。另外，它还提供了一个公司业务部门对公司价值的归因判断，其产生了不同的见解。[2] 最后，文章提出了一个动态的“假设”模型，通过决策或环境变化对基线公司价值的潜在影响，来评估该决策或环境变化的效果。

设计关键风险情境 设计关键风险情境是获取支持的最重要的来源之一。这个技术主要可以从以下三个方面来建立高水平的支持。

A. 尊重业务部门的专门知识。大多数传统的企业风险管理太过于依赖企业风险管理团队去设计关键风险情境，然后根据这些假说来建立企业风险管理模型，这些风险模型随后释放给业务部门。这种方式难以赢得业务部门的信任。最接近风险的人（主要是那些在业务部门的人）必须被包括在内。

基于价值的企业风险管理循环使用失效模式与效用分析过程，尊重来自主要业务部门的行业专家的专业知识。人们认可行业专家的专业知识，并要求他们提供所有关键风险情境所需要的投入。由此产生出一组可靠的关键风险情境。此外，由于业务部门参与设计关键风险情境，他们也愿意为它背后所需的努力提供支持。

B. 解决“黑箱”的问题。每当涉及一个财务预测模型，自然就会有一些关于“黑箱”计算的担心，这意味着它的内部运作或多或少有些不透明。然而，基于价值的企业风险管理模型是以基本的评估技术为基础的，并使用简单的预测和可分配现金流的折现。由于它结构简单，也会更加透明一些。此外，作为失效模式与效用分析过程的一部分，通过提供投入，观察计算输出结果，检验结果的合理性，并且在必要的情况下反复执行该步骤，使得行业专家更加放心。

C. 提供帮助。失效模式与效用分析访谈为企业风险管理团队进行访谈提供了一个平台，来为行业专家提供帮助。会议结束时，来自业务部门的专家被问道：“有什么地方您觉得是需要减轻风险的，或者您是否做出了与该风险情境有关的计划预测?”通常情况下，答案是：“是的，我们知道我们需要采取这样或那样的措施，但我们不能为其找到业务案例，公司也不赞成。”企业风险管理团队随后就能回答：“嗯，或许我们可以帮助你。企业风险管理模型是针对公司价值变化而言的，这可能是一个最佳的业务案例。我们可以帮助你塑造提议的开端，并告诉你需要增加哪些收入或通过节省成本来使其可行。”这使其获得了一个很高水平的支持。

量化个别风险敞口 第一个风险量化很快来临，以个体风险量化的形式，并从以下四个方面获取支持：

A. 透明的情境。个体风险量化的结果是基于透明的风险情境。大多数传统的企业风险管理活动采用随机风险情境，而管理层不易获取这种情境。随机风险情境对于非财务人员来说涉及并不直观的数学公式。然而，基于价值的企业风险管理方法利用完全透明的确定性风险情境，每一个具体的个别风险情境，连同其假设，在通俗易懂、精简的文件中清楚地呈现出来。这些情境是有形的，并能与管理层产生共鸣。这在使用信息时将产生信任并且使人更加放心。

B. 稳定的结果。传统的风险量化是基于随机的风险情境，企业风险管理模型每次运行时都要改变。这使管理层感到不安。然而，基于价值的个体风险量化方法，采用具有稳定性的确定性情境。除非这些具体风险、业务或者外部环境发生变化，否则它们往往保持不变。这使得管理层在需要将信息融入决策的时候，更加放心。

C. 基于价值的结果。基于价值的企业风险管理方法根据个体风险对公司价值的潜在影响来量化个体风险，这使其从管理层获得支持，摒弃将风险与收益分开的方式，而是采取将二者融合在一起。这种方式对管理者是有意义的。他们也对此进行回应。往往当信息以决策者的通用语言，即价值语言，表达出来的时候，他们就立即采取行动来处理这些信息。

D. 风险驱动的归属。基于价值的企业风险管理方法也得到业务人员的支持，因为它提供了可行性信息来指挥“风险减轻决策”的优先排序。个体风险量化包括各组成部分风险驱动的影响的归属。这有助于管理层区分优先次序和集中风险减缓努力于企业风险管理的最重要成分。可执行信息，它包括清晰的优先决策执行，也更被管理活动所青睐。

(4) 风险决策制定。到了企业风险管理循环的第三步，风险决策制定，此时企业风险管理已经在一定程度上取得了公司和业务部门的支持。然而，这仅仅给我们带来了 ERM 方案被接受的这样一种吸引力。基于价值的企业风险管理方式通常具备能力将其融入到公司的日常业务决策过程中，以获得更深层次的支持。基于价值的企业风险管理，并不是一个相互分离的企业风险管理循环，而是将企业风险管理嵌入到企业的战略计划和日常的经营决策，即包括战略决策、战术决策，以及像并购这样的交易活动。通过提供有关风险和收益的信息完善了决策过程，将基线公司价值的变化和实现这一目标的可能性表达出来。总之，基于价值的企业风险管理方法并不妨碍业务活动，相反的，基于价值的企业风险管理方法可以促进业务活动。

(5) 风险沟通。外部风险沟通同样也有助于获取内部支持，尤其是通过某个关键职责为高级管理层提供帮助。高级管理层的部分工作是有效地管理与股票分析师和评级机构的关系，以获得良好的股票评估和维持所需要的评级。外部风险沟通促进了与这两类关键的外部利益相关者的沟通交流，支持这两个关键目标。内部基线公司价值，以及企业风险管理的其他方面，显著提高了与股票分析师讨论的质量。这些讨论显示了管理层管理风险和收益的卓越能力。另外，评级机构往往相当欢迎采用基于价值的 ERM 方案。评级机构必须预测公司未来的偿付能力，而基于价值的企业风险管理提供了大量可靠的有关公司抗风险能力的前瞻性信息。

3. 确保一致性

企业风险管理团队必须确保整个企业风险管理循环的一致性。一致性是 ERM 方案所具备的一个主要优点。企业需要将以往存在于处理单一风险形式下的各种不同的企业风险管理活动，组合起来，成为一个连续的一致的方案。企业风险管理团队在 ERM 方案的各个方面，必须确保高度的一致性。一些实例中包含了如下几个方面：

■ 定义、概念和术语

• 为企业风险管理的术语和概念制定一个共同的语言

• 为企业风险管理循环的关键利益相关者提供有关企业风险管理的培训

• 确保风险是通过其来源在恰当的水平上一致定义的

• 根据财务预测定位对于基线战略规划的理解（这很重要，因为风险指的就是对基线战略规划的偏差）

■ 工具和技术，其使用包括

• 设计一个整个企业范围统一的企业风险管理框架

• 使用一个统一的储存库（如风险分类和定义工具）进行风险识别、新风险识别、风险监测（风险事件数据库）

• 以统一的方式进行定性风险评估调查，在某种程度上确保调查参与者对风险情境有一个共同的理解

• 使用一致的风险情境设计技术（如失效模式与效用分析访谈），并用统一的方式来执行

• 提供所有的利益相关者均可获得的统一的企业风险管理模型

■ 假设

• 提供关于设计风险情境的假设，在必要时，确保其一致性

• 审查和批准与风险情境相关的假设，其中许多是跨越多个业务部门的

• 确保一致的标准来确定什么时候企业风险管理假设可能发生改变

■ 指标

• 提供一套统一的度量指标，以将其用于：

· 为了个体风险的量化，量化各类风险（战略风险、运作风险或财务风险）

· 形成汇总度量指标：企业风险敞口和风险偏好

■ 决策制定

• 建立一致的流程，在风险偏好和风险限额内管理风险敞口

• 建立一致的流程评估业务决策，不论是优先考虑风险的决策，还是优先考虑收益的决策

■ 风险沟通

• 使用一套统一的内部报告模板

• 确保通过强制性风险披露和自愿性风险披露，为股东提供与内部企业风险管理活动一致的信息

• 确保一致的企业风险管理信息披露在专门的企业风险管理报告或者非专门的企业风险管理报告中，以及在与管理层的交谈中传递给评级机构

4. 作为集中结算机构

企业风险管理团队作为企业风险管理信息和具体行动的集中结算机构必须集中收集、保存、汇总和报告（内部和外部）信息。关键是要集中组织活动，不仅要在企业层面上汇总度量标准，而且也要确定跨部门风险相互间抵消或加重彼此间的净综合影响。此外，企业风险管理团队要协调和解决部门相互之间要求增加风险预算的竞争。企业风险管理团队也必须协调企业范围的优先考虑风险减轻的决策。最后，企业风险管理团队帮助协调对风险事件的反应以及外部利益相关者的需求，促进在董事会、高级管理层、执行风险负责人、行业专家和外部利益相关者之间的沟通和行动。

5. 监控风险

首席风险官最重要的作用是有效地监测风险。企业风险管理团队必须监测风险，并确保风险保持在风险偏好和风险限额内。[4] 企业风险管理团队可能不会孤立地，在风险敞口将要或实际上已经超过风险容忍限度时，做出采取哪些具体恰当行动的决策。此外，企业风险管理团队不得决定或者执行特定的风险缓解计划。然而，他们的职责是建立一个一般过程，以使企业风险管理委员会可以决定敞口是什么，应当采用怎样恰当的风险容忍程度，并根据预先确定的协议，在侵害发生或侵害发生可能性增强之前合理地告知所有的利益相关者。

6. 报告董事会

首席风险官有责任向董事会报告关键企业风险管理信息。首席风险官交给董事会的报告中应涉及以下项目：

■ 各种关键风险敞口及其与风险偏好和风险限额相关的情况

• 个别风险敞口

• 企业风险敞口

■ 风险敞口的未来变化，预期的、有可能的，或者表现出显著的威胁（连同相应的突发事件反应计划），特别是在近期内

■ 与企业风险管理相关的或对其产生影响的关键决策（目前的和即将来临的）

• 优先考虑风险的决策改变风险敞口

• 优先考虑收益的决策改变风险敞口

■ 关键企业风险管理活动，如企业风险管理完善

■ 任何近期的重大风险事件，以及企业风险管理的经验教训

8.3.2 企业风险管理委员会

企业风险管理委员会（可能使用不同的名称，例如风险委员会）在确定风险偏好和风险限额以及在可容忍限额内管理企业风险敞口中发挥着主要的作用。企业风险管理委员会有以下主要职责：

■ 设置

- 审查和批准企业风险管理框架（包括主要企业风险管理循环中的细节）
- 审查和批准 ERM 方案的实施计划
- 审查和批准初始的基本风险治理结构
- 审查和批准综合的风险治理结构（至少在经过一个企业风险管理循环后）

■ 风险识别

- 审查风险分类和定义（RCD）工具
- 审查新风险识别的过程

■ 风险决策制定

- 确定风险偏好（在风险偏好共识会议）
- 确定风险限额，包括利用一个归因对风险偏好自上而下分配的方法
- 审查和批准将企业风险管理信息纳入决策制定协议的方法
- 将企业风险敞口控制在风险偏好内（与企业风险管理团队共同承担责任）
- 审查和批准将企业风险管理纳入战略规划和决策制定

■ 风险沟通

- 审查和批准将企业风险管理纳入到业绩评价和激励报酬
- 审查和批准与股东、评级机构、监管机构的沟通

8.3.3 风险专家

在整个企业中，有很多人提供信息来支持一个或多个企业风险管理流程步骤。其中一个例子就是定性风险评估调查参与者。他们通过对潜在的关键风险、其发生的可能性、影响的严重程度，以及可信的最坏情况的情境提出个人观点，帮助识别关键风险。他们中的大多数人与其说是风险专家，不如说本质上是业务管理的专家。我们将要介绍的风险专家是在特定的风险来源下并日常参与到企业风险管理循环的指定的风险专家。他们是风险执行负责人（EROs）和行业专家（SMEs）。

风险执行负责人是首席风险官正式指定的执行官。风险执行负责人的职责是就企业中的某一个特定风险，协调各方努力，帮助提供企业风险管理团队所需的信息。每一个风险执行负责人负责将行业专家团队聚集在一起，使他们为一系列的企业风险管理活动提供支持。并不是所有的风险执行负责人事先就具备有关委派的风险的专业能力，至少不是企业范围的。例如，业务部门执行官最容易遭受监管风险，可能被挑选为监管风险的风险执行负责人。相比之下，行业专家在该风险上被认为是主要的内部风险专家，大多数行业专家是中层管理者，虽然有些行业专家取决于其相应风险，是高层管理者。

风险专家（包括风险执行负责人和行业专家）主要有以下职责：

■ 风险识别

- 为企业风险管理团队提供风险事件信息，来填充风险事件数据库
- 监测已知风险，并通过支持新风险识别为未知风险进行环境扫描

■ 风险量化

• 通过有行业专家参与的失效模式和效应分析访谈过程来设计关键风险情境

• 提供与关键风险情境相关的投入

• 对于某些风险（例如，金融或保险等），运行详细的模型，将其输出结果用于输入到企业风险管理模型，以支持风险情境的设计或决策制定

■ 风险决策制定

• 通过识别出风险减轻的选项并提供修正的关键风险情境以帮助评估缓解选项，将企业风险敞口控制在风险偏好范围内

• 孤立地，或者为需要升级的决策与企业风险管理委员会合作，做出优先考虑风险的决策

■ 风险沟通

• 通过向企业风险管理团队提供信息，支持与股东的沟通

• 通过提供信息给企业风险管理团队，出席与评级机构分析师的部分会议，支持与评级机构的沟通

• 通过提供信息给企业风险管理团队，支持与监管部门的沟通

8.3.4 业务部门

业务部门的主要职责是承担风险，尽管企业风险管理信息已经融入到决策过程，承担风险只是正常的业务工作的一部分。大多数的执行风险负责人和行业专家来自业务部门，他们提供许多定性风险评估调查参与者，他们对企业风险管理的贡献在前面已经分开讨论过了。

业务部门在企业风险管理中的主要作用如下：

■ 风险识别

• 定性风险评估（在某种程度上，业务部门提供调查参与者）

■ 风险量化

• 通过提供用于支持战略计划财务预测的业务部门预测，来支持基线公司价值计算

■ 风险决策制定

• 帮助确定风险偏好和风险限额（在某种程度上，业务部门代表企业风险管理委员会）

• 将业务部门风险敞口控制在风险限额范围内（至业务部门确立风险限额的水平）

• 通过给企业风险管理团队提供有关意料外的业务决策或引起风险水平变化的环境改变的信息，以支持将企业管理风险敞口控制在风险偏好范围内

• 使用企业风险管理信息和协议，来执行战略规划

• 使用企业风险管理信息和协议，来执行业务决策——包括战略决策、战术决策及交易（例如兼并和收购）

■ 风险沟通

• 使用企业风险管理信息和协议，进行经营业绩分析和设计激励薪酬政策[5]

• 通过向企业风险管理团队提供信息，以及审查风险披露情况，支持与股东间的沟通

• 通过向企业风险管理团队提供信息，将企业风险管理信息融入到评级机构的常规报告，并尽可能参加与评级机构分析师的部分会议，来支持与评级机构的沟通

• 通过向企业风险管理团队提供信息，支持与监管机构的沟通

8.3.5 董事会

供董事会审查的企业风险管理信息清单之前已介绍过（参见“报告董事会”）。这些信息用于执行董事会在企业风险管理中的四个主要作用：

■ 察觉关键风险情境和风险决策

■ 熟悉 ERM 方案

■ 评估企业风险管理的有效性

■ 参与风险偏好的确定

1. 察觉关键风险情境和风险决策

董事会应当意识到公司的主要风险敞口，意识到对公司的关键威胁并不是董事的新职责。在美国，联邦法规要求董事会察觉关键风险敞口以及相应的减轻行动：

审计委员会应该讨论公司的主要财务风险敞口，以及为监测这些风险管理当局所采取的步骤。

《美国联邦法规》（第 17 篇（商品和证券交易））

第Ⅱ章（证券交易委员会），

第229 部分（S–K 规则），第 303A. 条 07（c）（iii）（D）

然而，ERM 方案的存在，改变了董事会观察信息、提高信息的质量，以及阐明恰当的可容忍限额的方式。董事会必须负责更新现行的关键风险敞口，尤其是对照于风险偏好和风险限额。此外，应当以一种快速及时的方式向董事会报告重大的、迫在眉睫的新兴威胁以及相应的企业风险管理减轻活动。最后，董事会应该意识到主要风险决策对敞口的影响（如将企业的风险敞口控制在风险偏好范围内的优先考虑风险的决策）。

2. 熟悉 ERM 方案

董事会应当普遍知道企业风险管理的程序设计和活动。他们应当理解企业风险管理框架，包括每个企业风险管理流程步骤的主要因素。在美国，联邦法规要求如下：

……通过掌控［评估和控制公司风险敞口］，审计委员会必须讨论方针和政策来治理过程。（括号里的评论）

《美国联邦法规》，第17篇（商品和证券交易），
第Ⅱ章（证券交易委员会），
第229部分（S-K规则），第303A. 条07（c）（iii）（D）

3. 评估企业风险管理的有效性

董事会有责任去评估企业风险管理循环的有效性。在美国，联邦法规要求审计委员会至少要为一个有效的企业风险管理循环以及对企业风险管理执行一般性审核分担责任：

审计委员会并没有被要求作为负责风险评估和管理的唯一机构……许多公司并非通过审计委员会，而是通过各种机制管理和评估风险。审计委员会应当以一般的方式来审查公司已形成的流程。但审计委员会不应当代替这些公司行使职责。

《美国联邦法规》，第17篇（商品和证券交易），
第Ⅱ章（证券交易委员会），
第229部分（规定S-K），第303A. 条07（c）（iii）（D）

通过与第2章定义的10个关键的企业风险管理准则进行比较，董事会应当确定企业风险管理流程的设计是否有效。此外，董事会必须评估ERM方案的执行是否有效，主要根据其最重要的目标：将企业风险敞口控制在风险偏好范围内。

4. 参与风险偏好的确定

确定风险偏好无疑是一个艰难的任务。在确定风险偏好时，根据期望公司承担风险的最佳和最高水平，企业风险管理委员会正在试图预测全体股东的期望（这些股东往往在观点、期望以及投资需求方面存在高度多样化）。让董事会做这样的决策是谨慎的。虽然董事会已经趋向于批准企业风险管理委员会定义的风险偏好，但是董事会参与的程度各有不同。

8.3.6　内部审计

我们将讨论内部审计参与ERM方案的如下四个方面：

■ 独立的验证
■ 更广泛的作用
■ 企业风险管理团队的信息
■ 根据企业风险管理的优先顺序调整内部审计计划

1. 独立的验证

在企业风险管理活动中，内审人员应当在很大程度上保持独立性。这是内部审计执行其基本的企业风险管理功能的必然要求。该企业风险管理功能，即内部审计人员在执行企业风险管理规划的政策和程序中，须进行独立的验证。

必须经过内部审计验证的项目包括以下方面：

■ 风险识别
- 定性风险评估
· 按照要求的频率执行

· 从数据收集到文件存档的过程中，要保持数据的完整性
· 记录定性风险评估共识会议的结果
● 风险事件数据库
· 更新发生在公司的风险事件
· 在风险情境设计的过程中作为输入要素
● 新风险识别过程
· 按照要求的频率进行各项活动
■ 风险量化
● 基于价值的企业风险管理模型
· 从数据收集到纳入模型的过程中，要保持数据的完整性
· 各种计算，包括计算基线公司价值、个别风险敞口以及企业风险敞口，按照预期发生功能
· 从计算的结果到沟通的扩散，保持数据的完整性
● 关键风险情境及它们之间的关系
· 适当地更新
■ 风险决策制定：
● 风险限额
· 保持归因计算的完整性
● 将企业风险敞口控制在风险偏好和风险限额内
· 将风险敞口保持在可容忍的限额内
· 遵循要求的协议（如暂时性地超出软限制）
● 支持战略规划和业务决策的企业风险管理信息
· 从计算的结果到信息的提供，据此保持数据的完整性
· 将信息进行恰当地合并
■ 风险沟通
● 与股东、评级机构和监管机构进行沟通
· 在内部企业风险管理信息和外部沟通间保持数据的完整性

2. 更广泛的作用

一些公司正在要求内审部门在执行 ERM 方案中发挥领导作用。在这种情况下，内部审计是作为企业风险管理团队发挥作用的。这就避免了内部审计对企业风险管理的政策和程序进行独立验证。这对于只有很少资源的公司来说，可能是暂时合理的。否则，如果不通过这种方式利用内部审计，将根本不可能发起一项 ERM 方案。然而，即使在这样的情况下，一旦 ERM 方案成熟了，应当建立单独的企业风险管理团队，以独立于内部审计部门。

3. 企业风险管理团队的信息

内部审计部门可以提供各种有利于 ERM 方案的信息。内部审计给企业风险管理团队提供以下信息，它们均与企业风险管理流程的风险识别步骤相关：

■ 用于支持风险分类和定义（RCD）工具设计的风险评估

■ 发生在公司内的风险事件的历史数据，用于支持风险事件数据库的形成

■ 用以支持新风险识别过程的各种输入

4. 根据企业风险管理的优先顺序调整内部审计计划

ERM 方案能够为内部审计提供有价值的风险信息。企业风险管理团队为内部审计提供定性风险评估的结果以及个别风险情境量化的结果。内部审计部门使用这些信息，并对内部审计计划进行优先排序，使其与企业风险管理的优先顺序协调一致。这对于内部审计是很有价值的，因为它为更多地关注公司所关心的战略项目提供了一个场所。根据基于价值的企业风险管理调整审计计划，形成了一个基于价值的审计计划，关注对公司价值产生最大威胁的项目。

8.4　组织结构

风险治理的第二个方面是组织结构。对于它，并没有像作用和职责那么多的共同主题去讨论，也不应该有。一个成功的 ERM 方案应当将大量的内部运作归于正常的途径中，而不是成为一个分离的、不连贯的功能。因此，企业风险管理组织结构应该尽可能地利用现有的风险治理组织结构。然而，仍然有一些独特的要素要求，而这将是我们这里所要关注的重点。

我们将讨论风险治理组织结构的如下四要素：

■ 首席风险官

■ 企业风险管理委员会

■ 关键风险委员会

■ 董事会

8.4.1　首席风险官

我们将讨论能够代表首席风险官最佳实践的五项标准：

1. 一个领袖。指定一个人作为企业风险管理活动的唯一领导，这是至关重要的。正如任何一项业务方式的改变，引进企业风险管理也需要相应地改变原有的管理层，并且获取支持也是至关重要的。由一个专注于企业风险管理的拥护者去获取支持是相当容易的。另外，ERM 方案要求与董事会、各级管理层沟通，与整个企业内部联系，就某一问题存在多种理解时建立共识。重申一次，由一个人去管理这些活动要简单得多。最后，一个关键的企业风险管理主题是整合的概念。企业风险管理致力于采取毫不相干的风险过程并将它们整合成单一连贯的过程。如果将首席风险官的功能分解给不止一个人时，那么对于整体性就提供了不一致的信息。更重要的是，如果分解首席风险官的功能，将不太可能完成一个全面、综合的企业风险管理循环。

2. 专门的职能。首席风险官应该是全职的。如同前面讨论的，有很多工作要

做，无论是在 ERM 方案刚开始实施的时候，还是在 ERM 方案正在进行的基础上。有些公司从兼职的企业风险管理官开始实施他们的 ERM 方案，就像是一个暂时性的过渡，而到后面，公司也会将首席风险官的地位提高到全职的。

3. 管理职务。明智的做法是任命首席风险官为高级管理层（见“首席风险官的八大首要特性”）。如果没有公司领导层的强力支持，那么将很难去执行 ERM 方案，如果首席风险官的地位没有获得高层级的权威，这将在整个企业范围内发送一个错误的信号，导致首席风险官的工作很难取得成功。此外，若要与首席风险官的职责相匹配，也要求授予他一个高级管理人员的地位。

首席风险官的八大首要特性

首席风险官除了需要具备企业风险管理和财务的必备专业知识外，还必须具备很强的执行特质。首席风险官应具备的那些恰当的品质取决于许多因素，其因不同的组织而不同。话虽如此，我们还是给出了如下清单，列举了首席风险官应当具备的八大首要特性，根据优先程度依次如下：

（1）企业风险管理专业知识。理论上，首席风险官应当拥有成功执行企业风险管理的经验。而实际上，并非如此，很多风险执行官并没有如此丰富的经验。退而求其次，风险执行官应当具备企业风险管理的重要概念性知识。

（2）领导能力。首席风险官必须具备很强的领导能力。领导能力即让他人分享并遵从你更好的见解。首席风险官必须从整个企业为 ERM 方案获取支持。

（3）想象力。企业风险管理循环需要想象，以及能够让他人去充分想象一系列的潜在风险情境。这需要实用的创造力，一个为上行风险事件和下行风险事件充分想象什么可能会发生的能力。

（4）沟通能力。首席风险官大部分的作用包括与一系列不同范围的内部利益相关者和外部利益相关者进行沟通。首席风险官必须针对每名对象量体裁衣，进行有效的口头及书面交流。

（5）展现执行力。首席风险官必须能够在内部和外部，进行最高水平的有效互动。

（6）管理能力。ERM 方案是广泛的，需要协调对 ERM 方案的参与者以及利益相关者，这一过程贯穿了企业内的所有业务部门和组织内的各个层次。

（7）外交能力。首席风险官的角色要求他们具备能力去平衡对独立性的需求（为了确保企业风险管理流程的客观性和一致性，强制执行风险可容忍度限额），需要在整个组织内，与企业风险管理参与者进行有效的合作。这需要一个机敏的外交上的接触。

（8）财务。首席风险官必须要有扎实的财务知识来理解和传达定量的企业风险管理信息。

4. 独立性。首席风险官的职位要求具有高度的独立性。首席风险官，以及企业风险管理团队的其他成员，有责任去领导与整个企业范围的关键风险相关的工作。恰当水平的独立性有助于将利益冲突减小到最少，该利益冲突发生在当首席风险官处在一个或更多关键风险来源个体的保护之下。此外，首席风险官具备多种能力——如保证企业范围内的一致性和作为企业集中结算机构——这些能力在恰当的独立性下将很好地体现出来，这也将确保，以及表明，首席风险官是不带偏见的。

最好由首席风险官和企业风险管理团队建立一个报告路径，直接向董事会或首席执行官（CEO）报告。这可以减少潜在的利益冲突的数量。然而，完全避免这些冲突是不可能的，因为就连董事和首席执行官也是潜在的风险来源。许多公司，特别是金融服务公司，由首席风险官向首席财务官（CFO）报告。对某些公司来说，这是一个次优的选择。[6]

此外，应当通过定期访问董事会来强调首席风险官的独立性水平。这对于首席风险官履行报告董事会的日常职责以及满足董事会要求（接收企业风险管理信息，评估ERM方案等）很重要。此外，在紧情况下，首席风险官应当能够直接联系到董事会，警示他们急需迫切关注的事项。

5. 适当的支持。公司利用基于价值的企业风险管理方法通常只需要一个规模小的专用的企业风险管理团队，例如三到五个人，包括首席风险官或企业风险管理活动的负责人，以及支持人员。这是一个合理的资源水平，提供的作用和职责包括初始推进ERM方案的启动以及后续不断的努力。这也是与企业风险管理这样一个基本原则相一致的，即企业风险管理应当在很大程度上嵌入关键的公司流程，而不是在一个单独的部门自身进行。

支持阵容

对于基于价值的ERM方案，首席风险官只需要很少的支持人员就能有效地执行它。然而，他们必须具备恰当的综合能力，去履行广泛的和多种不同范围的企业风险管理的角色和职责。

领导企业风险管理模型的那部分员工应当具备优秀的量化技能：

(1) 需要具备基本的财务报表与会计的知识，来进行战略计划财务预测工作，并把它转变为基线公司价值的计算。

(2) 在计算个别风险敞口的企业风险管理模型中，强大的电子制表技巧有助于构建模型中的动态元素。

(3) 需要具备电子表格编程知识去运行那些计算企业风险敞口所必要的模拟程序。

(4) 在保持企业风险管理模型的实用性中，优秀的建模技巧非常关键（以可靠性、速度、透明度和有效数字的平衡性的形式），它是基于价值的企业风险管理方法取得成功的基石（见第5章的标题为“实用建模”的部分）。

在那些支持定性风险评估访谈和风险情境设计失效模式与效应分析访谈面试的人员中，至少有一人，应当具备卓越的企业风险管理知识、经验以及优秀的业务能力：

(1) 企业风险管理的知识和经验。在访谈中，要想恰当地引导受访者，就有必要掌握一些企业风险管理的知识和经验。这些都是具有挑战性的访谈。例如，在定性风险评估阶段，调查参与者可能会提供一些没有恰当地通过来源定义的或在实质上还不足以作为关键风险的潜在风险。这时，面试官唯有凭借丰富的企业风险管理经验，方能在忙碌中迅速识别并纠正这些问题。另一个例子是在失效模式与效应分析访谈中，行业专家将设计一些没有恰当地通过来源定义的或者没有完全反映财务影响的风险情境。同样，面试官要想立即识别和修正这些问题，需要具备多年的企业风险管理经验。也正是因为这个原因，访谈通常至少在第一次过程中，交由企业风险管理顾问主导。

(2) 极强的聆听能力。在访谈中，极强的聆听能力对于聆听、理解并妥善记录受访者所提供的信息非常关键。

(3) 良好的访谈技巧。为了使面谈建立在一致性的基础上，并有效地向受访者征求所需的信息，需要具备良好的访谈技巧。

(4) 优秀的书面沟通能力。优秀的书面沟通能力有助于为定性风险评估访谈设计事前沟通。

(5) 与高级管理层友好互动的能力。与最高级主管，以及董事会成员的友好互动的能力，是进行定性风险评估访谈和共识会议所必需的。

这也是有益的，如果一些企业风险管理团队成员与这家公司中各种各样的合作伙伴已经有了长期存在的关系。这样一个强大的网络是极其有利的，尤其是在对于ERM方案极为重要的初始阶段。

然而，在以往采用传统的企业风险管理方法下，公司拥有的企业风险管理团队的规模差别很大。一些公司选择使用企业风险管理团队作为一个更广阔的保护伞，包括大范围已经参加到一些企业风险管理活动的人员；这通常基于现行的企业风险管理出现前的管理风险的历史方法。虽然根据该公司的文化，这种方法有时也可以起作用，但是，它是不可取的，因为这使它更难将企业风险管理嵌入到关键的公司流程，尤其是主要存在于业务部门的决策制定过程。

最佳的做法是使首席风险官成为一个全职的企业风险管理领袖人物，获得高级管理人员的权威、足够的独立性，以及适当水平的全力支持。然而，这些最佳实践的标准既非必要条件也非充分条件。遵从这些最佳实践也不能保证一定成功。某些公司中，首席风险官达到了所有的这些标准，但是其ERM方案仍然收效甚微。此外，无视这些最佳实践也并非必然导致失败。我已经见过其中一个最先进的ERM方案，首席风险官是兼职的，也并非高级管理人员，没有显著的独立性，而且其获得的是极少的兼职者的支持（尽管该首席风险官的确是领导ERM方案的唯一负责人）。

8.4.2 企业风险管理委员会

企业风险管理委员会的适当组成成员（可能被称为不同的名字，包括风险委员会）因不同组织而异。它通常是一个执行级别的委员会，并且至少应当由以下人员组成：

- 首席执行官（CEO）
- 首席风险官（CRO）
- 财务总监（CFO）
- 主要业务部门的负责人或其助理人员
- 首席法律顾问
- 合规部门负责人（无投票权）
- 内部审计负责人（无投票权）

风险专家——风险执行负责人（EROs）和行业专家（SMEs），以及其他业务专家偶尔会被邀请加入委员会会议，讨论与其专业知识相关的关键风险。该企业风险管理委员会的主席通常是由首席执行官或首席风险官担任的。

8.4.3 关键风险委员会

风险执行负责人和行业专家通常在他们的权限范围内，以关键风险来命名，形成关键风险委员会。其中某些委员会在企业风险管理之前就已经形成，他们代表着企业风险管理的特定形式（如信用风险委员会），并被适当地用于企业风险治理组织结构的服务中。委员会帮助风险专家们（EROs 和 SMEs）履行他们企业风险管理的角色和职责，同时在委员会、委员会之间或者上溯到首席风险官和企业风险管理委员会之间更有效地分享信息（包括企业风险管理的基本要求信息、工具和技术、所关注的问题以及最佳实践，等等）。风险执行负责人对首席风险官和企业风险管理委员会的直接报告关系，说明了一种非正式的，或者不太正式的组织结构。行业专家们对风险执行负责人有直接的报告关系，虽然其中有很多报告可能已经直接报告给风险执行负责人。风险执行负责人、行业专家并非通常是全职的角色。

8.4.4 董事会

大多数公司并不单独设立一个董事会级别的委员会去领导完成先前列明的董事会的企业风险管理角色和职责，相反地，它们会给整体董事会或者审计委员会分配任务。如果这是分配给审计委员会的，全部董事会成员应当收到审计委员会的完整的报告来完成他们的两个作用：察觉关键风险敞口和风险决策，以及熟悉 ERM 方案。此外，全部董事会应当收到对 ERM 方案有效性评估的总结报告。最后，只有全体董事会才有职责参与确定风险偏好。

8.5 政策和程序

风险治理的第三个方面是政策和程序的编制和沟通。这应当随着 ERM 方案的发展而发展。详细的政策和程序的制定不应当远远先于一个企业风险管理流程周期的完成。只有当管理当局可以看到例如企业风险敞口计算、风险偏好的确定，以及如何将 ERM 方案纳入公司关键流程（尤其是决策制定）时，才有可能起草有效的企业风险管理政策和程序。

我们将讨论两个关键的企业风险管理政策和程序文件：

1. ERM 方案的总结性文件
2. 风险偏好文件

8.5.1 ERM 方案的总结性文件

ERM 方案的总结性文件包含对以下事项的总结和描述：

■ ERM 方案的起源、历史发展、现行状态，以及改进计划

■ 企业风险管理框架，包括每一个企业风险管理流程步骤及其活动的细节

■ 风险治理结构，包括角色、职责和组织结构

企业风险管理的总结性文件通常伴随着以下列示的项目：

■ 风险分类和定义（RCD）工具，它的各种不同典型如下：

• 定性风险评估的结果

• 比较分析

• 风险事件数据库

■ 个别风险情境敞口

■ 企业风险敞口

■ 风险偏好定义的总结

■ 主要的风险决策总结，包括优先考虑风险的决策和优先考虑收益的决策

■ 将企业风险管理纳入决策制定、绩效评价和激励报酬的描述

■ 近期与风险评级机构沟通

ERM 方案的总结性文件用于以下用途：

■ 存档

■ 培训

■ 形成内部报告和外部风险沟通的储存库

8.5.2 风险偏好文件

风险偏好文件包含以下信息：

■ 风险偏好的确定，包括硬限制和软限制

■ 风险限额的确定，包括硬限制和软限制，以及分配方法

■ 将企业风险敞口与风险偏好相比较（包括当前的和历史的）

■ 将低于企业水平的风险敞口与其相应的风险限额相比较（包括当前的和历史的）

■ 授权提高风险敞口，包括当风险敞口跨越软限度或硬限度的临界点时所需要的提升行动和授权级别

8.6 本章小结

我们主要可以从三个方面有效地治理风险：让关键企业风险管理参与者了解并履行他们的作用和职责；建立有利于执行上述作用和责任的组织结构；编纂政策和程序。首席风险官和他（或她）的企业风险管理团队在风险管理中发挥了很大的作用：建立、保持和完善ERM方案；为ERM方案获取支持，以及许多其他的重要功能。然而，企业中还有其他的关键参与者（如企业风险管理委员会的高级管理人员、风险专家、业务部门人员、董事会，以及内部审计部门）也为成功的ERM方案发挥了重要作用。

这一章我们总结了对使用基于价值的企业风险管理方法成功实施ERM方案的讨论。在下一章中，我们讨论关于2007年始于美国的全球金融危机的案例研究，该案例研究涉及企业风险管理和银行风险管理实践。

8.7 注 释

1. 本章的讨论提供了一个关于其他章节观点的简要总结，主要是在第4章到第7章，从第3章开始也是。为了获得更详尽的解释，请复习这些章节。

2. 本章提供了一些有价值的见解，尽管必须考虑政治因素，因为这可能暗示业务部门相对权力的变化。

3. 在第一个企业风险管理流程周期中，风险沟通可能仅限于外部风险沟通。当再一次经历企业风险管理流程的前三个步骤时，在将企业风险管理纳入企业的绩效评价尤其是激励报酬之前，这么做是谨慎的。

4. 内部审计是负责确保对于企业风险管理政策和程序的相符性。然而，企业风险管理团队的一个主要角色就是敲响警报，并在风险敞口威胁超过容忍限度时采取行动。

5. 在这里对业务部门定义时包括了全体企业人员和部门（不要将它与企业风险管理团队相混淆）。企业人员和部门主要对一致地应用于整个企业范围的任务负责。不过，非企业的业务部门也可以开展内部业绩评价与奖励等业务。

6. 起初，大部分银行首席风险官向首席财务官报告，然而，现在却大部分向首席执行官、董事会或董事会委员会报告。

第9章 金融危机案例研究

我坚信我的人民。如果给出真相，他们是可以被信赖以应付任何国家危机的。重点是告诉他们事实。

——亚伯拉罕·林肯

始于美国的2007全球金融危机是一个复杂和富有挑战性的案例研究。在美国，它被认为是继1929年股票市场的崩盘后，经济大萧条以来，最具破坏性的经济事件。经济学家还在讨论1929年的大冲击——引发这次大冲击的事件的相对重要性，由各因素相互作用加深这次大冲击以及通过政府行为来减轻大冲击的有效性。当然，金融危机（我们在写作这本书的时候仍然没有恢复），同样地将被持续争论几十年。

我们不会声称在这里为大家提供一个确定性或者甚至接近完整的对此次事件的讨论。我们所要做的是从企业风险管理的视角来分析金融危机。在2008年，金融危机的第一个年头，很多企业风险管理领域的人被问到如下问题：

银行声称，长期以来，它们已经在风险管理方面处在领先地位。企业风险管理(ERM)是风险管理的最新典型应用。因此，银行必定是一直在实施ERM，对吗?然而，却是银行摧毁了整个全球经济。所以，如果ERM并没有阻止这次金融危机，我们怎么能说它是有用的呢?

这一章就是为回应这一问题。我们将探讨造成金融危机的银行的[1]企业风险管理实践是否意味着企业风险管理理论的失败，或者是银行在实践中应用企业风险管理的失败？我们从对金融危机的简要总结开始。

9.1 金融危机的总结

我们在这里仅仅通过对金融危机高度总结的讨论，来引入我们的主题。这一章我们的焦点在于银行风险管理实践，在讨论中我们将会提供更多的细节，因此，简要地总结将足以达到我们的目的。

9.1.1 原　因

风险抵押贷款的增加（很可能会导致丧失抵押品赎回权）受到抵押证券发行者和房屋业主不切实际的期望的鼓动，他们鼓吹房价将继续上升，而利率会继续下降，或者保持在较低水平（即使当房价达到的顶峰是不可持续的），这被称为“房地产泡沫”，而利率的低水平难以持续，并将开始增长。过多的外国游资导致了供求的不平衡，而抵押证券发行者的不切实际的期望主要就是受到这种供求不平衡的鼓动。[2]

9.1.2　银行使情况更糟

银行以如下两种方式加剧了这种形势下已固有的风险：

- 招致更多的风险置业
- 出售更多的高风险投资

1. 招致更多的风险置业

银行通过制造抵押贷款来招致更多的房屋购买者，这种抵押很容易进入，却难以维持，它包含了大多数消费者都没有察觉到的，或者不能完全理解的风险。其中的一些风险抵押贷款甚至随着时间贷款数额不断增加，因为早期的利息支付并没有包括利息费用。此外，银行通过不断壮大的次级抵押贷款市场又进一步增加了抵押投资供应链的固有的风险：房屋购买者可能比往常具有更高的违约可能性。

2. 出售更多的高风险投资

银行通过更容易在抵押市场投资的、复杂的创新性抵押投资产品来招致更多的抵押投资人，而投资者的风险，甚至比往常更不透明（由于抵押产品的多方面层层包装和多次转手）并被放大敞口（通过杠杆）。其中的两种产品就是债务抵押债券（CDOs）和信用违约掉期（CDSs）。

债务抵押债券使得投资者的风险更加不透明。一项债务抵押债券是基于支付一揽子抵押产品的现金流的债券，如抵押贷款证券（MBSs）和担保抵押义务（CMOs）。基于债务抵押债券如何定义现金流分配的方式，不同的债务抵押债券有不同程度的风险，称之为等级。一些等级被认为是高度安全的（3A信用评级）。对抵押贷款进行多方面的包装，使得背后的风险投资显得更加隐蔽。债务抵押债券的债务抵押债券（被称为债务抵押债券的平方），进一步降低透明度，这包括转手现存债务抵押债券等级的更加详细的等级。这些多次转手使投资者成为不了解风险的另一个实体。

信用违约掉期放大了风险。信用违约掉期实质上是一个给定实体针对失败的保险单。信用违约掉期的发行人获得稳定的现金流入，但如果该实体失败了，该发行人将遭受惨重的损失。在债务抵押债券或其他抵押工具上出具的信用违约掉期允许通过杠杆作用，在抵押贷款市场放大债务，因为它们设计的信用违约掉期的数量并不局限于作为其基础的抵押贷款的金额，或者债务抵押债券。

9.1.3　危　机

当利率上升时，投资的供求平衡被打破，过量的外国游资从投资市场撤走，住房价格下降，与此同时抵押支付上升，结果取消抵押品赎回权急剧增加。银行开始崩盘，信贷和流动性危机接踵而至，接连失败的威胁导致了一个恶性循环——银行破产，需要银行借贷资金的公司破产或裁员，失业的房屋业主违约拖欠更多的抵押贷款，等等——促使政府来拯救银行和其他“太大型而不能让其倒下”的实体，试图稳定金融体系。

9.2 评估银行的企业风险管理实践

我们通过比照10个关键企业风险管理准则衡量银行的企业风险管理实践，来评价银行在多大的程度上遵从或没有遵从企业风险管理的实践，企业风险管理的10个关键准则主要在第2章及第3章进行了论述。

9.2.1 比照10个关键企业风险管理准则

10个关键企业风险管理准则是：

1. 整个企业范围
2. 包括所有的风险类别
3. 关注关键风险
4. 跨风险类型进行整合
5. 汇总指标
6. 包括决策制定
7. 平衡风险和收益管理
8. 恰当的风险披露
9. 衡量价值影响
10. 关注主要利益相关者

这些准则是一个健全的ERM方案的关键定义要素，也是用于评估ERM方案的一项很好的准则。在第3章，我们讨论了基于价值的企业风险管理方式如何全面地符合这10个关键企业风险管理准则。我们现在通过对照这些准则，开始评估银行风险管理的实践。

1. 准则1：整个企业范围

ERM方案必须在整个企业范围内应用。在第2章，我们讨论了公司可能无法满足这一条件的五个原因。首要原因是出现的“金童”部门。这一业务单元由于其产生的大量收益增长和/或利润，而被免除参与某些活动（例如企业风险管理）。这令人难以理解，或有意地忽略业务中的风险。

促成了这场金融危机的许多银行都陷入了这样一种情形。发行抵押产品的业务单元经历了高水平的增长。管理当局不想错过他们的竞争者正在把握的成长机会。增长的压力，以及快速增长的诱惑，影响管理当局有意识地避免全面的企业风险管理审查，或不自觉地避免充分认识这些风险。

2. 准则2：包括所有的风险类别

所有的风险类别必须包括在ERM方案中。风险所包含的类别如下：

■ 财务风险，其包括的风险涉及市场风险、信用风险，以及流动性风险。

■ 战略风险，其包括的风险涉及战略、战略执行、公司治理、竞争对手、供应商、对外关系、监管的变化等等。

■ 经营风险，其包括的风险涉及人力资源、技术、诉讼、合规、欺诈、灾难等等。

■ 保险风险，其包括的风险，通常只适用于保险公司，包括定价风险、承销风险和保留的风险；这种风险分类也适用于非保险公司出具的合同，它覆盖了类似于保险合同的意外事件，例如信用违约掉期。

在第2章中，我们讨论了为什么公司可能无法满足该条件的三个原因。其中的两个原因应用如下：

(1) **无法量化战略风险和经营风险。**我们在第3章中深入讨论了（见“风险资本”）银行不能量化战略和经营风险的情况，在那里我们解释了银行使用两种可替代的基于资本的方法中的其中一种方法来量化风险。这两种方法都忽略了战略风险。大多数银行使用第一种方法，这种方法难以衡量经营风险，因为它不是基于风险的方法，而且它有时甚至在方向上也是不正确的。那些使用第二种方法的银行同样无法全面量化经营风险，因为它们忽视了对未来收益和费用的影响。

在第3章中我们已经明确，这是企业风险管理的三大核心挑战的第一个。

(2) **财务分析师的偏见。**在第2章中，我们解释了财务分析师的偏见（过度关注于财务风险）源于这样一个事实：财务模型的教育、培训、认证、经验和部门都仅仅关注财务风险，而它们的技术仅仅对这些风险起作用。银行金融建模师的确受到这样的偏见的影响。

这种偏见导致企业管理层认为接收有关企业风险敞口的信息看起来是完整的，但其实不是。事实上，正如讨论过的一样，研究表明，一旦战略风险和经营风险因素都被恰当地考虑进来，那么财务风险就只能占银行整体风险的一小部分。加深这种虚假印象的是财务风险敞口显示的精确度。该精确度通过提供给管理层的风险数据中的有效数字来说明。

现在我们来讨论一些导致这场危机，但并没有得到银行金融建模者强调的非财务风险的例子。这些例子包含了人力资源部的风险，它是一种经营风险。

有些人声称这场金融危机是一场“完美风暴”，将突发的罕见事件不可预见地融合在一起。其他人认为很多银行人员意识到敞口或者应该已经意识到，只是这些信息没有报告董事会、高管，或管理层。如果是这样，为什么不呢？问题出在什么地方？这个问题的答案引起我们关注产生这场金融危机的三个非财务风险的来源。

■ 代理风险

■ 过程风险

■ 失误

①**代理风险。**依据管理层的利益与股东，以及纳税人的利益不一致，可知银行存在代理风险。

因为与股东利益不一致产生了代理风险，这主要源于激励薪酬制度仅仅奖励管理层产生高收益和利润，却没有适当调整相应增加的风险敞口。ERM 方案需要具备以下三个特点来预防这种情况：

■ 在影响价值的基础上测量风险敞口

■ 将风险敞口的信息纳入到经营业绩评价，包括在个体层面上的归因

■ 将风险敞口的信息纳入到激励薪酬制度

第一个特点，根据价值影响来测量风险，对于协调管理层与股东的利益，是至关重要的。因为股东的首要度量指标是公司价值。然而，银行风险管理方案并不具备这个特点，因为它们通过资产负债表来衡量风险，如同对资本或法定资本的影响。

银行风险管理计划也没有第二个和第三个特点。尽管银行在它们的业务绩效分析中有风险敞口指标，但它们是有缺陷的。银行通常使用在险价值（VaR）指标。在险价值是指在一天内，在一个很小的置信水平下，最大的资本数额损失。这个指标的一个关键缺点是银行可以通过创造，或者对其定义为仅仅是超越可能性的临界值，增加大量的风险却不承担任何责任，使其不能通过在险价值来衡量。此外，银行通常不提供个体层面风险敞口指标的归因。如果不知道个体增加风险敞口的程度，就不可能将它纳入到激励薪酬制度中去。

由代理风险的存在而引起的股东利益的不一致，使得银行经营管理层承担过高的风险水平。这样做增加了高额奖金的机会。确实，在抵押贷款热潮中，银行管理层获得了大量的收入。实际上，甚至在清楚地知道银行管理层的这些行为将导致金融危机以及将导致他们公司的失败后（其中一些公司甚至要接受政府的救助），银行管理层仍然能够收到大量奖金。

由于与纳税人的利益不一致而引起的代理风险，来自于银行管理层相信政府将不会让他们破产由此所产生的道德风险，如果任何过度冒险行为造成巨大的损失，政府会鼎力相助他们摆脱困境。这也被意味深长地称为“私有化利润和社会损失”的问题。

由代理风险的存在而引起的与纳税人的利益不一致，将会使得银行承担过高的风险水平。当看到更多的同行采用相同的高风险赌注时，银行感到更加底气十足，这些使得政府更有可能介入其中，因为如果麻烦接踵而至，就会引起大部分的系统范围的问题。政府救济了许多银行，特别是大型的。这一事实使得这种想法被确认和强化。《多德—弗兰克法案》就是想要通过使得未来的救济更困难来解决这个道德风险问题。然而，许多人怀疑，因为即使不比这一危机严重，银行业系统仍然很容易遭受另一个金融危机，而当另一个危机发生时，同样的救济的政治压力将会再度出现，那时尽管已经有了《多德—弗兰克法案》，一个临时的应急措施将轻易地被通过，去授权另一次政府救济。

②过程风险。银行是有过程风险的，因为 ERM 方案没有被适当的设计，ERM 方案也不能按照预期执行。这是本章涉及较多的主题，在这里不再赘述。然而，银

行风险管理循环设计的一个额外失败是值得一提的。参见“是总风险敞口还是净风险敞口?”

是总风险敞口还是净风险敞口?

正如第3章在企业风险管理框架讨论中所讨论的一样，在总风险敞口（缓解前）和净风险敞口（缓解后）的基础上去衡量风险敞口并向内部报告是很重要的。大多数银行并没有这样做。相反，它们仅仅在净风险敞口基础上计算和报告这些风险。它们发行大量的风险抵押产品，即使一些银行意识到存在过度的风险敞口，它们仍然并不感到担心，因为它们有它们认为有效的风险缓解方式，而且缓解前(或净）风险敞口看起来是可控的。风险缓解的一个例子是有能力通过其他银行或者投资者买入本银行的由这些抵押和抵押打包组成的债务抵押债券，从而将大量的风险转嫁给“供应商”。另外一个风险缓解的例子是利用一个单一险种保险商用他们的3A评级来包装债务抵押债券。[3]

在风险缓解前或总风险敞口基础上计算和报告风险敞口的原因之一是减轻风险并不总是与预期相符。在我们讨论的背景中，这恰恰正是发生在金融危机中的情况。减轻风险的两种方式不能起作用了。银行突然不能够再将大量的风险转嫁给供应商，随着市场的萎缩，这些供应商承受了巨大的损失。此外，一些银行的单一险种保险公司破产，债务抵押债券评级立即下降至单一险种水平。

如果在缓解前或总风险敞口基础上计算并报告风险敞口，金融危机可能可以避免，或者至少可以减轻。如果向管理层和董事会报告缓解前风险敞口，他们将看到这一领域风险敞口的飙升。在“如果我们减轻风险措施失效，将会发生什么”的基础上看待巨大的风险，可能触发额外的审查和那些已经消失了的警戒，或者甚至避免金融危机。

③**失误。**通过财务分析师建立模型来评估银行产品的固有风险，银行有明显的风险敞口失误。[4]银行管理层严重依赖金融建模师。事实上，银行曾经经历过这些引起金融危机的风险事件。我们将讨论两个例子。一个例子是错误估计债务抵押债券的违约风险。[5]另外一个例子是错误估计信用违约掉期的保险风险。

金融建模师走了一条灾难性的捷径，显著地错误估计债务抵押债券的违约风险。他们没有努力从历史资料中设计个别风险情境，理解每一个债务抵押债券的结构及其潜在资产的表现，通过每一个债务抵押债券未来可分配现金流量的影响来量化债务抵押债券的违约风险，进而使用已开发的敞口数据测量债务抵押债券之间的关系。相反，他们只是快捷地使用一个公式，该公式通过在债务抵押债券基础上的信用违约掉期的历史市场价格推测了债务抵押债券的潜在违约风险，以及债务抵押债券之间的相关性。换句话说，因为信用违约掉期是基于债务抵押债券将违约的风险保险合同，其价格变化反映了债务抵押债券的违约风险的程度，而且价格变化间的关系揭示了债务抵押债券间的关系。因为信用违约掉期是可交易证券，所以基于债务抵押债券的信用违约掉期的市场价格是可获得的。

这个捷径并没有获得足够的细节使它适合使用。它假定相关性是不变的，但事实上它们是不稳定的。此外，在信用违约掉期的历史数据基础上建立的假说，并不适合设计长期的假设。历史数据还不到十年（因为信用违约掉期在那之前并不存在），这太短了。这只包括房市繁荣时期，当然不包括一个国家周期性的房地产价格衰退。当房地产泡沫破裂和违约爆发时，银行依赖这种不当的捷径来为债务抵押债券违约风险定价，而且其相关性蒙受了巨大的损失。

金融建模师也显著不当地给债务抵押债券的保险风险定价。大多数的保险产品，按照法律规定，必须由保险公司发行。它基于一个很好的理由。保单要求高度的安全性。它们通过一个极端长期的保证创造社会价值，人们的未来金融安全依赖于这种长期保证。保险公司提供这种保证。[6]它们受到严格管制。此外，保险公司利用保险精算师来理解复杂的保险产品，为风险定价，建立适当的储备来偿付未来的义务（该储备使失误有更多的安全边际），建立适当的法定资本（这提供了另一层保护），并预留出额外的资本（这也是另一层保护）。

然而，信用违约掉期是一种可由非保险公司出具的保险合同，例如银行。银行通常不任用保险精算师作为它们的金融建模师去了解和为信用违约掉期定价，而且银行也没有留出适当的储备金或资本金。这部分导致了信用违约掉期的过度增长，使它们显得如此有利可图（在它们遭受了巨大的损失之前）。银行不懂得风险敞口，它们实质上也忽略了在保险业中的很大一部分成本：建立储备金和资本金。当这些产品遭受巨额损失时，通过政府救济这些银行，最后实质上是纳税人为这些被忽略的成本及更多的费用买单。

3. 准则3：关注关键风险

大多数银行的ERM方案，的确是恰当地关注优先级的风险和最重大的威胁。它们对风险进行排序，并把更多的精力放在企业整体上最大的风险敞口。

4. 准则4：跨风险类型进行整合

大多数银行并不使用一套综合的方法来管理风险。每一个部门都倾向于用各自不同的方式管理风险。此外，它们每次以孤立的形式测量一个风险，然后试图使用相关性调整来反映出风险之间的相互作用。正如在第5章中讨论过的一样（见“获取相互作用”），这种方法无法获取大量的互动性。正如在第2章所讨论的，孤立的风险管理模式有几个缺点，包括不完整、无效率，以及内部的不一致性。其中缺乏完整性的缺点是与我们的话题最相关的：它忽略了多个同时发生的风险事件，可能会导致最大的损失。这次的金融危机就是这样的一个事件：有多种风险事件一起发生，包括利率的提高和过量外国游资的撤离造成的供求失衡，这两个事件加剧了各自对房价单独的影响，因为它引发了金融危机及其所造成的恶性循环事件。此外，正如前面讨论过的，非财务风险也促成了这场金融危机。

5. 准则5：汇总指标

银行通常不具有两种汇总企业风险管理指标中的任何一个。它们不能计算出一个恰当的企业风险敞口，因为它们没有一个统一的指标来全面量化所有的风险。大多数银行仅仅用当前资产负债表测量风险的影响（基于资本或所需资本的变化）

而不是基于公司价值。因此，不能测量企业内没有资本要求的业务。因为它们大多数的影响来自对未来收益和费用的变化，所以银行不能用基于资本的指标来全面量化战略风险和经营风险。

此外，大多数银行不能清楚地确定其风险偏好。这是第3章中企业风险管理识别三大核心挑战的第二个。这与它们无法计算企业风险敞口直接相关，因为它是确定风险偏好的基础。缺乏对风险偏好的明确、定量的定义，意味着这些银行也没有一个自上而下的从风险偏好到风险限度的分配。

因为大多数银行对于什么是风险敞口，或者它应该是什么，并没有一个汇总的企业范围的理解。这就更容易让我们理解为什么它们如此频繁地失败，以及它们怎样去创造如此高水平的导致金融危机的敞口。

6. 准则6：包括决策制定

大多数银行没有有效地将它们的风险信息纳入到决策制定。这是第3章企业风险管理识别三大核心挑战的最后一个。它们使用风险信息去制定减轻风险决策，但它们缺乏方法。我们将讨论为有效将企业风险管理纳入决策制定必须具备的三个关键要素：

- 支持决策制定的企业风险管理指标
- 实用的企业风险管理模型
- 业务部门的一致支持

首先，大多数银行使用的指标并非支持所有的决策，因为它们只有针对财务风险的稳健的风险量化方法（正如先前讨论过）。此外，它们所使用的指标仅仅提供等式中的风险（或资本）的一面，而不是回报（或价值）的一面，而这两方面在支持有效决策时都是需要的。

其次，风险模型不实用。尽管模型一般已经合理地运行数次了，但它们还是缺乏可靠性，它们使用不合适的大量有效数字，而且缺乏透明度。

大多数银行确实能获得来自业务部门的支持，但它们存在相反的问题：太多关于风险模型的支持。在我们讨论的背景中，这是促成金融危机的因素之一。大多数银行没有成功审查风险模型的假设，也没有以足够的怀疑去质疑它们的假设。

7. 准则7：平衡风险和收益管理

大多数银行都将风险信息用于上行与下行的机会。然而，它们没有在最佳状态下去完成，因为它们仅仅根据风险对现行资产负债表的影响去衡量风险，而不是基于公司价值。没有全面综合风险和收益信息，银行将继续做出欠佳的业务决策。

8. 准则8：恰当的风险披露

大多数银行显然没有做出风险披露，并没有恰当地吸收来自风险管理方案的合适的信息。自愿的风险披露或者强制的风险披露似乎都没有包含在第7章强调的风险信息中。作为一个重要的例子，大多数银行显然没有根据能匹配股东优先权、对公司价值的潜在影响来优先排序它们的关键风险。在我们讨论的背景中，一些银行直到多个季度后受到金融危机的影响，才能恰当地披露这场危机的财务影响。

9. 准则9：衡量价值影响

再一次声明，大多数银行并不是从对公司价值潜在影响的基础上来衡量风险的。相反地，它们根据对现行资产负债表资本或法定资本的影响来衡量风险。

10. 准则10：关注主要利益相关者

大多数银行风险管理方案不会支持将首要重点放在股东身上，因为它们不使用公司价值作为风险指标。另外，使用基于资本的风险指标显示出它们关注次要利益相关者有关的目标：维护一个满意的评级（评级机构关注的）和保持适量的强制性资本水平（银行监管者）。

9.2.2 结论：银行企业风险管理计分卡

表9—1依照10大关键企业风险管理准则，总结了衡量银行的企业风险管理的实践。结果清楚地表明，大多数银行实际上并没有进行企业风险管理实践。正如我们讨论的一些例子指出的，没有遵从企业风险管理实践促成了这次金融危机，而如果银行遵循了企业风险管理实践，有可能防止这次金融危机。（说明：该计分卡反映了大多数银行的企业风险管理实践。只使用通过/失败来记分。）

表9—1 **银行关于企业风险管理的计分卡：比照10大关键企业风险管理准则的结果**

准则	分数	失败的主要原因
1. 整个企业范围	失败	■“金童”部门缺乏足够的审查
2. 包括所有的风险类别	失败	■ 无法量化战略风险和经营风险； ■ 财务分析师的偏见； ■ 未能解决关键人力资源风险（例如：代理风险，过程风险和失误）
3. 关注关键风险	通过	
4. 跨风险类型进行整合	失败	■ 使用的相关性调整不能获取所有相互作用
5. 汇总指标	失败	■ 没有计算企业风险敞口； ■ 没有确定风险偏好
6. 包括决策制定	失败	■ 风险指标不支持决策制定 ■ 风险模型不适用，特别是缺乏透明度 ■ 没有对风险模型假设进行充分审查
7. 平衡风险和收益管理	失败	■ 基于资本的指标没有提供风险和收益信息
8. 恰当的风险披露	失败	■ 缺乏全面的嵌入强制性披露和自愿性披露的企业风险管理信息
9. 衡量价值影响	失败	■ 缺乏公司价值指标
10. 关注主要利益相关者	失败	■ 将评级机构和监管机构作为ERM方案关注的重点

9.3　本章小结

在这一章，我们回应了认为银行是全球金融危机罪魁祸首的诽谤，以及认为银行实际上遵从了企业风险管理实践的谬论。我们发现，与主流观点相反的是，银行一般并没有遵循企业风险管理实践，因为在10个关键企业风险管理准则中，它们有九个都没有满足。此外，我们澄清了另一个普遍的误解，那就是金融危机仅仅是财务风险来源造成的。我们讨论了银行中造成金融危机的三个非财务风险的例子：

1. 代理风险：银行管理层的利益通常不是与股东利益和纳税人利益相一致的。

2. 过程风险：大多数银行的企业风险管理实践是有缺陷的，正如它们未能满足十个关键企业风险管理准则中的九个准则。此外，大多数银行没有在缓解前或总风险敞口的基础上计算和报告风险敞口。倘若那样做的话，金融危机可能已经避免，或者至少可以减轻。

3. 失误：许多银行金融建模师显著地错误定价债务抵押债券的违约风险和信用违约掉期的保险风险。

令人不安的是，事实上全社会仍然完全暴露在前两个风险下，以及更广泛类别的第三个风险下。因此，对于下一个金融危机，全球金融体系仍然是脆弱的。

在下一章，即本书的最后一章，我们将进入一个更乐观的主题：看看如何将企业风险管理运用到非公司实体，如非营利组织、政府机构和个人。

9.4　注　释

1. 在这一章中，我们将银行一般性地定义为除了保险公司的任意金融实体。这是不确切的，但是在我们的讨论的背景中，已经足够了。

2. 除了银行和房屋业主，还有许多其他主体受到责备，包括监管机构、立法机构、准政府机构、单一险种保险公司、评级机构，以及其他相关人。在我们的讨论中，我们只关注主要的肇事者。

3. 单一险种保险公司是基于它们自己的3A评级，以它们的保证来支持债务抵押债券的。

4. 正如在先前已经讨论过的，本章所说的风险不同于过程风险，一个完美的过程仍然可能因为个人的失误而挫败。

5. 这部分讨论引用一个《连线》杂志的2009年2月23日菲利斯·赛蒙写的一篇题为《灾难的原因：公式谋杀了华尔街》的文章。

6. 历史上，保险公司远比银行不容易遭受失败。AIG保险公司在这次金融危机中显著地失败是由于它们的金融产品部门，而它并不是AIG保险实体的一部分。

第 10 章 非企业实体的企业风险管理

只有那些敢于承受巨大失败的人才能取得巨大成功。

——罗伯特·F. 肯尼迪

到目前为止，我们已经详细论述企业风险管理在以营利为目的的企业中的应用。在这一章，我们将论述如何将 ERM 方案应用于其他实体。方便起见，我们将以营利为目的的公司作为企业实体，其他实体作为非企业实体（NCE)。我们将讨论如何在这些非企业实体，如非营利组织、政府机构和个人中应用 ERM 方案。为了达到这一目的，我们必须首先推广全书所讨论的基于价值的企业风险管理方法。

10.1 推广基于价值的企业风险管理方法

基于价值的企业风险管理方法能被推广和应用于任何实体。我们将讨论推广基于价值企业风险管理方法的 5 个方面：

- 术语
- 目标
- 关键指标
- 风险分类
- 框架

10.1.1 术 语

我们将采用两种方法推广基于价值的企业风险管理。首先，我们把企业风险管理改换为实体风险管理。[1] 第二，我们把基于价值改换为基于目标。基于价值意味着最重要的目标是增加公司价值，显然这个目标适合企业实体，但是非企业实体通常有其他目标。有了这些一般化的术语，基于价值的企业风险管理就成为基于目标的实体风险管理的一个特殊情况。

10.1.2 目 标

对于企业实体来说，它们仅有一个目标：增加价值。然而，非企业实体通常具有多种多样的目标。为非企业实体清晰地明确目标有两个步骤：

■ 识别利益相关者

■ 确定每一个利益相关者的目标

1. 识别利益相关者

企业实体仅有一个最重要的利益相关者：股东。然而，非企业实体通常具有多种多样的必须被同等对待的利益相关者，例如一个慈善组织可能具有为贫困老人和贫困儿童提供帮助的使命。

2. 确定每一个利益相关者的目标

企业实体对其最重要的利益相关者来说仅有一个目标：增加价值。然而，非企业实体经常为每一个利益相关者制定不止一个目标。必须为每一个利益相关者分别确定不同的目标。继续我们之前的例子，一个服务于贫困儿童和贫困老人的慈善组织可能为这些利益相关者中的每一位制定两个目标：

■ 贫困儿童：

- 提高教育水平（目标1）
- 改善健康状况（目标2）

■ 贫困老人：

- 改善享受医疗服务的途径（目标3）
- 提供家庭护士服务（目标4）

10.1.3 关键指标

对于企业实体而言，它只有一个最重要的利益相关者——股东，以及对这个利益相关者来说仅有的一个目标——增加价值。股东和增加价值导致一个最重要的关键指标：公司价值。虽然还有其他关键指标，但公司价值是主导指标。然而，对于非企业实体情况并非如此。非企业实体总是有多个利益相关者，而每一位利益相关者都具有多个目标，即使每一个目标仅仅需要一个关键指标，这自动就会产生多个相等或相同重要的关键指标。然而，有三个因素推动更多关键指标的需要：

■ 每一个目标具有多个关键指标

■ 时间

■ 金钱

1. 每一个目标具有多个关键指标

企业实体仅仅需要一个统一的主导指标（公司价值）来实现它们增加价值的唯一目标。由于货币指标易于测量，因此这是可行的。相反，非企业实体（如非营利组织、政府机构以及个人）经常为它们的每一个目标设置多个指标。不同于为股东产生可分配现金流量的实体（如企业实体），非企业实体的目标通常与为其他人提供服务相关。测量这些服务更加复杂，并且通常需要多个指标。

考虑我们之前慈善组织的例子，该组织有两个目标与服务贫困儿童相关：提高教育水平和改善健康状况。该慈善组织对每一个目标使用多个关键指标测量其成果。每个关键的指标，连同其预计结果，都被包括在基线战略规划预测中。

我们例子中的慈善组织使用这样三个关键指标来衡量教育目标：

（1）标准化测验分数

（2）毕业率

（3）高中毕业生进入大学的百分比

对于改善健康状况的目标，该慈善组织也使用了三个关键指标：

（1）一个儿科医生接诊儿童人数的百分比

（2）主要疾病发病率

（3）平均寿命

与基于价值的企业风险管理方法一样，基于目标的实体风险管理方法依据对基线预测产生的影响来量化风险。因此，这些结果包含在基线战略规划预测的关键指标中，用来作为企业风险管理的关键指标以测量风险的影响。

2. 时间

对于基于价值的企业风险管理方法而言，时间在测量风险影响方面并不是一个复杂的因素。明年1美元损失的价值，或者自现在算起10年后1美元损失的价值能够很容易根据今天1美元损失的价值进行评估——利用折现率对可分配现金流进行折现。然而，时间对于基于目标的实体风险管理方法是一个复杂的因素，它增加了所需关键指标的数量。绝大多数关键指标不是货币性项目，不能被折现。非企业实体通常为未来几年的预期改善措施制订战略计划，这些改善措施是用给定关键指标测量的。一些风险可能在近期内影响一个关键指标，尽管其他风险可能影响时间表后期的关键指标。因此，一些关键指标需要多于一个时间点的跟踪考核。

继续我们慈善组织的例子，它们可能提出毕业率明年提高1%，今后三年提高5%的战略目标。一些风险也许影响来年的毕业率，例如一个老师的罢工，尽管其他风险可能影响多个未来年份的毕业率，例如当地税基的逐渐下降导致教育拨款减少。

3. 金钱

金钱对于非企业实体几乎总是一个影响因素和额外的关键工具。然而，非企业实体倾向于从另一个不同于企业实体的角度看待金钱，尤其是现金流入和现金流出。

现金流入的增加通常被看好，因为会有更多的金钱可以转换为向利益相关者提供更多的服务（即实现更多目标）。然而，事情并非总是如此，现金流入是否有利取决于资金的来源。我们将联邦政府视为非企业实体。举例来说，如果现金流入来源是预期之外的外债偿还，那么政府财政收入增加将是有利的。但是，如果现金来源是税负的增加，那么这通常会被认为对关键利益相关者的纳税人不利。

同样，以何种方式看待现金流出的增加取决于它的用途。如果现金流出的增加用来支付费用，例如支付费用的增加是由于为非企业实体提供服务的供应商索取收费的提高，那么这将被视为不利。但是，如果现金流出的增加是用来增加提供给利益相关者的服务，那么这被视为有利。

不同于增加公司价值——就像企业实体所做的那样，非企业实体具有不同的与现金流相关的关键指标。这些指标通常集中于经营成本的效率、计划的筹资水平、流动性和其他能够辨别对现金流以及其来源和用途有不同看法的关键指标。

10.1.4　风险分类

对于非企业实体，我们将推广运用在风险分类和定义工具中的风险类别。不同于把风险类别限制在战略、经营、财务和保险中，我们将风险分类保持在开放状态，就像一张白纸，用来包括任何可能和实体相关的风险类别。风险术语遵照哪类标准并不重要，但是它应该被明确确定，持续应用于整个实体，并应与内部专门术语相一致。基于价值的企业风险管理的风险类别（战略、运营、财务和保险）可能最终对很多非企业实体来说，仍然是最好的选择，但不是对所有的非企业实体都适用。

10.1.5　框　架

基于价值的企业风险管理方法转换为基于目标的实体风险管理方法的推广可以通过改变基于价值的企业风险管理框架（如图 3—1 所示）予以呈现，从而出现一个基于目标的实体风险管理框架，如图 10—1 所示，它描绘的是一个关于术语、关键指标和风险分类更一般的论述。

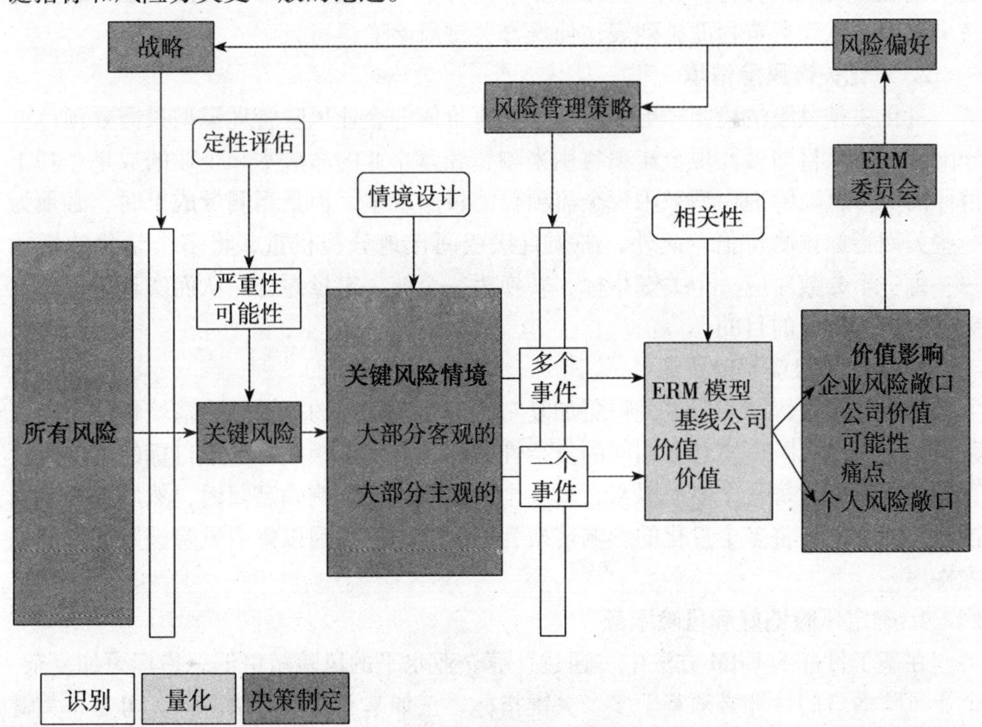

图 10—1　基于 ERM 的框架

资料来源：Copyright © 2011 SimErgy. All rights reserved. 有改动。

10.2 基于目标的实体风险管理的复杂性

非企业实体的两个主要特征导致实施一个基于目标的 ERM 方案的复杂度增加：

- 多个关键指标
- 非企业的文化

10.2.1 多个关键指标

在用于企业实体的基于价值企业风险管理方法中，一个统一的主导指标的存在是成功执行若干企业风险管理活动的关键。然而，应用于非企业实体的基于目标的实体风险管理方法需要多个关键指标，这增加了企业风险管理循环的复杂性。五项主要的企业风险管理活动由于多个关键指标的需要而增加了复杂性：

1. 选择关键风险

在基于目标的实体风险管理方法中关键风险的选择过程更加复杂。它需要定性调查参与者在多个基础上为每一个潜在关键风险的严重程度评分。此外，必须直接或间接地分配权重，将多个严重性分数——每一个分数对应一个关键指标，转换为一个统一的风险严重程度排列表，使选择关键风险变得可行。

2. 量化关键风险情境

量化关键风险情境同样更加复杂。基于价值的企业风险管理模型只需要预计可分配现金流项目即可。现金流项目用来测量经营企业的净成本和企业的成果。基于目标的实体风险管理模型采用现金流项目测量净成本，但是当测量成果时，必须为一些关键指标预测价值。此外，必须直接或间接地分配权重，将多个量化的影响——每一个分数对应一个关键指标，转换为一个统一定量评分，从而实现为每个关键风险情境排序的目的。

3. 集中风险缓解的资源

集中风险缓解的资源也变得更加复杂。为一个特殊的关键风险情境量化驱动因素与量化关键风险情境具有相同的复杂性，而且原因也相同。基于目标的实体风险管理模型用来为每一个驱动因素、每一个关键指标的影响确定归因，然后直接或间接地分配权重，将多个量化的影响转换为一个统一的归因以集中风险缓解资源的优先排序。

4. 确定风险偏好和风险限额

在基于目标的 ERM 方法中，通过计算企业水平的风险敞口汇总指标更加复杂。企业风险敞口的计算必须基于多个关键指标，正如基于价值方法一样。可是，关键指标的数量非常庞大。此外，由于没有一个主导的指标充当多个指标竞争中的裁决者，所以风险偏好的确定必须以一个更加庞大的关键指标组来表述。类似的，这也增加了风险限额设置过程的复杂程度。

5. 决策制定

由于风险和回报并不都在一个统一指标（如公司价值）基础上进行测量，因此，在基于目标的ERM方案中，决策制定更加复杂，对于优先考虑风险和优先考虑收益的决策都是如此。例如，如果一个优先考虑风险的决策在一个关键指标上减少了给定数量的风险敞口，而另一个优先考虑风险的决策在一个不同的关键指标上减少了相同数量的风险敞口，那么它们等同吗？为回答上述问题，必须直接或者间接地分配权重。

10.2.2　非企业的文化

一个ERM方案能够应用于任何实体，只要这些实体能够清晰地定义它们的战略目标。就像在基线战略规划预测中表述的那样，风险被定义为预期的偏差。大多数企业实体都有一些战略规划预测的形式，包括由业务部门提供细节，战略规划预测过程和每一个年度计划周期一起周而复始。这对基于价值的ERM方案而言是一个至关重要的起点。

但是，非企业实体没有股东。非企业实体的利益相关者并不把非企业实体看作一项投资。因此，非企业实体没有企业文化。它们通常有一个不太严格的战略规划过程和由此产生的战略规划预测。这使基于目标的ERM方法变得复杂，因为对预期结果没有一个明确的观点，风险就不能被清晰定义。对非企业实体来说，基线战略规划预测更加复杂，因为它需要做更多的工作。

10.3　非企业实体的实例

本章的讨论到目前为止（推广基于价值企业风险管理方法至基于目标的企业风险管理方法并且讨论了由此增加的复杂性）和第2章至第8章一起提供了一个理解怎样在非企业实体中执行ERM方案的基础。在本章的剩余部分，我们将讨论一些ERM的实例，分享一些涉及这些非企业实体风险管理的思考。我们将讨论以下三个非企业实体的例子：

- 非营利组织
- 政府机构
- 个人

10.3.1　非营利组织

我们将讨论两个非营利组织的例子：慈善组织和专业协会。

1. 慈善组织

慈善组织是非营利组织的一个典型范例。使用基于目标的企业风险管理框架（如图10—1所示）为慈善组织执行基于目标的ERM方案相当简单，这与全书所讨论的基于价值的企业风险管理方法在很大程度上类似。然而，我们将使用一个假设名为“HelpKids”的慈善组织作为例子来讨论建立一个基于目标的ERM方法的一些特殊方面。

我们将讨论这些特殊层面中的四个方面：

(1) 目标

(2) 关键指标

(3) 企业风险管理模型

(4) 关键风险

(1) 目标。为非企业实体确定目标有两个步骤：

①识别利益相关者。为简化我们的例子，“HelpKids”仅有一名利益相关者：生活在贫困水平以下的儿童。

②为每一个利益相关者确定目标。“HelpKids”有两个主要战略目标：

■ 改善生活在贫困水平以下儿童的教育

■ 改善生活在贫困水平以下儿童的健康

(2) 关键指标。“HelpKids”为自己的ERM方案选择了15个关键指标。这15个关键指标是它们战略规划过程（还有它们的业务绩效分析）中所使用指标的一部分，并且与它们的关键目标和支持措施相关。

挑选出7个关键指标用于它们的教育项目：

■ 接受“HelpKids”服务的儿童数量

■ 旷课率

■ 辍学率

■ 标准化测试分数

■ 毕业率

■ 高中毕业生进入大学人数的百分比

■ 收到的捐赠和拨款

挑选出8个关键指标用于他们的健康项目：

■ 接受“HelpKids”服务的儿童数量

■ 每位儿科医生接诊儿童人数的百分比

■ 主要疾病的发生率

■ 平均寿命

■ 死亡率

■ 每周体育活动的时间

■ 享有每天两次或更多营养餐的儿童人数百分比

■ 收到的捐赠和拨款

(3) 企业风险管理模型。基于目标的实体风险管理模型必须预计每一个关键指标的未来年度价值，以此方法和“HelpKids”的基线战略规划相一致。模型必须包含这些关键指标每一个背后的价值驱动因素，以获取关于风险或决策将如何冲击基线价值的信息。价值驱动因素是那些“HelpKids”可能改善的变量。例如，如果儿童旷课程度和3个缺点相关，那么“HelpKids”可能会主动采取措施改正每一个缺点以支持减少旷课的战略目标。

（4）关键风险。一旦关键指标和企业风险管理模型方法被确定了，那么风险就被确认为导致偏离基线预测的关键指标的事件。为了在风险识别过程中识别关键风险，风险列表将被填充到风险分类和定义（RCD）工具中。

对“HelpKids”构成关键风险的例子如下：

■ 各种与损害“HelpKids”声誉有关的风险，其中个别的风险来源包括以下方面：

- 慈善资金的不正当挪用
- 任何形式对儿童的虐待
- 对慈善资金无效使用的看法（对首席执行官支付过高，超过了资金募集预算的比例，等等）

■ 竞争（为慈善捐赠和拨款）

■ 经济衰退（减少慈善捐赠和拨款）

■ 没有能力招募和留住关键员工

■ 经济上升（招募和维系关键员工更加困难，因为其他地方的机会增加）

■ 监管的改变

■ 合规风险

■ 诉讼

2. 专业协会

专业协会是一个非营利组织，它具有两个特征使得它和企业实体在风险管理环境中类似。第一，它服务于一个主要的利益相关者——会员。这意味着建立统一主导关键指标的可能性。第二，由于主要利益相关者和实体的“所有者”类似，因此能够创建一个和公司价值指标相似并且以可分配现金流为基础的基于价值的指标。我们将介绍一个假设的专业协会，并且讨论这两个特征。

假设一个名叫美国高级财务专业人员协会的专业协会，或简称“AAAFP”，拥有100 000名国内会员和一个主要战略目标：增加AAAFP证书价值。它的会员需要：

■ 通过每年一次的AAAFP检测认证

■ 参加每年由AAAFP提供10个小时的继续教育

■ 遵守AAAFP对专业行为的准则

■ 每年支付AAAFP会员费和其他费用

（1）基于价值的指标。尽管AAAFP是一个非企业实体，但是它具有和企业实体相似的特征。其主要的利益相关者，或者实体活动的主要收益者，是会员自身。[2] 一个企业实体通过经营一项业务直接为股东产生可分配现金流以作为对股东资本投资的回报。AAAFP通过创造雇主们承认的具有价值的证书从而间接为它的会员产生额外的报酬，作为对他们会费的回报。

因此，我们能为 AAAFP 创建一个近似于公司价值的指标：我们将定义证书价值为预计的资格证书现金流的现值。证书现金流测是那些由于资格证书而为会员所获取的净现金流：来自于会员的雇主所支付额外报酬的现金流入，以及一些较少的用于支付 AAAFP 会员费和其他费用的现金流出。一名会员的证书现金流计算如下：

$$CCF_{member} = Add'lComp_{member} - Dues_{member} - Fees_{member}$$

其中：

■ CCF_{member} = 每个会员的证书现金流

■ $Add'lComp_{member}$ = 每个会员由于拥有 AAAFP 证书而（估计）挣得的额外报酬

■ $Dues_{member}$ = 每个会员每年的会员费

■ $Fees_{membe}$ = 每个会员每年认证和继续教育的费用

整个 AAAFP 实体的证书现金流计算如下：

$$CCF_{AAAFP} = \sum_{i=1}^{N} CCF_i$$

其中：

■ CCF_{AAAFP} = AAAFP 的证书现金流

■ CCF_i = 第 i 个会员的资格证书现金流

■ N = AAAFP 会员总数

AAAFP 的证书价值通过预计未来年份的 CCF_{AAAFP}，然后使用折现率折算成现值：

$$\text{Credential value} = \sum_{j=1}^{M} (CCF_{AAAFP:\ Year\ j}) \times \frac{1}{(1+d)^j}$$

其中：

■ $CCF_{AAAFP:Year\ j}$ = 预测的第 j 年 AAAFP 资格证书现金流

■ j = 预测的年份

■ M = 预测的总年数

■ d = 折现率

其他关键指标也能被设计出来。除了组织中的总证书价值，AAAFP 还能够通过小组和其他有用的指标估计每一个会员的平均证书价值。

证书价值是一个基于价值的指标，类似于公司价值。基于价值的 ERM 方法能够为企业实体带来便利，也避免了一些额外的复杂性，这些复杂性如同之前的讨论，通常呈现在用于非企业实体的基于目标的 ERM 方案中。

但是证书价值指标并不和公司价值指标完全一致。证书价值指标有一个主要缺点。证书价值指标将会员数量增长的减少等同于报酬的减少，而这二者未必会被会员们视为相同。考虑以下两个关键风险事件及其对证书价值潜在影响的例子：

①$Add'lComp_{member}$（每位会员由于拥有 AAAFP 资格证书挣得的额外报酬）直接并永久性减少 5%，造成证书价值减少 5%

②招收少于过去预期的新会员人数，造成证书价值减少 5%

这两个关键风险事件对于证书价值的影响相同。然而，尽管股东对两种等价的公司价值减少的区别反应平淡，但是这种情形在会员对所有证书价值等价减少类型的态度上可并不成立。会员们更愿意面对第二种关键风险事件（相比于预期，一些未来的新会员的损失）而不是第一种关键风险事件——他们当中一些人自己报酬的直接和永久性的损失。

(2) 统一的主导关键指标。AAAFP 看起来好像与企业实体相似，因为它似乎只有一个主要的利益相关者，意味着一个主导的指标以及与它相关的优点可能是存在的，就像公司价值指标一样。然而，事情通常并非如此。专业协会常常设置分支机构，这些分支机构必须单独确认和提供服务。例如，可能有必要把 AAAFP 的会员分成小组，因为一些关键风险可能影响一个小组而不是其他小组。一些必要的小组例子可能包括：

■ 经验水平（例如入行年份数）

■ 地区差异（例如国家的不同地区）

■ 行业领域（能源、制造业、银行业、保险业等等）

■ 执业范围（会计、财务预测，企业风险管理等等）

换句话说，不是所有风险对证书价值的影响都是等价的。考虑以下两个关键风险事件及其对证书价值潜在影响的例子：

①加利福尼亚通过一项法规，该法规导致了本州减少了总计 1 000 个 AAAFP 专业人士工作岗位，造成证书价值减少 1%

②联邦政府通过一项法规，使 $Add'lComp_{member}$ 减少 1%

这两个关键风险事件对证书价值的影响相等。但是会员们倾向于选择应对第二种关键风险事件（由于拥有资格证书挣得的额外报酬减少 1%，造成相对的损失）而不是选择第一种关键风险事件——他们 1 000 个 AAAFP 兄弟姐妹报酬的（不仅仅损失由于资格证书才有的额外报酬）全部损失。

10.3.2 政府机构

政府机构，尤其是联邦一级的政府机构，应用 ERM 方法时会面对特殊的挑战。政府拥有数量众多的利益相关者和战略目标，二者不仅难以清晰定义，而且以内部变幻无常的政治风向和高度发展变化的外部因素为基础时，二者的相对重要性也在变动，有时变动还会充满戏剧性。此外，政治经常打出根据需要配置资金建议的王牌。最容易执行 ERM 方案的政府部门是分支实体，它们通常在一个相当确定的预算下具有清晰持续的任务，而且能够从企业风险管理对在给定的预算之内更好的分配资源的风险与收益权衡的卓越识别中获益。

1. 联邦一级政府机构对企业风险管理的需求

尽管有困难，但是仍然值得考虑在联邦一级政府机构应用 ERM。正是在一级政府机构上，正面影响的最大机会才会存在。联邦政府最主要的角色是保护人民。国家面对各种来源且数量众多的威胁，但是风险通常由部门进行孤立式管理，缺乏有效整合。让我们以美国政府为例。

“9·11恐怖袭击”事件之后，美国联邦政府意识到需要有更好的方法对付恐怖袭击，包括拓宽共享风险确认信息的渠道，更好地协调风险评估、风险优先排序和反应。两个主要变化导致风险管理的改善：机构合并和责任集中。

第一个变化是合并一些机构至新的机构之下：国土安全部（DHS）。DHS包括一些与保卫国界（例如海岸警卫队、交通安全局（TSA）以及和入境事务相关的机构）相关的机构、联邦紧急事故处理委员会（FEMA）和特勤局。这不是完全的合并，因为联邦调查局（FBI）和中央情报局（CIA）仍然保持独立。

第二个变化是责任集中。联邦政府建立了一个中心部门以整合协调所有与恐怖威胁相关的活动，即创造了国家情报主任办公室（ODNI）。国家情报主任（DNI）是唯一的中心成员，为整合协调抵御恐怖威胁袭击的方法负责。通过ODNI网站，可以找到DNI的职责是“监督和指导国家情报项目的执行，并且作为总统、国家安全委员会和国土安全委员会（负责和国家安全有关的情报事务）的主要顾问”。此外，“……DNI的目标是有效整合国外的、军事的和国内的情报以保卫国土安全和美国的海外利益。”[3]

然而，对其他来源的风险，联邦政府并没有整合这些风险管理的方法。表10—1显示了部分美国国家机构及其负责管理的风险来源举例。这是一个风险管理的孤立方法，它的缺点在第2章中已被列举。

其实迫切需要的并非合并这些国家机构，而是整合和协调这些风险管理行动的领导权。没有一个领导者在国家级别上执行ERM方案，那么毫无疑问会出现这样的情况：那些本应该处于低级别的风险却浪费了资源，而且更糟糕的是，其中一些最大的威胁却没有受到它们所需的优先对待。尽管DNI意图成为一个协调的领导者以应对与恐怖相关的威胁，但其实所需要的是一个同等重要的、覆盖所有风险来源的领导者，例如国家风险管理主任，或简称为DNRM。DNRM能够在国家级别上领导企业风险管理的执行。

在国家级别应用ERM还有很多好处。一些更重要的优势包括如下方面：

■ 按照风险来源使用一致的方法确认风险，使管理关键风险责任中的重复和缺漏得到清晰确认

■ 识别所有类型新风险的统一方法

■ 更合理的优先排序：通过量化风险评估结果识别关键风险以及根据量化关键风险情境对关键指标的潜在影响为关键风险情境排序，参见“国家金融稳定的威胁”

■ 通过定量的归因分析，以及集中减轻对关键风险情境影响最大的驱动因素，实现对有限资源更有效地配置

■ 利用基于目标的ERM模型，根据量化可供选择的相对影响作出更好的决策

■ 为风险使用标准化术语，简化贯穿所有国家机构的风险信息共享方法

表 10—1 负责风险管理的国家机构（部分列表）

美国国家机构	管理的风险来源举例
陆军工程兵部队	灾难
联邦储备体系理事会委员会（the Fed）	经济不稳定性
疾病控制与预防中心（CDC）	疾病
中央情报局（CIA）	外国威胁
国防部（DoD）	军事攻击
环境保护署（EPA）	环境损害
美国联邦航空局（FAA）	飞机坠毁
联邦调查局（FBI）	有组织的犯罪
	恐怖主义
食品与药品管理局（FDA）	食物中毒
国土安全部（DHS）	恐怖袭击
国家公路交通安全管理局（NHTSA）	车祸
证券交易委员会（SEC）	欺诈投资者

国家金融稳定的威胁

ERM 的一个值得进一步强调的特殊应用是它能够通过量化关键风险情境对关键指标的潜在影响来对关键风险情境进行排序。这可以用于解决美国经济中的一个重要问题。金融稳定监督委员会，就是为了应对 2007 年始于美国的全球金融危机，通过《多德—弗兰克法案》而产生的。金融稳定监督委员负责采取三项与庞大复杂的金融制度相关的措施：

- 建立监察机构，管理那些“对美国金融稳定造成威胁”的非银行金融公司
- 限制“对美国金融稳定造成威胁”的金融公司
- 停止“对美国金融稳定造成威胁”的金融公司的活动

这种通过量化对关键指标的潜在影响来对关键风险情境进行排序的能力，能够用来识别和为那些对经济产生威胁的实体排名——如果这些实体失败的话。那些潜在反映经济风险水平的公司失败的风险情境可以被设计出来，并且其影响能够在一致的基础上得到评估并与所识别的最大威胁相比较。此外，基于目标的 ERM 方法同样能够提供评估风险减缓选项以降低风险水平的能力（例如企业需要被执行破产的风险水平）。

2. 在联邦一级政府机构执行企业风险管理

我们将开始讨论如何在联邦一级政府机构执行 ERM 以阐明政府部门所需要的不同方法；但是，我们将不展开全面论述，有关此主题的全面论述需要专门的

书籍。

试想美国联邦政府建立一个新的职位，即国家风险管理主任（DNRM）。不同于DNI，DNRM的权限涵盖国家所有风险来源。现在，想象一下DNRM要求我们在联邦一级政府机构建立一个ERM方案。我们将如何开始？我们如何确定优先事项？

我们将推荐一个基于目标的ERM方案。关于如何充分考虑联邦一级政府机构在执行基于目标的ERM方案中的特殊性，以下论述只是一个开始。我们将讨论三个特殊方面：

（1）目标

（2）关键指标

（3）决策制定

(1) 目标。为非企业实体确定目标有以下两个步骤：

①确定利益相关者。联邦政府是一个非企业实体，只有一个主要利益相关者：公民。然而，还有很多其他利益相关者，或者接受政府的服务的实体。一个例子是居住在本国的合法外国人，他们正在成为公民的路上。另一个例子是到这个国家的参观者。

再举两个额外有关美国境外实体的非公民利益相关者的例子。这两个例子都是用于阐明政府型非企业实体的复杂性质。一个例子是美国的盟友。美国和所有国家一样，为它的盟友提供帮助。其中一些帮助以提供间接服务的形式达到美国公民的目标；例如，提供情报服务用于交换相似的帮助作为回报的行为保护了美国公民。但是，其他服务是无私提供的，此时政府扮演了一个更加类似于慈善组织的角色，只期望一点或者根本没指望公民的回报；例如，捐赠给贫困国家的礼物。

第二点，尽管稀少，却是境外利益相关者的例子，即美国的敌对国。当一个主要灾难打击到其敌对国时，美国政府试图以救灾的方式提供帮助；例如，美国政府向发生于2003年12月26日里氏6.6地震的伊朗提供帮助。[4]

②为每一个利益相关者确定目标。为简化讨论，我们将仅仅论证上述公民利益相关者。现在我们必须确定所有与服务公民利益相关者相关的美国政府的目标。美国联邦政府具有许多这样的目标。我们将通过选择一个目标即“保护公民的生命”来简化论述。这是美国《独立宣言》中三条“不可剥夺的权利”中的第一条，即“生命、自由和追求幸福的权利”。

(2) 关键指标。保护公民生命的关键指标应该是什么？应该是生命的数量吗？举一个例子，我们真的希望依据对丧生人数的潜在影响来量化关键风险吗？看看为什么这不是一个充分的指标，考虑两个即将从悬崖坠落的人，而你仅能伸出手解救其中一个。无论哪一种情况活下来的都只是一个人。然而，一个人90岁而另一个10岁。你会救谁呢？大多数人会说救10岁的那个人。为什么？因为儿童拥有更多预期的未来的寿命。现在我们已经超越了“丧生人数”的指标而是进入到“损失生命年数”的指标的范围，二者究竟哪一个更好？

但是，事情会如此这么简单吗？损失生命年数指标在保护生命方面涵盖所有社会价值了吗？不完全是这样。社会的确有时候使青年人战斗和牺牲，使剩余的人生活于自由中。[5] 现在，我们已经超越了损失生命年数的指标，并且添加一个代表生命质量的乘数到损失质量生命年数指标的范围。生命自身并不足够，因为我们的社会价值揭示了我们有时候会把自由置于生命之上。存在许多其他能被包括在一个损失质量生命年数的乘数之中的因素。

但是，还是就这么简单吗？就以损失质量生命年数的指标判断，假设二者发生的可能性相同，以下两项威胁你将把哪一项列为更高级别？

■ 一次恐怖袭击造成10人死亡

■ 一次恐怖袭击造成10 000人得病，致使他们当中的每一个人的寿命减少了1年的1/10（0.1年）

我们假设没有生命质量这个项目，而我们的关键指标简化为损失生命年数指标。更进一步，我们假设其中每一个人在袭击那一刻都有50年以上的预期生命。每一个威胁在损失生命年数上的影响如下：

■ 500年的损失生命年数（10人×50年）

■ 1 000年的损失生命年数（10 000人×0.1年）

按照数量，第二个威胁程度是第一个的二倍。但是第二个威胁对你来说是更高的优先级别吗？1 000个人中的每一个都不会放弃仅仅一个多月的一点预期生命去集体挽救10个人的生命吗？不同的人也许回答不同，但是没有一个明确的答案。因此，一个更加复杂的指标可能是必要的。所需要的改进可能建立在取决于到底使用哪一个指标的背景上。

以上分析阐明了在试图衡量一些类似于保护生命这么简单的目标中也会包含的复杂性。这不是一个学术型讨论。政府和其他组织试图使用生命年数（包括调整的生命质量）的指标。例如，世界卫生组织（WHO）使用和我们的损失生命年数指标类似的生命损失年数（YLL）指标。WHO也使用伤残调整生命年数（DALY）指标，这是对寿命进行质量调整后的一个形式，和我们的损失质量生命年数指标[6]相关。另一个例子是美国人类发展指数（HDI），它试图涵盖一个国家公民的健康水平。HDI结合众多因素，例如平均寿命和生活水平。[7]

（3）决策制定。假设现在我们已经明确联邦政府主要的利益相关者，与每一个利益相关者相关的目标，以及每一个目标的关键指标。联邦政府的决策制定是复杂的，任何一个决策可能对一个或更多关键指标产生负面影响，也可能对一个或更多其他关键指标产生正面影响。一个例子是高速公路限速。我们知道在确定条件下如果立法通过并且强制执行高速公路上较低的限速，那么这将拯救相当数量的生命。然而，我们的选择是将最高车速限制在它们当前的水平，这个选择反映出我们会权衡那些相互竞争的关键指标，一个关键指标是“保护生命”，而我们可以简单起见把呈现出的另一个叫做“经济繁荣”，因为汽车的高速运输是经济增长的推动因素。[8] 这些权重被间接地分配，而不是直接，但是一个由ERM方案促成的更直接的方式可能有利于制定更好的决策。

一个叫“平衡运输分析仪”的运输模型具有基于目标的ERM方法所具备的综合性特征。它由交通专家查尔斯·库曼诺夫设计。这个模型用来帮助政府实体在运输费与通行费和造成对公民的综合性影响中做出更加明智的权衡决策。新的运输费和通行费的直接影响的模型因素像堵塞对生产率的间接影响一样，都有一个广泛的范围，无论公民生活在城市还是乡村，都要确认一天中的任何时间，即使由乘客在乘坐城市公交车前翻口袋找零钱产生的延误也包括在内。[9]

10.3.3 个 人

企业风险管理不仅可以应用到企业实体和非营利组织，而且正如我们刚才已经讨论到的，它还能被应用到更高水平的抽象概念——政府（或国家）水平。但是，企业风险管理同样能应用于较低水平的抽象概念——个人。

1. 个人对企业风险管理的需求

我们每一个人作为个体，是应用企业风险管理方法最好的候选人。我们面临种类众多的风险。我们缺乏全面的方法去识别、优先排序以及减缓那些针对我们个人情况而言的风险。因此，基于孤立的风险管理模式方法，我们在分配风险减缓的资金时，做出了次优化的决策。这导致了我们很有可能达不到我们个人目标。

我们面临种类众多的风险。这些风险的部分列表包括如下：

- 过早死亡
- 寿命过长（比我们的资产可以维持生计的时间更长）
- 意外事故（例如一场车祸）
- 医学疾病
- 残疾
- 失业
- 灾难（例如导致财产损失的火灾或者洪水）
- 投资风险
- 离婚
- 诉讼
- 盗窃

我们无从获得针对我们个人情况的全部风险的一个客观定性排名，从而允许我们识别自身的关键风险。在我们所处的特定情况中，很难找到一个毫无偏见的顾问，他能胜任协助我们识别并优先排序我们所面临的所有风险。一些人通过付费雇用理财规划师来实现这一目的，但是他们的技术专长通常仅限于投资风险，并且他们没有使用类似于企业风险管理的工具和技术，参见“风险偏好是通过五个问题确定的吗?”

风险偏好是通过五个问题确定的吗?

企业风险管理循环的一个重要方面是风险偏好的确定，或者确定风险容忍度要考虑哪些因素。对于企业实体，它包括依据股东想让公司承担的风险水平来推断股东的意愿。对于个人，它包括理解他们对没有达到目标的个人容忍度。

财务规划师的典型做法是通过使每个人回答五个问题（有时更多的问题）来试图确定这个人的风险偏好。这些问题通常与个人感觉有关，这些感觉包括理想的投资时间范围、预期的回报以及对波动和损失的容忍度。答案用来描绘每个人是五种类别的一种，有时候类别总数更多，从保守到激进，或者类似的排序。然后，类别反映到确认一个由股票、债券和现金组成的投资资产分配组合的建议。

这是一个粗糙的方法，原因为以下三点：

■ 不完全的风险来源。财务规划方法仅仅看到和投资资产波动相关的风险来源。这种做法忽视了个人关键风险的大多数方面，例如疾病、过早死亡、失业、离婚等等。

■ 糟糕的风险衡量。财务规划方法以投资资产的波动来衡量风险。而风险必须以没有达到个人目标来衡量。例如，一个人表明一个给定的投资组合配置只能满足他或她所有目标的35%。

■ 不完全的投资组合。财务规划方法仅仅解决个人的股票、债券和现金投资的投资组合的问题。但是个人所需要的却是对其所持有的整个组合的全面的观点，包括股票、债券、现金、寿险、医疗保险、伤残保险、失业保险、即付年金、延期养老金和其他。所有财务工具都应换算为他们的基础现金流，纳入到统一的预测模型，并通过他们对现金流的影响，进行缓解关键风险情境评估。

相反，企业风险管理方法克服了财务规划方法确定风险偏好的所有缺点。企业风险管理包括风险的所有来源，依据对达到个体目标能力的影响来衡量风险，以及检查完整的金融产品投资组合。

对于每一个关键指标应该采取减轻措施的相对重要性（或者即使是存在性），我们没有一个全面的观点，我们的典型做法是一次一个风险地去各处寻求建议和减缓措施。例如，我们可能去保险推销员那里去查明要购买的寿险价格，我们可能从雇主那里得到关于健康保险涵盖范围的信息，我们可能去投资经纪人那里寻求对投资组合分配（例：股票、债券和现金的混合）的意见等等。

这是一个孤立的方法，是一个次优的选择，关于如何最有效地分配我们的资源以减缓我们个人所面临的整个证券投资组合的风险，我们缺乏客观的建议。因此，我们不一定对我们的生活做出最佳的风险与收益的决策。即使每个建议者都毫无偏见，一个孤立的方法也足以导致对那些我们环境中相对不重要的风险过度减轻，而同时忽略，或者没有足够减轻一些我们的最大威胁。

我们需要一个全面的方法——一个包括所有潜在来源和风险的方法。我们并不在乎哪种风险来源导致我们破产……我们只是不想破产。一个理解风险的全面方法能导致资金的重新配置，而资金的重新配置使得我们更可能达到我们个人的目标。

2. 在个体水平上执行的实体风险管理

我们将讨论应用基于目标实体风险管理方法于个人的三个方面：

(1) 目标

(2) 关键指标

(3) 企业风险管理模型

(1) 目标。为 NEC 确定目标有两个步骤:

■ 确定利益相关者

■ 为每一个利益相关者确定目标

个体具有多个目标，例如提供现金流（给自己、被赡养人和慈善团体）以及无形项目。针对我们的讨论，我们将仅集中于提供现金流的目标上。

①确定利益相关者。为简单起见，我们将使用具有以下情况的个体作为例子:

■ 已婚

■ 抚养两个孩子

■ 两位健在的双亲，每一位来自其中一位配偶

■ 每年向慈善组织捐赠的核心价值观

个人的利益相关者在一生之中通常会发生改变。我们假设对这样一个基于目标的 ERM 方案感兴趣，它的时间期限是该个人的生命长度或者配偶的生命长度中的较长者。在这种情况下，我们必须考虑当前利益相关者和可能的未来利益相关者。当前的利益相关者包括个人、配偶、他们的两个孩子以及他们所捐赠的慈善组织。父母可能在未来成为利益相关者，这取决于两位健在父母的健康和财务情况以及其他因素。每一个利益相关者有不同的重要性水平，而这将作为因素计入权衡决策；例如，大多数个人在这种情况下将他们的两个孩子置于最高优先级水平。

②为每一个利益相关者确定目标。每一个人有不同的目标，基于目标的实体风险管理方法必须根据每一个人的特点量身制定。然而，我们将使用简化的目标，假设某人与其配偶只有以下目标，优先次序为:

■ 保持他们目前的生活水平

■ 为子女大学教育成本提供资金支持

■ 为父母长期看护的成本提供资金支持

■ 为子女结婚费用提供资金支持

■ 每年向慈善组织捐赠

■ 无留下遗产的特定目标，但是希望不留下负债

所有这些目标都能被总结一个目标，即“有足够金钱满足这些目标，并且他/她的配偶去世以后没有负债。”

(2) 关键指标。在针对每个人的基于目标的实体风险管理方法中，最初看起来，我们仅仅需要一个“是或否”的指示器来标明在整个预测期每一个目标是否得到实现。例如，依据整个预测期的任何时间是否未能满足目标，以此来量化任何个别风险情境的影响。

然而，这太过于简单，原因有二。第一个原因：不是所有失败都是等同的。例如，如果一个风险情境导致个人在预测期的最后一年中离实现目标还有 1 美元的资

金短缺（在这里是指留给继承人 1 美元的债务），这和由于巨额负债而导致的预测期的第 10 年破产是不一样的。严重性和任何时机的短缺都是有意义的因素，并且二者必须被考虑在内。第二个原因是 ERM 指标也应该考虑上行（有利）情况。那些成功满足目标的风险情境必须依据其正面影响的大小来划分。

有多种多样的方法来确定关键指标为个人充分量化风险。有一个例子涉及了两个关键指标。第一个关键指标测量失败，考虑短缺的严重性及其时机，这个关键指标是预测期间内最大差额的现值。第二个关键指标测量成功，考虑上行（有利）情况的程度，这个关键指标是关于剩下的配偶死亡后遗产数额，或者累计资产净值，等于资产减负债。尽管该个人没有一个针对遗产大小的特定目标，但是这被认为是越多越好，而这是一个考虑任何风险情境累计正面影响的很好的方法。

(3) 企业风险管理模型。基于目标的 ERM 模型必须包括基线现金流预测，这些预测可以通过利润表和资产负债表获得。收益必须反映来自于夫妻双方期望的所有收入来源，例如薪水、奖金、投资收益等等。支出必须反映所有预期的支出，例如按揭贷款、食物、当前被抚养人的保险等等，以及用来满足客观环境中每一项个人目标所需的资金，例如假期、娱乐、大学资金的支付等等。资产负债表必须反映所有投资资产（如，股票、债券、现金、保险政策退保现金金额、房屋净值等等），以及负债（如抵押和其他尚未偿付的贷款）。

怎样行使风险减轻的措施，保护来自各种风险来源的基线预测现金流呢？ERM 模型必须反映整个产品的当前组合，包括投资（股票、债券和现金）和保险（寿命、健康、年金等等）。此外，ERM 模型必须能够包含其他的购买（或销售）投资资产，以支持决策制定。这为个人提供了强有力的能力：在所有类型的金融产品中找到有限资金的最优配置，以最好地保护个人免受特定的关键风险侵害，并使个体在一生中最大可能地实现他或她的目标。

10.4　本章小结

我们能够把针对企业实体的基于价值企业风险管理方法推广为针对所有类型非企业实体的基于目标的实体风险管理方法。非企业实体对 ERM 产生了其他的挑战，大多数挑战是因为缺失一个统一的主导指标，但这样做所带来的成果是完全值得的。一个基于目标的实体风险管理模型能够帮助非企业实体少花钱多办事，并且增加它们多重目标实现的可能性。对于专业协会非营利性地提供证书给成员，一个基于目标的 ERM 模型的另一个好处是能够计算证书价值，它能计算对于每一个会员以及协会作为一个整体其证书所具有的美元价值。联邦政府应用 ERM 模型将受益匪浅，因为联邦政府庞大，并且影响着全体公民的健康、福利和安全。最后，如同你和我一般的个体一样，个人也需要 ERM 模型。我们每个人面临不同种类的风险，不管是确认对我们威胁最大的风险，是测量风险还是减缓风险，我们没有一个统一的场所去寻求建议。一个基于目标的 ERM 方法能够以一种为我们个人目标，我们面对的风险以及我们的风险容忍度量身定做的方式，帮助我们这样的个体在多样化投资，使用保险和其他金融产品的时候用一个综合的视角来看待问题。

10.5 结 语

在这里结束了我们关于企业风险管理的讨论……至少现在是这样。我希望你们能觉得既有趣又有用。谢谢你投入的时间和关注。

我将很高兴任何时间继续我们的讨论。请有空时按照以下一种或所有方式来做：

■ 直接发电子邮件：sim@ simergy. com

■ 访问我的个人主页，其中包含与本书相关的其他资源：www. simergy. com/ermbookresources

■ 访问我的个人网站，其中包含与企业风险管理相关的其他资源：www. simergy. com

10.6 注 释

1. 我们将使用 ERM 作为企业风险管理和实体风险管理的简称。

2. 从严格意义上说，未来会员同样是利益相关者，但是他们的重要程度跟当前的会员相比要低一些。此外，一般公众也是利益相关者，但是服务于一般公众被以次一级的重要程度归入成员的目标中，因为（a）AAAFP 实体将由于没有会员而不复存在，（b）如果公众利益被侵犯，那么资格证书会遭到损害，因此也会损害会员的利益。

3. 尽管国家安全相对于恐怖威胁来说是一个更加广泛的责任，但后者才是建立 DNI 这个角色的主要原因。

4. "为伊朗地震中的受害者提供援助"，可见于：www. usaid. gov/iran/。

5. 这与之前提到的第二种不可剥夺的权利相关：自由。

6. "由更广泛原因（总额的百分比）造成的生命损失的分布"。可见于：www. who. int/whosis/indicator/compendium/2008/1llr/en/index. html。

7. www. wordiq. com/definition/UN_ Human_ Development_ Index 可见联合国人类发展指数的定义。

8. 这与之前提到的第三个不可剥夺的权利相关：追求幸福。

9. 利克斯·萨尔门：《解决曼哈顿交通的人》，载《网络杂志》，2010-05-24。

术语表

10 Key ERM Criteria 10 个关键的企业风险管理准则

A

Agency risk 代理风险

Aggregated metrics 汇总指标

B

Balanced scorecards 平衡计分卡

Basel Accords 巴塞尔协议

Baseline company value 基线公司价值

Baseline risk scenario 基线风险情境

Basis points 基点

C

C-Suite 最高管理层（C 型雇员）

CAGR 复合年均增长率

Capital requirements 资本需求量

Cash flow 现金流

CDO 债务抵押债券

CDS 信用违约掉期

Chief risk officer CRO 首席风险官

Collateralized debt obligation（CDO）债务抵押债券

Company value 公司价值

Competitor risk 竞争者风险

Compliance risk 合规风险

Component risk driver 风险驱动因素

Compound annual growth rate（CAGR）复合年均增长率

Concentration risk 集中风险

Conduct risk 行为风险

Corporate ERM 全体企业风险管理成员

Correlation 相关性

COSO 内部控制框架

Cost of capital 资本成本

Cost of equity capital 权益资本成本

Credential cash flow（CCF）证书现金流
Credential value 证书价值
Credible worst-case scenario 可信的最坏情况的情境
Credit default swap（CDS）信用违约掉期
Credit risk 信用风险
CRO 首席风险官

D

Deterministic risk scenario 确定性的风险情境
Director of national intelligence 国家情报主任
Disaster risk 灾害风险
Discount rate 贴现率
Dispersion analysis 方差分析
Distributable cash flow 可分配的现金流
Distribution 分布区域
DNI（Director of national intelligence）国家情报总监
Dodd-Frank legislation 多德—弗兰克法案
Downside risk event 下行风险事件
Downside risk scenario 下行风险情境
Downside standard deviation 下行标准差
Downside volatility 下行波动

E

Economic capital 经济资本
Economic risk 经济风险
Embedded value 内涵价值
Emerging risk identification 新风险识别
Enterprise risk exposure 企业风险敞口
Enterprise risk management 企业风险管理
Entity risk management 实体风险管理
ERM 企业风险管理
ERM committee 企业风险管理委员会
ERM framework ERM 框架
ERM model ERM 模型
ERM process cycle ERM 循环
ERM program summary document ERM 方案的总结性文件
ERM team 企业风险管理团队
ERO 风险执行负责人
Execution risk 执行风险

Executive risk owner（ERO）风险执行负责人
External fraud risk 外部欺诈风险
External relations risk 对外关系风险
F
Failure modes and effects analysis（FMEA）失效模式与效应分析
Financial analyst 金融分析师
Financial crisis 金融危机
Financial modelers 金融建模师
Financial risk 财务风险
FMEA 失效模式与效应分析
G
Golden boy unit“金童”部门
Governance，risk and compliance（GRC）治理 风险和合规
Governance risk 治理风险
GRC 治理 风险和合规
Gross risk exposure 总风险敞口
H
Hard limits 硬限制
Heat map 热图
Hedge 对冲
Human resources risk 人力资源风险
I
I/T risk IT 风险
Individual risk exposure 个别风险敞口
Industry practices risk 行业实践风险
Inherent risk exposure 固有风险敞口
Insurance risk 保险风险
International risk 国际风险
K
Key metrics 关键指标
Key risk committee 关键风险委员会
Key risk indicator（KRI）关键风险指标
Key risks 关键风险
KRI 关键风险指标
L
Legislative/regulatory risk 监管风险
Likelihood of occurrence 发生的可能性

Liquidity risk 流动性风险
Litigation risk 诉讼风险
M
Mandatory risk disclosures 强制性风险披露
Market capitalization 市值
Market risk 市场风险
Mitigation 风险减轻（缓解）
Mitigation in place 现存的风险减轻（缓解）
Modeler 建模师
N
NCEs（Non-corporate entities）非企业实体
Net risk exposure 净风险敞口
Non-corporate entities 非企业实体
O
Objectives-based entity risk management 基于目标的实体风险管理
Operational risk 经营风险
P
Pain points 痛点
Performance risk 履约风险
Phantom stock 虚拟股票
Post-mitigation risk exposure 净风险敞口
Pre-mitigation risk exposure 总风险敞口
Present value 现值
Probability 概率
Process risk 过程风险
Productivity risk 生产力风险
Q
Qualitative risk assessment 定性风险评估
Qualitative risk assessment consensus meeting 定性风险评估共识会议
R
Rating 评级
Rating agency capital 评级机构资本
RCD tool（Risk categorization and definition tool）风险分类和定义工具
Regulatory capital 监管资本
Regulatory risk 监管风险
Required capital 法定资本
Reputational risk 声誉风险

Residual risk exposure 剩余风险敞口
Return-priority decisions 优先考虑收益的决策
Risk 风险
Risk appetite 风险偏好
Risk appetite consensus meeting 风险偏好共识会议
Risk appetite document 风险偏好文献
Risk capital 风险资本
Risk categorization and definition 风险分类和定义
Risk categorization and definition tool 风险分类和定义工具
Risk correlation 风险相关性
Risk culture 风险文化
Risk decision making 风险决策制定
Risk disclosures 风险披露
Risk event database 风险事项数据库
Risk experts 风险专家
Risk exploitation 风险挖掘
Risk exposure 风险敞口
Risk governance 风险治理
Risk identification 风险识别
Risk interactivity 风险交互性
Risk learnings 风险教训
Risk limits 风险限额
Risk management 风险管理
Risk management tactics 风险管理策略
Risk messaging 风险沟通
Risk mitigation 风险缓解（减轻）
Risk-priority decisions 优先考虑风险的决策
Risk quantification 风险量化
Risk-ranking criteria 风险评级准则
Risk scenario 风险情境
Rule of significant digits 有效数字的准则
Risk tolerance 风险承受能力
S
Sarbanes-Oxley Act（SOX）萨班斯-奥克斯利法案
Scoring criteria 评分标准
Seasonal weather risk 季节性气候风险
SEC 美国证券交易委员会

Severity of impact 影响严重性

Shareholder value 股东价值

Shock scenario 意外情境

Significant digits 有效数字

Silo risk management “筒仓”的风险管理模式

Simulation 模拟仿真

SME subject matter expert 行业专家（该领域的专家）

Soft limits 软限制

Standard deviation 标准差

Stochastic risk scenario 随机风险情境

Strategic relationships risk 战略性合作关系风险

Strategic risk 战略风险

Strategy risk 战略风险

Strengths，weaknesses，opportunities and threats（SWOT）analysis SWOT 分析法

Stress test 压力测试

Subject matter expert 行业专家

Supplier risk 供方风险

Systemic risk 系统风险

T

Tail scenario 尾部情境

Talent management risk 人才管理风险

Technology risk 技术风险

Three core challenge to traditional ERM programs 传统企业风险管理项目的三个核心挑战

U

Uncertainty 不确定性

Upside risk event 上行风险事件

Upside risk scenario 上行风险情境

Upside volatility 上行波动

V

Value 价值

Value-at-Risk（VaR）在险价值

Value-based enterprise risk management 基于价值的企业风险管理

VaR 在险价值

Volatility 波动

Voluntary risk disclosures 自愿风险披露